写作：风物语

指向审美的写作教学

赵飞 / 著

中国人民大学出版社
·北京·

序

"指向审美的写作教学"的举托与超越

准确地说,我是在赵飞老师的大作里认识他的。他的《写作:风物语——指向审美的写作教学》,让我充分感受到他的才情。他的才情流淌在他的文字里,形成一种审美气象。于是我深以为他写出"指向审美的写作教学"的大作是必然的,也是自然的。想必老师们也都喜欢读。

"指向审美的写作教学",确切地说是写作教学,但是,赵飞老师不是写成写作教学的教程,不是教概念,不是说教,不是训练,不是例子加解读;赵飞老师重视经验写作,把写作植根于写作的经历中,但是,充溢着思想,充盈着情感。用现象学的描述来说,既向下沉潜,又向上飞扬。赵飞老师的这本写作指导,有了跳脱感,产生一种超越,引领我们回到真正的写作故乡。正如书名,这是一本指向审美的写作指导,将学生的写作指导举托到审美的高度,让学生,也让教师的写作或指导走在春风里,倾听万物的轻吟,接受风物的问候,这就是春风里的"风物语"。因此,读这本书,让我有种审美的享受,相信大家阅读同样是一种美的历程。

指向审美的写作指导,是有理论前设的。其一,写作的实质是一种审美的创作，包括文学创作，用赵飞老师的话来说，写作是一件艺术品创制的过程。他用审美化的表达，传递了一种理念。声音须是意义的回响，意义来自生活，来自心灵，意义的回响实质是心灵的歌唱，给我们的心灵以丰富的滋养，那么心灵在丰润中会敞开，萌出智慧的嫩芽，渐渐地在绿叶中孕育花蕾、结出果实。其二，写作展现的实际上是一种境界。而"境界（意境）说"历来被看作王国维对中国近现代诗学概念与理论的一个重要贡献。其实，"意境说"是一种美学标准。"意境说"跟黄遵宪、梁启超等人提出的"诗界革命"的关切明显不同，王国维始终不能忘情于绵延在中国文学中的抒情传统，考虑的是重新激活其在当下的精神意义（以上参照张春田《王国维与抒情的"境界"》一文）。尽管学生的写作不能等同于文学创作，但实质上，在核心价值追求上，并无大异，因而，"抒情的'境界'"完全可以用来对学生进行写作指导，这样的写作指导应当指向也应是走向审美。其三，审美的核心是道德与情感。道德是审美的基石，审美是道德的想象。赵飞老师引用席勒的话作为书中一章的结尾："人对于自然，总是充满了爱与尊敬的感情的。每一个具有优美的感情的人，只要他走在明朗的天空下散散步，都会体会到这一点。"显然，指向审美的写作教学，是对传统的写作指导的一种跳脱，是一种超越，是对程式化、技术化的超越，甚至可以说是对经验化写作指导的超越。这样的写作指导让我们走向学理的深处，也走向审美的高度。

赵飞老师没有停留于"指向"，而是将"指向"具化为一种框架，从几个主要维度来揭示指向审美教学的要义，并进行了审美化指导的阐释。

一是审美化与生活化。生活是写作的源泉，离开生活，写作便是无源之水、无本之木，便会是刻意做作甚至是无病呻吟。生活本身是美的，回归日常生活也是审美的时代走向，回归生活既是对生活中美的认知与开发，又是对美的赞颂与创造。关于审美写作下的生活，赵飞老师又从生命体验与真实和虚构等两个方面去阐释。他说："生命体验来自每一个个体的生活经历和情感旅程，如此，体验才是真切而细腻的，除了影响自己以外同时还深深打动每一位阅读者。"他又说："学生正在进入一种苍白、虚假、远离本心的写作状态。如何改变这样的局面？我想最好的办法可能就是引发他们的体验感，把生活中那些美好的，在每一个人心灵深处沉淀的东西激扬起来，而体验最好的方式就是亲身融入其中。"生活是想象和创造最肥沃的土壤，因为学生会以一颗活跃的灵魂去自由呼吸、尽情书写。关于真实与虚构，赵飞老师认为这是"写作效度"两个核心因素。这两个核心因素都关乎一种态度："修辞立其诚"。写作首先应有诚的态度，诚是写作的品格，实质上也是写作的基本立场。赵飞老师没有把真实与虚构对立起来，而是将理性表达与感性对话相统一，只要有一颗真诚的心，用健康的、积极的人生态度去对待写作，真实与虚构都会在审美中给人以信心和力量。

二是审美化与陌生化。何为"陌生化"？赵飞老师是这么阐述的："'陌生化'不是偏离写作对象的本质内容，而是把写作对象从日常生活经验中剥离出来，让阅读者在物理世界之外建构一个情景交融的陌生新奇的世界，不是简单的让阅读者仅仅通过文字表象就能抵达，而是要靠心灵的映射和解释才会产生美感。"又说，"'陌生化'要落脚在'情'上，让'陌生化'生长一双情意的翅膀，让情思飞扬起来"。他进一步说，"'陌生化'是重新对被遮蔽的美感的再次擦拭"。当然，他还认为，"陌生化"才会产生惊奇感，进而产生创作的冲动,也许这是审美的冲动。若此,"陌生化"不是让文本陌生,而是让文本熟悉,鲜亮起来——这是审美化的过程。

三是审美化与童年际遇。写作常常勾起我们对童年生活的回忆,形成童年的写作记忆。"记忆,首先是相信,然后才是记住"——这是美国作家苏珊·奥尔琳在《亲爱的图书馆》里所引用的一句书评。赵飞老师相信童年,写作往往是对童年精神的相信,也是对再次过一遍童年生活的渴望。童年是美丽的——尽管还有那么多的不愉快,甚至痛苦。对童年生活的回忆,让童年的经验复苏,让童年精神在断裂处继续生长,用赵飞老师的话来说,这是写作者自己的"历史",可以形成"历史群"的效应。读到这儿,我才领悟到,赵飞老师为什么要把"回忆诉说着你的童年"单列一章,也领悟到什么是真正的"经验式写作"。在这一章的最后,有这么一段话:"写作者在追寻生活和精神家园的皈依,以一种高拔的姿态聚焦和还原生活,在对往事的层层铺设和不断递进中抛洒自己浓烈的思绪,这或许是回忆性写作的一个方向。"回归童年精神是审美化的过程,童年精神永远充溢着审美的气质,我以为,所有的写作,都是童年精神的复现和高扬。

四是审美化与语言文字。赵飞老师始终认为,语言是写作的"出发地",是"写作的故乡"。在以核心素养为导向的语文教学、作文教学的今天,不能忽略学生的语言训练。当然,语言文字的理解和运用,本身就是一种语文素养。语言自身内部深蕴着价值和意义,"语言绝不是独立于文章主体的,任何思维表述、审美表达都是建立在语言基础上的,没有一定的语言形式就无法也不可能建构框架,更无法呈现作者的内心"。这种内心,可以称作"内美",内美表达出来必须有审美化语言表述。接着,赵飞老师对"好的语言"的审美化表达作了分析，比如意象搭配、语言混搭、"闲笔"的运用、隐喻的使用……如此等等，创设了审美化的场景，开阔了审美化表达的空间，开掘了审美化表达的深度。美国作家安妮·迪拉德在她的《写作生涯》一书中说："喜欢句子，就能成为一个作家。"可见，审美化写作教学中对语言的丰富和选用是多么重要！汪曾祺先生也说："语言像树，枝干树叶，内部汁液流转，一枝摇，百枝摇。语言像水，是不能分割的，一篇作品的语言，是一个有机的整体。"回到语言的故乡，与美相遇，有了审美化表达的基础。

读赵飞老师的这本书，想象到他要读多少书啊，这才叫海量阅读！没有海量阅读，怎么可能才思横溢？想象到他要有多长时间的教学实践啊，这才叫真实践！没有真实践，怎么可能有著作时的率性又实在的表述？又想象到他要有多深刻的思考啊，这才叫深思考！没有深思考，怎么可能对审美化写作指导有学理的支撑？当然，这一切又都基于他对学生的爱，对语文教育的忠。我总觉得这一本《写作：风物语——指向审美的写作教学》似是一部文学作品的评论，其实赵飞老师早已把指向审美化的作文教学与文学评论结合起来，书中既有教学的实践，又有文学理论。这是值得我们大家学习的。

成尚荣
现代教育专家、国家督学
教育部基础教育课程改革专家委员会委员

目 录 CONTENTS

001　第一章
　　　语言，回到写作的原乡

035　第二章
　　　建立在审美世界里的语感和陌生化

067　第三章
　　　生命体验下的写作

095　第四章
　　　真实和虚构

129　第五章
　　　滴水藏海，细节即永恒

157　第六章
　　　回忆诉说着你的童年

205　第七章
　　　人物，作品灵魂的守门人

235　第八章
　　　瓶与酒，现象中的现象

257　第九章
　　　神秘的人性

第一章
语言,回到写作的原乡

已经太久了……

这是一次久违的重逢，更是一种遗忘。我们写作的故乡在哪？写作的原点不是情感和内容，也不是结构和哲思，而是我们写作的出发之地：语言。

不知道从什么时候起，我们写作中的语言训练慢慢让位于文章的结构、主旨、故事情节等其他形式上的教学。语言相对于写作如瓦楞和房的关系，语言是安静覆盖在房上的青瓦，可以在烟雨中呈现其诱人的韵味，也可以在阳光下熠熠生辉。每一个凝视于此的人都会有一种温暖、惬意的审美感受。所以，好的文章，必须要过语言这一道关，没有严谨的、长期的语言训练，我们的写作教学就是不合格的，是低矮在尘埃中的不经梳理的灰姑娘，纵使有钻石一样的心灵、天使一样的容貌，也一样不会有白马王子前来牵手。

语言是回忆的故乡，它可以抓住、找回那些快要远逝的实感经验。在这个语言建构过程中，语言就如同一把裁剪的利刃，把主观不愿接受或遗忘隐藏的信息全部剪切掉。

学生语言的匮乏，并不是因为其生活的浸润不够，这里，我们无须回避机械的语言识记、遣词造句等训练，这是"童子功"，必须有一定时间作保障，慢慢地养成、内化为自己的语言形式，这样，学生语言才不至于枯竭，在表情达意时才不会无词可用或词不达意。

学生写作过程中的语言训练尤为重要，没有语言训练，即使写再多文章也无济于事。不同的性格、生活阅历孕育着异样的语言文化。语言也有自己的审美标准，拒绝统一化、标准化的审美构造，更要远离格式化、公式化的公文写作语言。

语言先于思维，语言虽说是外在的形式，但在语言自身的内部却是一切价值和意义之源。语言绝不是独立于文章主体的，任何思维表述、审美表达都是建立在语言基础上的，没有一定的语言形式就无法也不可能构建框架，更无法呈现写作者的内心。

我们在写作教学的起始就要告诉学生，让他们明白、深悟我们写下的每一个字都应该是温和、朴素、自然的，不能沾染上身边滚滚而来的，充斥在每一个角落的那些繁忙、肤浅、低廉的文字病。文字可以是活泼、灵活多样的，但是我们要让自己的性情浸润在每段、每句之中。把安静与庄重倾注于此，文字有了这样的品性，写作者也就慢慢与文章相互影响，天长地久，互生品质。文章与现实生活并不是完全无缝衔接，两者之间的关系之前存在差异，现在、未来还会存在，这种关联就需要我们用自己的文字来黏合。

学生的写作语言必须转向，不但是语言形式的转向，而且要有自己的建构。这样的建构不一定要多么的详细严谨，但至少要有内在的逻辑性，要贴近自然，走向心性，要尝试着去分析、提炼自己的语言，让笔下的语言有秩序、有结构，日久天长，慢慢沉淀。有时我们的思考停靠在哪里，我们的语言就要随同一起。日常的思考，我们的语言就要回归到日常的语言系统，回到朴素、琐碎、平淡的生活场景，人与事都要依附在这样的语言层面上。当然，汉语之美不是抛弃现如今的语言特色，也不是完全排斥西化的语言形式。重要的是在众多的语言体系中尽情地吸收和剔除，真正体现汉语的时代之美、传统之美。

写作语言既是口语、书面语同时又有别于口语、书面语，在一定程度上也可以称之为"自由的学术语言"：形式活泼，可以根据文章的需要随意调整，同时也有一定的学术意味在其中，讲究的是妥帖，直接抵达阅读者的内心。华丽的语言能让人在视觉上获得一种享受，但这样的语言在建构文章体系、凝聚情感、深入思想上都统统得了"软骨病"。所以，我们在写作上还是要尽一切可能做到"还乡"，回到它应有的语言体系中来。

违背常规的语言形式和不一样的表达可以增强语言的张力，发挥语言自身强大的功能。短句、省略句的语言形式可以在叙述中产生留白，语言的断裂处、空白处让阅读者有了思考和想象，同时也有了阅读者的个性化解读，让单薄的文章变得更加丰满、充盈。一些语句段落甚至是对某一事物的描写，写作者有意花费大量的笔墨叙写，有时写作者有意用一些累赘、拖沓的语句来丰盈文章叙述的语言效果。以上这两种语言表达形式有时还可以把文章中人物的内心世界、精神状态凸显得更加饱满，但什么时候使用这样的叙述形式，要视文章内容、作品产生的语境来定。所以，这种看上去充满着诸多不合理的语言形式让作品读起来如嚼棉絮。

一篇优秀的文章，语言应该是艺术的，是口语的提炼和升华的结晶。语言要形象可感，能够感染人，是传情达意的，虽不是直观的，但一定胜过直观。这些说法在某种程度上都有其合理性，也是写作者多年积累下来的经验，但是语言这样的特点有时具有一定的局限性，无法伸展。

还是用诗人奥登《写作》中的一段话来开启我们的语言之旅吧！

作家，特别是诗人，与公众有一种奇特的关系，因为他们的媒介——语言，与画家的颜色、音乐家的音符不一样，颜色与音符是艺术家专用的工具，可语言却是作家所隶属的语言集团的公共财产。

好的语言是搭配

无论是艺术性语言还是口语，无论是粗俗的语言还是文雅的语言，从语言性质上判断，没有好与坏、高与低。一篇文章、一段文字、一个句子，最大的功效是让阅读者在读的过程中有一种熨帖感，阅读者的心灵是贴着文字游走的。语言的搭配如果运用得体、协调，可以对写作对象的主体特征的表现更有力、更浓郁，同时也能加深写作者的感情色彩，引发阅读者强烈的情绪回应。

其一，意象搭配，形成"异样化"的审美感。

"绝对不使用任何无益于表现的词，即用纯意象或全意象。"这是西方象征主义大师庞德说过的一句话，今天用在我们的写作教学中也是一样有意义的。写作中意象的搭配形成的异样化审美形态是写出一篇好文章的关键因素。传统美学思想认为意象是构成美的载体，每一个人的审美就是在现实世界之外构建一个心灵图景式的意象世界，写作就是这样的一种构建，笔下的文章就是我们构建的美的世界。

首先，我们要明白的是，这里的意象搭配不是简单的词语搭配，我们不是造句，也不是做诗歌练习，而是写下一篇篇洋洋洒洒的文章，这里的意象可以是一些事例，也可以是一组人物，或者是一系列的情感感应。所以，我们不能够狭隘地去理解此处的意象搭配

（叠加），而是要借助这样的一种写作思维，去达成写作中语言的效用。

所谓意象叠加，就是写作者在写作时将一个个单一的意象按照审美的规律，组成有机的且有时空距离的、有层次的画面，使其产生连贯、对比、烘托、暗示等作用，使本来干瘪的文章变得更加饱满，从而向阅读者展示多姿多彩的生活图景，传递深邃悠远的思想情感。因为情感的搭配是内合文脉的，不同的意象之间的搭配除了文字本身的力量和意味之外，还有文字内涵所散发出的意外之意。远的我们可以了解马致远的元曲《天净沙·秋思》，简单的几个意象，从单一的视角去看，除了语言本身的意义外，再无其他意义。但是搭配在一起，作者营造的苍凉孤寂之感一直蔓延了几百年。

写作中，一些生活意象、情感意象以及叠加的诸多意象，乍看起来彼此孤立，支离破碎，然而它们被写作者的情感逻辑或虚拟逻辑所勾连，因而这些貌似零碎的意象群便犹如草蛇灰线一般，隐约续联。这里，意象的组合具有很大的跳跃性，意象与意象之间留有大片的想象空间。这样写，也是为了让阅读者能调动自己的生活经验去进行合理的想象、联想，去进行填补和自由发挥，以便将这些简单纯粹的意象联系起来，形成一个完美的整体，又转化为一个全新的意境，进而使阅读者从中得到不同的艺术美感和思想启迪。

文章中意象的叠加显然不是靠它们之间表面的逻辑关联，也不是词语的随便堆砌，而是把有内在联系的一致性意味的意象组合叠加在一起，让语言重新焕发生命力，语言本身的意义陡然发生巨大的变化，用简单的语言来表达无限的深邃意味。写作者把可以入笔的生活场景中一系列具有内在关联的意象加以修饰，并按照一定的顺序进行叠加重合，运用审美经验，展开审美联想，给阅读者留下辽阔的审美空间，这样文章在语言搭配中更加饱满。人的情感抒发有时光靠纯粹的语言是无法酣畅的，要精准地让语言的意味抵达阅读者的内心，把写作者一时的感触用语言表达出来，通过语言的搭配，也就是生活中意象的叠加，把生活中最丰富的感情和最深刻的感触表达出来。

香港作家黄河浪在《故乡的榕树》中这样写道：

我深深怀念在榕树下度过的愉快的夏夜。有人卷一条被单，睡在光滑的石板上；有人搬几块床板，一头搁着长凳，一头就搁在桥栏杆上，铺一张草席躺下。我喜欢跟大人们一起挤在那里睡，仰望头上黑黝黝的榕树的影子，在神秘而恬静的气氛中，用心灵与天上微笑的星星交流。要是有月亮的夜晚，如水的月华给山野披上一层透明的轻纱，将一切都变得不很真实，似梦境，似仙境。在睡意中，有嫦娥驾一片白云悄悄飞过，有桂花的清香自榕树枝头轻轻洒下来。而桥下的流水静静地唱着甜蜜的摇篮曲，催人在夜风温馨的抚摸中慢慢沉入梦乡……有时早上醒来，清露润湿了头发，感到凉飕飕的寒意，才发觉枕头不见了，探头往桥下一看，原来是掉到溪里，吸饱了水，胀鼓鼓的，搁浅在乱石滩上……

这里作者使用了叠加式意象组合表达了对故乡的思念之情，用了"故乡、故物、故人、故事"一组意象，使这样一篇文章像一张大网，把阅读者完全统摄其中了。如果作者只是单一任意地选择一些意象，这样的写作只会让阅读者在审美上显得支离破碎，因为意象的叠加也是有选择的，必须选择内在有关联的意象来凸显作者的思乡之情。

另外，文章中流过榕树旁的清澈的小溪，"黑黝黝的榕树的影子""有月亮的夜晚""如水的月华""润湿的头发"，正是这些景物，把作者的童年时光再一次呈现在阅读者的眼前，这些生活场景是写作者的个体体验再现，让阅读者在不知不觉中慢慢沉浸在写作者的生活场景里了。

还有，语言搭配不是修饰，因为搭配的语言之中暗藏着隐喻性，这些组合排列的语言不是线性的呈现，而是一个变形的、复合多元的整体。

语言搭配是我们写作中的基本功，是写作意识伊始就应该有的。不是写作技巧，而是一种语言意识，让写作主体和写作对象融为一体，生成一种新的作品，文章在这里就成了阅读者的审美对象，阅读者会从作品中收获美的感受。

古诗词中这样因语言搭配而形成的意象叠加比比皆是，如"桃李春风一杯酒，江湖夜雨十年灯"的黄庭坚、"鸡声茅店月，人迹板桥霜"的温庭筠；西方的现代诗歌中也有这样的场景，庞德在《地铁车站》中这样写道"人群中这些面孔幽灵一般地显现/湿漉漉的黑色枝条上的许多花瓣"。把幽灵般显现的面孔和湿漉漉的黑色枝条上的花瓣这两个意象叠加在一起既有静态之美，也有瞬间产生的动态美，而这一切都是语言搭配的功效。这些语言如果按照常态的搭配和规则去排列写作，给阅读者的阅读空间及阅读的想象空间就大大减弱了，文章的灵动、诗性也就荡然无存。

可悲的是，写作者在写作教学中虽也有这样的意象叠加意识，但在滚滚而来的样板鸡汤文的冲击下，写作教学已然变样，真正落实到写作教学中时，只有形似，而无神同。这些年，我们在考场作文、平时习作中已然见过很多这样的文章。诸如奶奶的"绿豆糕"、故乡的"青石板路"、爷爷的"桂花糕"、外公的"摇椅"、外婆的"葡萄架"等，一夜之间不知从哪里赶来，纷扰着写作这一亩方田，也蛊惑着所有写作者的心，因为它的"魔力"可以让毫无写作基础的人在一套完整的框架下短时间就炮制出一篇"意蕴深刻、韵味十足、极具文化感"的文章。快餐文化开挂的时代，我们还剩下什么？难道最后这一块心灵的净土也将失去？

意象的建构没有错，把这些意象作为写作中的具有一定意义的审美符号也没有错。问题在哪儿？写作可以借鉴，甚至在最初阶段模仿也是可行的，但切不可套作。遗憾的是，有些教学者是这样告诉学生的：首先，选择一个充满文化意味的意象来贯穿全文，选择一个人物，最好是自己的祖辈，这样有年代感，文章的主人公必须有"我"的存在；其次，选择一件事，这件事必须和之前选择的意象和谐搭配，事情也一定要在"我"和祖辈之间发生，祖辈最好是不和"我"住在一起，而是住在老家的；最后，要写祖辈为了做"我"喜欢吃的这些东西（意象），精心准备、制作，结束后要把选择的意象和祖辈的精神或者自己和祖辈之间的情感勾连于一体，还要尽量背一些鸡汤式的文字来充盈文章。

这一切做好，一篇文章就"炮制"出来了，而且还能得到很多人的认可，因为这样的语言刚好熨帖着阅读者文化荒芜的内心。语言对写作者甚为重要，但是琴瑟和谐是一种接受美学下的产物，阅读者错误的审美判断，也可能是写作者误入泥淖的一个重要因素。

其实很多时候，阅读者在开始阅读的时候是被文章的形式符号——语言所吸引的。但是语言和思维是并行的，没有语言的思维是一种死板的凝固，没有思维的语言是空洞无物的摆设。追求语言的形式美、意境美，还是要从语言核心出发，找出我们生活中、生命里最原始的语言。所以，一系列的意象文章徒有其表，玩的是一些语言文字游戏，千篇一律，千人一腔。写作者只有对语言的情韵有了感触，从生活中普通的物象身上找到自身情感的共鸣点，才能引发内心的个体体验，这样文字才能涂上个性化的色彩，是一种审美后的顿悟。

语言本身很朴素，就像落日，在黄昏时顺应着自然的规律，但是落日这一个文化审美符号，却蕴含着深刻的意味，开拓出广阔的审美空间，这一切都是语言搭配的力量，也是意象搭配使然。

其二，言语混搭，营造"陌生化"的审美感。

言语混搭的"陌生化"主要靠一种修辞手法获得，这种修辞手法就是比拟，因为这种手法可以给人化静为动的美感，让文章中的人拟物化，或者让文章中的物人格化。语言是一种传递信息的媒介，这是从信息论的角度去观察得到的结果。语言符号具有视觉效果，教学者一句话就相当于一个符号，是属于审美范畴的符号。写作者对客观事物的感知本就有先后，先感觉到的客观现实反映为话语中的语序时，往往居于后感觉到的之前。这是写作的关键之处，很多写作者喜欢直接把感知到的按先后顺序来描述，所以，笔下出来的语言文字死板且毫无生机。心理学表明，凡是新奇异常的事物都能引起人们审美的欲望，也就是让阅读者有阅读的兴趣。语言的搭配因为不同于阅读者的认知习惯，从而形成了一种"陌生化"的感觉，这样的感受强烈而又鲜明地刺激着阅读者的阅读习性，同时也考验着阅读者的阅读思维。

语言是人们交往沟通的一种产物，因而在交流上也具有语言的特质，这种特质就是在交往中积淀下来的习惯和固化。人们通过语言来表述感知到的万事万物，人们对"习惯化"的语言总是失去了新鲜感，语言搭配形成的"陌生化"感觉让阅读者有了阅读的兴趣，也有了阅读的探寻。所以，写作者在写作时，要把认知到的经验变成一种新奇的感受，用自己的语言表述出来，这种表述就是语言的搭配，通过这一写作手段感知到对象的"陌生化"，把它们从常态理解的状态变成新的感知对象，因为我们感觉的过程本身就是一种审美的过程。审美其实就是一种体验，在教学中，我们通常要求学生去观察、去留心生活中的事物，这样的要求本身没有错，但是审美不是认识。伽达默尔曾说过，生命就是在体验中所表现的东西。正常状态下的体验在阅读中能瞬间被阅读者习惯并会使阅读兴趣中断，而语言通过搭配后，这种新奇感会让阅读者有挖掘的冲动，这样，语言的魔力开始显现，写出的作品会让阅读者神往并享受。

写作就是一件艺术品的制作，有时，我们需要有意突破语言的固有约定，特别是在考场上，这种特殊的场域中的写作不同于日常写作。鉴于目前的考场作文的写作时间限制和阅卷的快速进展，我们的考场习作必须颠覆现存语言的固态结构，通过语言的搭配，有意唤醒阅读者的感知力。阅卷教师的眉眼已然就像生了老茧一样，我们的文章必须是一根细细的银针，只有刺激才会让其关注，所以我们要把人们熟悉的东西通过语言的搭配形成"陌生化"的语言体系，这种刻意错位搭配，能让作品在特定环境中显示出神奇的表达效果。这样的写作不是迎合，而是一种完成，更是一种技巧式的写作，因为考场习作也是写作的一种形态。

写作就是一种文学创作，无论是什么层面的写作。没有语言的变异就没有文学语言，这里的变异就是一种语言搭配，写作者通过语言搭配极大程度上给作品提供一种可读性和可感性，刺激阅读者的审美联想。"陌生"拓展了阅读者的想象力和思维空间，给我们"陌生"的感觉。

今天早上，我看见一些棕皮在院子里，正在被一位穿哈尼族服饰的老太太把它编成一张床垫。看得出来，这位脸孔黝黑的老人是大院里某家人的亲戚，不知道她从哪儿带来了几张棕皮，令我想起那些遥远的山地。

这段文字选自于坚作品《棕垫》。作为一名诗人，语言的搭配对于坚来说是司空见惯的，更是得心应手的。作者叙述一位编棕垫的老太太，没有按照常规的语言结构来写，在初次阅读过程中，扑面而来的就是诗人刻意为之地把棕皮摆在阅读者的面前，把我们的阅读兴趣陡然吸引过来，然后出现在我们眼前的是一位哈尼族的老太太。主要描写对象——"棕皮""哈尼族老太太"直接通过语言的搭配先行而来，至于后面的描述，在常规的语言叙述中可以放在开头来写："今天早上，我看见一位穿着哈尼族服饰的老太太正在编床垫，她可能是院子里某家人的亲戚……"这样的描写也是符合写作规律的，但是语言产生的那种冲击力和新奇感完全丧失。或许有人会说这是形式主义，与真实的写作无关，但是恰当适合的形式对于文章的抒情有时是有益的，因为语言的变化稳稳地压住了抒情的阵脚，语言的搭配让抒情完全摒弃了形式，于坚这段文字读来从容有序、张弛舒缓和谐。

我们再来读一段学生的文字：

　　一场大雨带来了秋的气息。秋风吹来，一阵凉爽，才发觉已是秋天了。结束了两天愉快的周末，我们迎来了开学第二周，忙碌而充实的一周正式开始。

　　文字虽然稚嫩，但是作者对语言搭配的使用却是信手拈来。她并没有按照先写秋天来了，再写秋风的顺序，而是纯属静态的组合式描写。单一且纷繁，朴素却精致，语言的搭配构成了一个宏大的写作背景，把时间、空间糅杂在一起叙述，清晰且有一定的层次之感。以上所表述的情况对阅读者来说最先映入眼帘的自然是视觉信息，因此，首先强烈感觉到的是"大雨、秋风"，其次才是"秋天、周末"。这样的语言搭配结构突出了阅读者的视觉感受，语言搭配形式与阅读者的思维模式是一致的。在"陌生化"的语言搭配中，作者无意间构造了一个不同的意义世界，这种语言结构使这篇文章有别于用于其他目的的话语系统。语言搭配所生产的意义经常是我们平时生活中个体经验所没有和欠缺的，这样的语言的效用就是最大化地将不同于平常的生活意义赋予日常现实，让阅读者在陌生化的状态下达到一种审美的愉悦。

　　所以，写作时我们要告诉每一位写作者，你们手中的笔是充满魔力的，这种魔力来自语言，你们要学会给自己熟悉的场景制造陌生的感受。

好的语言是闲笔

　　"闲笔"不是徘徊在写作主题之外的叙述，也不是无关紧要的情节描述，而是写作主体的重要组成部分。童庆炳说："所谓'闲笔'，是指叙事文学作品人物和事件主要线索外穿插进去的部分，它的主要功能是调整叙事节奏，扩大叙述空间，延伸叙述时间，丰富文学叙事的内容，不但可以加强叙事的情趣，而且可以增强叙事的真实感和诗意感，所以说'闲笔不闲'。"回到学生写作的层面来看，学生如何使用这样的闲笔呢？闲笔不是煮开了锅后溢出的泡沫，而是漾在汤上的那一圈圈油珠，诱人且有营养，是一锅汤的精华，是引发每一个食客的食欲的关键。闲笔需要想象力，更需要大量的阅读来完成，这不是技巧，也不是简单训练就可以完成的。

其一，"闲笔"可以健力。

写作理论家言简意赅的定义看似让我们明白了闲笔是怎么一回事，但是缺乏事实支撑的理论是风中芦苇。通常，我们认为闲笔是指文章中非情节性的构成。有时闲笔在一篇文章中只有点滴之墨，但却有渲染万壑的功效；有时看似只是简单几笔，却支撑起文章的宏大叙事；有时看似是一个隐在暗处的人物，却能在瞬间散发万丈光芒；有时只是生活情景的随意点染；有时只是一席闲论、一处闲话……

文章中每一个元素的构成都有写作者的美学思考在内，如闲笔人物、闲笔语句、闲笔景象、闲笔物品等。有人认为闲笔慎用，如若运用不当，会成为文章的累赘。诚然，闲笔是直接作用于语言的，更是一种修辞形式的呈现。

记得曾经读过作家莫言的一篇极短小说《脆蛇》，全文四百字不到，但是写得一波三折，起伏绵绵，看似是情节设置的缘由营造出的效应，其实小说终极的审美价值还是落在语言上。除了语言的隽永、散淡、夺目之外，小说的精彩更多的是合理运用了闲笔的效果。

可以一起来看看这篇小说：

> 陈蛇说，有一种蛇，生活在竹叶上，遍体翠绿，惟有两只眼睛是鲜红的，宛如一条翠玉上镶嵌着两粒红色的宝石。蛇藏在竹叶中，很难发现。有经验的捕蛇人，蹲在竹下，寻找蛇的眼睛。这种蛇，是胎生，怀着小蛇时，脾气暴躁，能够在空中飞行，宛如射出的羽箭。如果你想捕怀孕的蛇，十有八九要送掉性命。但这种蛇不怀孕时，极其胆小。人一到它的面前，它就会掉在地上。这种蛇身体极脆，掉到地上，会跌成片断，但人离去后，它就会自动复原。有经验的捕蛇人，左手拿着一根细棍，轻轻地敲打竹竿，右手托着一个用胡椒眼蚊帐布缝成的网兜。蛇掉到网兜里，直挺挺的像一根玉棍。这时要赶紧把它放在酒里浸泡起来。陈蛇是一个很有资历的捕蛇人。柳宗元的《捕蛇者说》写的就是他的祖先。
>
> 陈蛇最终还是被毒蛇咬死了。在他的葬礼上，我突然想起来一个问题：那种脆蛇，怀孕时脾气暴躁，不怀孕时性格温柔，这说的是雌蛇。

妙的是小说不只是在叙事，小说叙述的语言也是平淡无奇的，教科书式的语言叙述彰显着小说语言的正统效用，但是作者在行文中设置了一处闲笔："但这种蛇不怀孕时，极其胆小。人一到它的面前，它就会掉在地上。"这样的闲笔看似与文章没有太多的作用，但是这样的设置却让文章与生活进行了无缝衔接，让虚构或者未经历过的生活有了质的感受和体验。

从小说字面上看，作者好似无意中信手拈来，去掉与否也是与小说内容没有什么太大关系的，但是小说最后一节将"包袱"抖出，必须有这样的"闲笔"语言形式支撑，才能形成冲击力。写文章如闸门放水，只求一味地通达无阻，水的确是放出来了，但是力量会弱很多，只有先闭闸蓄水，然后才有一泻千里的妙用。"闲笔"好似闸门，适当的时候形成阻隔才会产生力量。这篇小说如果只是简单地叙事，最后直接亮出小说需要表达的内容也是可以的，但是小说的力量却全无了，而"闲笔"的使用，就像给这篇小说安装上了一道闸门，让读者在最后有了一泻千里的感觉。

语言大师汪曾祺的文章更是把这种"闲笔"形式体现得淋漓尽致，汪老曾经说过："文学语言不是像砌墙一样，一块砖一块砖叠在一起，而是像树一样，长在一起的，枝干之间，汁液流转，一枝动，百枝摇。"所以，只要在文章中体现作用的语言就不是废话，所有的语言都是浑然一体的，你中有我，我中有你。

汪曾祺的散文《黄油烙饼》中可以充分体现"闲笔"的作用。《黄油烙饼》以"黄油烙饼"为主线，以人物萧胜贯穿全文，勾连起整个故事。"吃"是生命中最不可或缺的要素，而文中却处处显示"吃"的艰辛。作者以小见大，蕴含其间的有艰难岁月、可贵亲情，更有时代的隐痛。通过孩童的视角讲述，无辜中又透露出辛酸，使作品在平淡中爆发出强大的感染力，这种强大的感染力很大程度上是"闲笔"的功劳。

汪曾祺用他一贯平淡有味的笔触，记录下这一家人的艰难岁月，以及他们在艰难岁月中所展现的动人亲情、坚忍品质。更重要的是，作者想写出一个孩子在特殊年代的成长心路历程。文中有这样的一处闲笔："爸爸把奶奶给萧胜做的两双鞋装在网篮里，把两瓶动都没有动过的黄油也装在网篮里。锁了门，就带着萧胜上路了。"句段中不经意的一句"锁了门",既是主人公和过去告别,也是从童稚走向成熟。"锁了门"看似和全文没有丝毫关联,如果去掉,对文章也不会产生太大的影响,但是,正是这样的一处"闲笔",充满隐喻的暗示,让我们品味到了作者语言的力量。

东京也无非是这样。上野的樱花烂漫的时节,望去确也像绯红的轻云,但花下也缺不了成群结队的"清国留学生"的速成班,头顶上盘着大辫子,顶得学生制帽的顶上高高耸起,形成一座富士山。

这是大家都熟悉的鲁迅先生《藤野先生》一文开头,叙事一起头,阅读者可以一眼看到底,作者就是简单的描写。"东京也无非是这样。"一个多余之字"也",在行文中看似冗杂,其实极具精准之力。作者在国内的种种遭遇让其东渡重洋来到日本仙台,但是仙台整个社会环境和国内没有什么差别,作者情感上的落差通过一个"也"字全然凸显出来,无须耗费太多笔力来详尽描述。所以,"闲笔"的恰当运用,可以说是一字千金,用极简的笔墨达到浓浓渲染的效果。

情感的宣泄除了需要写作者饱满的写作热情和遣词造句的能力外,还需要有把握语言叙述节奏的能力。这样的语言叙述拓宽了叙事的空间,做到舒缓有度。常言"文武之道,一张一弛",语言叙述不要过分的紧凑细密,"闲笔"的使用避免了这种叙述的单调,让语言更饱满。

枫林中已有落叶。他们踏着落叶,慢慢地往前走,脚步声

"沙沙"地响。他们的脚步越走越大,脚步声却越来越轻,因为他们的精神和体能,都已渐渐到达顶峰。等到他们真正到达顶峰时的一刹那,他们就会出手。谁先到达顶峰,谁就会先出手。他们都不想再等机会,因为他们都知道谁也不会给对方机会。他们几乎是同时出手的。

这是古龙经典小说《三少爷的剑》中的一段,写作者在叙述时插入了大量的"闲笔",光从文字层面看,与其他闲笔的设置大不相同,其他文章是以简来叙繁,而这篇小说却是以繁冗的叙述来映衬主题的简约和健力,加强了叙事的情趣,深化了文章的真实感和动态感。八个"他们"的使用,看似是犯了写作的大忌,但是这里却是把"闲笔"用到了极致。在气氛的营造上,给阅读者一种强重的压迫感,在阅读的过程中,我们能深切感受到一种与众不同的叙述风格,一种疏朗而又空灵的语言风格凌空踏步而来。

一面整顿了灶火,老栓便把一个碧绿的包,一个红红白白的破灯笼,一同塞在灶里;一阵红黑的火焰过去时,店屋里散满了一种奇怪的香味。

"好香!你们吃什么点心呀?"这是驼背五少爷到了。这人每天总在茶馆里过日,来得最早,去得最迟,此时恰恰蹩到临街的壁角的桌边,便坐下问话,然而没有人答应他。"炒米粥么?"仍然没有人应。老栓匆匆走出,给他泡上茶。

"小栓进来罢!"华大妈叫小栓进了里面的屋子,中间放好一条凳,小栓坐了。他的母亲端过一碟乌黑的圆东西,轻轻说:

"吃下去罢,——病便好了。"

上面文段选自鲁迅先生的经典小说《药》，两句问话："好香！你们吃什么点心呀？""炒米粥么？"都是在问吃什么，但是细细读起来好像与故事的写作走向有偏差，明明是写华老栓拿人血馒头烤出来给小栓吃，但却硬生生地插入这两句，看着不沾边的问话却暗含着人性的凝重。华老栓一个朴素、实在的老人，生活中对待别人一定是谦逊和气的，但是面对驼背五少爷的问话却不理不睬，常理上看是不得体、不符合人物性格的。我们只要细细去读这一段就可以发现，"人血馒头"对于华老栓本人和他一家来说是天大的事，他怀着虔诚、复杂的心情来烤制馒头，目的只有一个：让自己的儿子身体赶紧好转。除此之外，其他的事情在那一刻都是多余，所以，这里的"闲笔"更加使语言充满张力，让读者在阅读的过程中感受到语言的力量。

其二，"闲笔"可以共趣。

优秀的写作者在语言运用上是不拘一格的，犹如骑马纵横疆场，马蹄所到之处溅起的是飘散的岁月和尘封的历史。闲笔所体现出来的趣味语言往往是曲折、含蓄的，"言"在此而"意"在彼，话里藏音，弦外有声。所以，闲笔的趣用有其特别的内外结构及结构功能，"闲笔"之妙趣就在这里。

语言的趣味性不必是幽默和风趣，幽默和风趣是外显的语言形式，过于直白，阅读者在阅读文章时往往对后文有一个条件反射式的认知，不是未卜先知，而是这样的语言形式在感官意识上就给了阅读者一种提示。所以，高明的写作者一般是语带含蓄，在字里行间不经意地给了阅读者会心一笑、内心一暖的感受。这样的语言效果很大程度上依赖于"闲笔"的使用。生活场景带给大家的乐趣多数是在一些不重要、不相干的事物和人上，秋日的一片落叶、夏日的一声蝉鸣、清晨路上孩子一个甜糯的微笑……相对于一些主题宏大的事，也许更值得把玩，因为这样的语言是接近生活，深藏生活底蕴的。

窃以为张爱玲是使用这种"闲笔"的高手。胡兰成在《今生今世》中提到张爱玲自己说过的一句话："还没有过何种感觉或意态形致是她所不能描写的，惟要存在里过一过，总可以说得明白，她是使万物自语，恰如将军的战马识得凶吉，还有宝刀亦中夜会得自己鸣跃。"可见，张爱玲的文字你一旦读进去，就很难自拔，那些妙趣横生的"闲笔"已经深深地把你缠绕。

可以看看她的散文《打人》：

> 在外滩看见一个警察打人，没有缘故，只是一时兴起，挨打的是个十五六岁的穿得相当干净的孩子，棉袄棉裤，腰间系带。警察用的鞭，没看仔细，好像就是警棍头上的绳圈。"呜！"抽下去，一下又一下，把孩子逼在墙根。孩子很可以跑而不跑，仰头望着他，皱着脸，眯着眼，就像乡下人在田野的太阳里睁不开眼睛的样子，仿佛还带着点笑。事情来得太突兀了，缺乏舞台经验的人往往来不及调整面部表情。
>
> 我向来很少有正义感。我不愿意看见什么，就有本事看不见。然而这一回，我忍不住屡屡回过头去望，气塞胸膛，打一下，就觉得我的心收缩一下。打完之后，警察朝这边踱了过来，我恶狠狠盯住他看，恨不得眼睛里飞出小刀子，很希望我能够表达出充分的鄙夷与愤怒，对于一个麻风病患者的憎怖。然而他只觉得有人在注意他，得意扬扬紧了一紧腰间的皮带。他是个长脸大嘴的北方人，生得不难看。

明明是写旧时警察打人，但是打人的场景却很少，更多的是其他一些无关的描写性语言。特别是文中"我不愿意看见什么，就有本事看不见"这一句，按照通常的写作思维，删掉都不为过，但正是这一句无关紧要的话，却像针芒一样扎进每位阅读者的心，隐隐作痛，却又难于言表。辛酸中又暗含着张氏的冷幽默，一如国画技法中的皴。

文章写得好，不仅要有一个现实的世界呈现在眼前，还要有一个意义的世界停留在记忆中，而这一切需要的是一种语言的技法。正是有了这些闲笔的存在，才把写作者的现实世界和意义世界容纳于一体，并且给予阅读者一个想象的空间，在读这些元气淋漓的文字时，阅读者有了想象伸展的空间。我们一起看看散文《那条河流》是如何体现的：

带着它的涛声和波光，我湿淋淋地走了。我走到哪里，就把它带到哪里，我是它站起来行走的一部分，我的记忆里流淌着它的乳汁。

我仍然觉得它理所当然存在于那里，理所当然属于我，属于我们，而且永远。

年前回家，我愕然了。我再也看不到那条河流。横卧在面前的，是它干涸的遗体，横七竖八的石头，无言诉说着沧桑；岸上的柳林、竹林、槐林、芦苇荡都已消失，荒滩上，有人在埋头挖坑淘金；三五个小孩，在放一只风筝，几双眼睛一齐向上，望着空荡荡的天空和那只摇摇晃晃的风筝。

文中作者铺陈的句子很多，像一级级台阶一直延伸到我们的内心和记忆空间中，特别是"理所当然""属于"等词语连缀而成的语句，看似多余，其实我们在读文章时会不由自主地被这些"多余"的"闲笔"从现实世界带入作者情感的世界、回忆的世界，从而完成一种审美的意义世界的自我建构。

记得曾经在一位作家的文章中读到这样一句话："马上吃饭了，还要吃巧克力？"朴实平淡的一句话，放在整篇文章之中看似没有任何意义，但是在我读的时候却一下子击中了我的内心，因为无论是童年时长辈对自己还是现在自己对孩子都说过类似的话语，这句话让我找到了童年的生活，找回了一系列的往事，这可能就是写作中闲笔带来的共趣吧！在同样的意义空间，写作者和阅读者的精神世界瞬间融为一体。这样的闲笔应用，需要有一定的"共鸣"素材来凸显，如何选择这样的素材就来自一个写作者的敏感，要在写作者和阅读者之间架起一座通感性的桥梁。

包世臣论王羲之字说："看起来参差不齐，但如老翁携带幼孙，顾盼有情，痛痒相关。"这句话是汪曾祺极其推崇的，因为在汪曾祺的大量文章中都有闲笔的使用，别人读起来觉得很简单，平实的大白话，看似没有任何技巧的痕迹，但却是匠心使然。无论是他的小说《受戒》还是《熟藕》，其中的闲笔运用得非常巧妙。这些闲笔和其他的语言因素组合在一起，就像"老翁携带幼孙"，看上去是那样的温情、和煦。

《水浒传》中鲁智深拳打镇关西的那一幕描写更是把闲笔推到一个高度，我们一起来看看：

> 那店小二把手帕包了头，正来郑屠家报说金老之事，却见鲁提辖坐在肉案门边，不敢拢来，只得远远的立住，在房檐

下望。

....

那店小二那里敢过来？连那正要买肉的主顾也不敢拢来。郑屠道："着人与提辖拿了，送将府里去。"鲁达道："再要十斤寸金软骨，也要细细地剁做臊子，不要见些肉在上面。"郑屠笑道："却不是特地来消遣我！"鲁达听得，跳起身来，拿着那两包臊子在手里，睁着眼，看着郑屠道："洒家特地要消遣你！"把两包臊子劈面打将去，却似下了一阵的"肉雨"。郑屠大怒，两条忿气从脚底下直冲到顶门；心头那一把无明业火，焰腾腾的按捺不住；从肉案上抢了一把剔骨尖刀，托地跳将下来。鲁提辖早拔步在当街上。

....

鲁提辖假意道："你这厮诈死，洒家再打。"只见面皮渐渐地变了。鲁达寻思道："俺只指望痛打这厮一顿，不想三拳真个打死了他。洒家须吃官司，又没人送饭。不如及早撒开。"拔步便走。回头指着郑屠尸道："你诈死！洒家和你慢慢理会。"一头骂，一头大踏步去了。

文章中关于店小二的闲笔有两处。"那店小二把手帕包了头……不敢拢来，只得远远的立住，在房檐下望。"这是第一处闲笔。"那店小二那里敢过来。连那正要买肉的主顾也不敢拢来。"这是第二处闲笔。最后一处闲笔是鲁智深三拳打死镇关西之后，心里想到："洒家须吃官司，又没人送饭。不如及早撒开。"

这三处的闲笔使用给了我们在阅读时的一种画面感、现场感。我们就是路边的过客，是街上的过路人，是一旁的小贩，闲笔带来的共趣一下子在读的过程中淋漓尽致地散发出来。在写作结构上，这样的闲笔也自然地推动着小说的进展，让事情的发生自然无痕，也让人物的形象突然升华起来。

"闲笔"不是现在才有，中国传统文学作品中经常可以见到，这样的语言特色看似已经超出语言范畴，边界有点模糊，进入文章的结构设置和整体的写作手法之中。但是这一切最终还是要落实到语言形式上，定格在语言层面上，所以"共趣"是"闲笔"作用下的一种审美，是让作品语言进入阅读者心灵的重要因素。

前不久在读美国作家希斯内罗丝的小说《芒果街上的小屋》，作者描述了今天生活的世界中如此多的群体相互掺和、夹杂，而且彼此包容。一个西班牙的移民女孩的成长让我们看到了熟悉和陌生，女孩的梦想与我们共鸣、共生。书中有这样一段：

> 猫皇后凯茜养了好多好多好多猫。猫宝宝、大个猫、瘦猫、病猫。睡姿像个面包圈的猫。爬上冰箱顶上的猫。在餐桌上散步的猫。她的房子就像个猫天堂。

这样的描写如果脱离文本，离开叙述的语境，放在当下的写作学中，肯定是不正常的病态的叙述。但是细细读下来，结合整篇小说，我们可以看出这些啰唆、冗杂的叙述性文字，其实是作者有意为之，是一种"闲笔"，在不经意中凸显出文中人物凯茜对猫的喜爱，也从一个侧面看出群聚在一起的人们，他们的出身、背景、身份不一样甚至来自不同的国家，在精神层面彼此是孤立的，他们的世界毫无依托，是一种空白。一个人面对陌生世界时茫然无措，只有把情感寄托在一群猫的身上。

所以，语言的共趣有时从审美的角度上看，不一定是欢乐的"趣"，或许是写作者与阅读者心灵世界达到一种情意的共生，哪怕是痛苦，是忧伤，只要能够彼此走进对方的世界，彼此默契相当，也是一种"趣"。

好的语言是隐喻

隐喻一直被当作一种修辞手法存在于我们平日的写作和阅读中，它的存在，给我们的作品增加了许多趣味和艺术魅力。但是随着认知语言学的发展，隐喻已经归属于公认的一种语言学范畴，同时它不但是语言学的形式，更是我们借助语言表现出来的写作思维的体现。

隐喻是给寡淡无味的语言披上一层外纱，给语言增添了魅力和特色。在常态的语言规则下，隐喻是一种偏离，它游离在我们正常的审美视域外，但正是因为有了这样的偏离，却带来了意外之喜。恰似中国的很多美食、发明一样，它们的"身世"都是在一种"思考"下的偏离，才会浮现在今天人们的视野中。隐喻性语言是写作者把心中不同的事物或想法联系起来，通过词义延伸的过程，也就是通过隐喻来认知世界。从某种意义上说，隐喻是进一步获得更深层次知识的捷径之一。

隐喻的美学体验和效果无论是中国古代的文学创作还是在西方亚里士多德时代就已经很普遍了，亚里士多德在《诗学》中对它有着独特的解释和叙述。往往当我们需要叙述、描摹的事物十分繁杂、抽象时，隐喻就可以出场了，我们的语言借助隐喻来进行阐释，这样行文的语言会变得跳跃、闪烁，富于激情和灵性。对于此类现象，很多人认为有一定的文体限制，一般适用于诗歌领域，其实不然，我们的小说、散文等各种文体中也常常发现隐喻的身影存在。

回到我们自己的写作层面来看，我们的作品该如何使用这样的隐喻效果来浸润文章的语言，达到我们想要的结果呢？我们首先要厘清的是隐喻有哪些情况，在什么时候能恰当地应用这样的语言特色。

纵观中外众多文学作品，有整篇都建构在一个统一的隐喻下的叙述，也有一篇文章被几个关键隐喻支撑的，还有在一篇文章中某个细处存在的隐喻，也有一些关键词语的隐喻。这些复杂的隐喻使用让作品更加厚重，写作者可以把一些难言之意或者不想说透的含义通过隐喻性的语言来转化。这样的写作，已经不仅仅是语言层面，还涉及思维的层面。

写作者熟练理解隐喻、运用隐喻的能力是写作语言成熟的重要标志。对隐喻式语言产生的本源、繁杂性以及本质特征进行梳理分析，可以让写作者充分认识和掌握写作中隐喻现象的语言使用，提高写作者的隐喻理解力和隐喻表达力，从而达到在写作中提高隐喻语言水平的目的。

写作者通过对生活的体验和观察获得对脚下苍茫大地的认知和理解，对这个世界的认知。有的写作者是简洁直观地把心中的想法表现出来，也有的人喜欢用一种隐喻的方式来呈现。写作者希望阅读者能学会转换文章中一些隐喻性的语言，把写作者和阅读者的精神、情感筑起在同样的平台上，完成彼此的对话和交流。

写作者运用大量的隐喻的主要目的是表达自己追求自由与创新的情感，这些隐喻外显特征主要体现在语言的变异上。同时，在对写作者这些隐喻性语言分析、欣赏的过程中，阅读者也实现了对作品语言变异的质感体验，隐喻的效果得以圆满实现。

　　隐喻性语言的使用在《红楼梦》中达到一个高峰，这样的语言形式实现了"真事隐去""假语村言"的效果。《石头记》本是其原名，"石头"一词在开篇就以一种隐喻性的语言形式出现，小说中作者的形象和身世已经在隐喻性语言中完成了"掩藏"，需要阅读者自己去领悟，去发现和转换，这样两者才可以在一个平台上共振。另外，小说中大量人名的选用都是独具匠心的，作者就是把自己想要表达的想法，用隐喻性的语言来替代。比如香菱有三个名字，分别是甄英莲、香菱、丘菱，反复读上几遍你会发现这三个名字的谐音可以为真应怜、相怜、丘陵；另外，贾宝玉这个名字隐藏着这样一层意思，不是真的宝玉，是假的宝玉，只是一块顽石而已。所以在隐喻性语言的背后，我们一下子就可以看出人物的性格和命运。

　　《红楼梦》中最显著的是色彩的隐喻性语言。色彩隐喻是写作者的重要语言表达方式，在作品中能够体现出写作者对色彩的敏锐性和独特的见解，通过色彩的烘托为阅读者打造了一个美轮美奂、色彩缤纷的奇异世界。比如对宝玉出场的描述：

　　　　头上戴着束发嵌宝紫金冠，齐眉勒着二龙抢珠金抹额，穿一件二色金百蝶穿花大红箭袖，束着五彩丝攒花结长穗宫绦，外罩石青起花八团倭缎排穗褂，蹬着青缎粉底小朝靴，面若中秋之月，色如春晓之花，鬓若刀裁，眉如墨画，面如桃瓣，目若秋波，虽怒时而若笑，即视而有情，项上金螭璎珞，又有一根五色丝绦，系着一块美玉。

　　　　黛玉一见，便吃一大惊，心下想道："好生奇怪，倒像在那里见过一般，何等眼熟到如此！"

……宝玉即转身去了。一时回来，再看，已换了冠带：头上周围一转的短发，都结成小辫，红丝结束，共攒至顶中胎发，总编一根大辫，黑亮如漆，从顶至梢，一串四颗大珠，用金八宝坠角，身上穿着银红撒花半旧大袄，仍旧带着项圈……

宝玉出场时通过隐喻性色彩语言的描述不仅能够为阅读者提供一种视觉上的冲击效果，而且这样的语言形式也为情感的预埋奠定了基础。宝玉全身的打扮主要为红色，这样的色彩隐喻着主人公以隆重繁华的形式出场，也将以衰落、凄冷的形式退场，繁华到极点之后走向没落。所以，这些年来，人们不断地研读《红楼梦》，除了深邃的思想和庞杂的人物以外，还有这样隐喻性语言的诱导，才有了今天大家喜欢的"红学"研究，也有了说不尽的红楼一梦。

隐喻性语言在众多作家的作品中都有体现，有统摄全篇的隐喻思想，有细节之处的隐喻描写，有片段中隐喻暗合，也有贯穿全文的隐喻意象不时闪现在阅读者的眼前。著名作家海明威在他的小说《雨中的猫》中就用了隐喻性语言来行文。我们一起来看看小说中的一节：

她一面觉得喜欢他，一面打开了门，向外张望。雨下得更大了。有个披着橡皮披肩的人正穿过空荡荡的广场，向餐馆走去。那只猫大概就在这附近。也许她可以沿着屋檐底下走去。正当她站在门口时，在她背后有一顶伞张开来。原来是那个照料他们房间的侍女。

"一定不能让你淋湿，"她面呈笑容，操意大利语说。不用说，是那个旅馆老板差她来的。

她由侍女撑着伞遮住她，沿着石子路走到他们的窗底下。桌子就在那儿，在雨里给淋成鲜绿色，可是，那只猫不见了。她突然感到大失所望。那个侍女抬头望着她。

"您丢了什么东西啦，太太？"

"有一只猫。"年轻的美国太太说。

"猫？"

"是，猫。"

"猫？"侍女哈哈一笑，"在雨里的一只猫？"

"是呀，"她说，"在这桌子底下。"接着，"啊，我多么想要它。我要那只小猫。"

她说英语的时候，侍女的脸顿时绷紧起来。

"来，太太，"她说，"我们必须回到里面去，您要淋湿了。"

"我想是这样，"她说。

她们沿着石子路走回去，进了门。侍女待在外面，把伞收拢。她经过办公室时，老板在写字台那边向她哈哈腰。她内心感到这是小事，也是麻烦事。这个老板使她觉得自己微不足道，却也很要紧。她突然觉得自己很要紧。她上楼。她打开房门。乔治在床上看自己的书。

小说叙述了一对年轻的情侣去意大利旅游，雨天被迫留在小旅馆中的故事。正当他们无聊寂寞时，一只在窗台外躲雨的猫引起了太太的关注，这位女士内心不由得可怜起这只猫来，她想把这只猫抱进来避雨，没有想到等她出去时，那只猫不见了。故事内容很简单，情节也不繁琐。但是作者在这里选取"女人"和"猫"这两个充满阴柔之美的物象，隐喻性语言一下把女人和猫的命运联系在一起。猫的弱小可怜的形象，在凄风冷雨中孤独无奈的处境，隐喻着女主人公相同的境遇；女主人公想要在雨中挽救那只猫，隐喻着在男性掌握主导权的世界中拯救自己。文章除了人物的出现用了隐喻性语言外，在大量的环境描写中也使用了这样的语言：

> 天正在下雨。雨水打棕榈树滴下来。石子路上有一潭潭的积水。海水夹着雨滚滚地冲了过来，又顺着海滩滑回去，再过一会儿，又夹着雨滚滚地冲过来。停在纪念碑旁边广场上的汽车都开走了。广场对面，一个侍者站在餐馆门口望着空荡荡的广场。

海水在石子路上的运行轨道也隐喻着女主人公的命运，即使有着巨大的人生阻碍，但是也要奋力去追寻自己的未来和幸福的生活。所以，隐喻性语言在这篇小说中有着充分的使用空间，这篇小说之所以引起众多阅读者的关注也得益于写作者这样的语言形式呈现。

写作者如果在写作中能够借用这样的语言形式把身边一些事、一些人慢慢写出来，不但让阅读者感受到了阅读的玄妙之美，同时增加了文章的幽深、博大。在这里，我们谈的隐喻其实是属于语言层面上的事，无关其他。

好的语言是简朴

简朴的语言是一种高级的语言呈现，写出这样语言的人必须是真性情，有一定的格局，属于自然美的范畴，无须添加。但是，有些写作者为了追求这样的效果，刻意为之。或许正是这样急切的表现，反而沦为"东施效颦"，写作者又落入另一俗套。善者，语言中只剩下"简"，"朴"却完全丧失了。简朴离不开写作者的诚实、专注，必须有在内心打开一种开阔天地的格局。甚者，语言中只有庸俗和炫耀，让阅读者心生排斥之感。

如果你的语言真的是繁琐和沉重，那就不要回避，至少你的语言还有一丝属于自己最原始的拙朴之感，所以无须掩饰。写出属于自己的语言，就像说话一样，每一个人都有自己的语言习惯和表达技巧，试图简朴也是一种功利，写作来不得半点庸俗的功利态度。有时我们写作时好像有一双眼睛在看着你，逼着你弄得绚丽起来，这种虚荣的、功利的心态一旦占领你的写作思维，随之而来的就是你笔下的语言等一系列因素都发生了改观，哪怕你写作时真的面对一个话题、一个人物产生了激动的情绪，不要紧，站起来，走一走，让自己冷静下来。讲笑话的人几乎都是自己不乐，让别人开怀大笑。只有在自己情绪平和的状态下，你才会很好地掌控自己的语言，否则一切刻意为之的东西呈现出来的都可能会非常表面化。

简朴的语言具有亲切、平淡之美。好似邻里老翁相见时招呼之语，还如同村妇浣纱寒暄之音，更似邨墟中儿童顽皮呼喊之声，充满着田园牧歌式的情调。因为简朴，所以看上去简单，实乃至高之境界。

可以见识下沈从文《边城》开头的一段：

由四川过湖南去，靠东有一条官路。这官路将近湘西边境到了一个地方名为"茶峒"的小山城时，有一小溪，溪边有座白色小塔，塔下住了一户单独的人家。这人家只一个老人，一个女孩子,一只黄狗。

开头就像唠家常,很简朴。更不像当下被人极力"推崇"的一些"著名作家"的小说开头那样,纯粹在炫技。猴子可以穿人的衣服,那是可爱,但是猴子一旦把自己当作人一样献媚,那就是人的悲哀了。此话何意?写作者可以按照自己的喜好去写,也可以迎合一些阅读者的喜好去写,但如果是纯粹的炫技,就把自己的屁股露出来了。沈从文的这段开头,如果我们省略了写作者的身份,隐去了文章的来源,读起来好似简单的日记。可我们不得不承认的一点是,写作者很冷静,全段只有一个修饰性的词语——"白",没有其他任何"添加剂",特别是"一"字用得相当成功,读来的感觉不是重复、拖沓,而是简约、朴实,在看似轻描淡写的语言中把阅读者带入了写作者营造的那个悠然、神秘的边城。这种简朴的语言就像中国传统绘画中的白描,有着弹性的线条、深远的意境,乍读无他,再读有味,细读回味无穷。

再看下陈天昌的《牧鹅散记》:

每一个窝里,我们一般放十六个蛋。每天"放风"的时候,我们查一遍窝,有时会发现一件怪事:有的窝,多了一个蛋,有的窝,又少一个蛋。幸亏每个窝都立有"鹅事档案",每个蛋上也都有编号,一查就知道哪个窝的母鹅作了案。

选段的叙述除了语言本身具有的幽默风趣外,还有一种在简朴语言平实叙事下的轻松。无论是什么人都不会喜欢复杂、华丽辞藻堆砌的文章,最纯粹、最简朴的语言才能让大家喜欢。阅读者喜欢写作者用最易懂、简单的语言来透出自己的心声，表达出自己的想法。我认为对一件事物的描写，不一定要有大量的修辞存在。语言叙述只要还原回归到事物本质即可，如果修辞味太重，反而缺少一种"韵味"，不耐读。这种简朴语言的描述看上去简单，不刺激，但有长久的韵味，让阅读者读后瞬间入境。

简朴的语言不会让阅读者有一见钟情的瞬间感受。写作者的作品摆在那里，需要的是适合的阅读者，只有心境平淡闲适的阅读者才能在这些简朴的语言文字中慢慢品味、细细赏读。简朴的语言是写作者贴着作品中的人物和情节所写的，阅读者在阅读过程中所产生的美学体验以及获得的美学快感，都是写作者通过这样的语言形式来传递的。如此写作可以看出写作者平淡缓慢的心性，还有从容不迫的写作姿态，这样的笔调更为细腻、温婉，在波澜不惊的语言中我们可以慢慢嗅出写作者真诚不造作的写作动机。

简朴的语言造就的文章有时就像我们身上穿的那件棉布质地的衣服，形式单一的外表下，让我们有了透气的缝隙和腾挪的余地，上下文之间有了语感的空间。文章如果由这样简朴的语言形式来搭建，写作者将会携着阅读者一起离开风云变幻的生活中心地带，用一颗纤细敏感的心慢慢触摸生活。读来，文章中有着丝丝阳光的味道，还有和风细雨曾经游走在上面的声响。读这样的文字就是在读一段往事，读一个人，依稀有种静坐夕阳下，背靠在散发禾香的草垛下的那种淡淡的思绪在心头萦绕……

第二章
建立在审美世界里的语感和陌生化

夏月朗朗，清风徐徐……

那年，一群朋友在家里聚餐，席间觥筹交错，一旁5岁的儿子看见歪倒了一地的啤酒瓶，咿呀道："酒瓶也喝醉了。"这样的声音于酷热的夏季午后一下子击中了坐在边上的我：什么是天籁，什么是源自心灵纯粹真诚的表达？我想我已经有了答案。

在特定的语境中，这样的"言语"直觉和表现力虽没有任何人教授，但是却胜过众多的诗人。语感就是美感的一种，是汪洋大海溢出的一条小河，涓涓细流，烟晕满目。

语感是探寻语言世界的指明灯，是我们邂逅每一个词语的指南针。

某日读木心的文字，里面有这样一节，不是空洞的理论指导，也不是技术层面的操作技巧："《红楼梦》中的诗，如水草。取出水，即不好。放在水中，好看。"自从《红楼梦》流传以来，研究和评析此书中诗歌的文章多如牛毛，但是能这样一针见血地给《红楼梦》中诗歌定位的恐怕只有木心一人吧！有人说，这是木心的见识广，也有人说，这是木心的知识渊博，有道理；其实关键的节点，那就是木心超群的语言感悟能力。如叔本华所说："丢开寻常看待事物的方法"，他能把自己的生命放在客观的事物身上，也就是我们这里说的"语感"。语感的出现犹如午后阳光下，身处黑暗土墙小屋中的人忽然睁眼时无意瞥见的屋顶漏缝，不是刺眼，是一种温润的透彻。所以，对《红楼梦》诗词的解读，木心有其个人的独特感知，是一种没有被遮蔽的体验，这种体验升到审美上来看就是阅读者的美感使然。

汪曾祺在写下小说《受戒》后，有人这样评价他的语言："……汪氏语言所特有的包浆，这个包浆即是士大夫气，就是文人气。它悠远，淡定，优雅。那是时光的积淀，这太迷人了。他讲究的是腔调和趣味，而不是彼岸、革命和真理，他有他芦苇一样的多姿性和风流态。"

"包浆"就是一种语感自然的流淌，是语感在一个人、一篇文章上的正常体现，语感不是复杂的言语活动。华丽的辞藻和宏大的主题与语感没有太多的关联，耀眼的技巧与多变的情节也不会与语感相连。就文学影响来说，汪曾祺不是最好的，在现当代文学史上，汪曾祺也不是最闻名的，但是就语感的强和弱来说，汪曾祺一定不输他人。

> 北京城像一块大豆腐，四方四正。城里有大街，有胡同。大街、胡同都是正南正北，正东正西。北京人的方位意识极强。过去拉洋车的，逢转弯处都高叫一声"东去！""西去！"以防碰着行人。老两口睡觉，老太太嫌老头子挤着她了，说"你往南边去一点"。这是外地少有的。街道如是斜的，就特别标明是斜街，如烟袋斜街、杨梅竹斜街。大街、胡同，把北京切成一个又一个方块。这种方正不但影响了北京人的生活，也影响了北京人的思想。

这是汪曾祺在《胡同文化》中的开篇，对于生活在北京的阅读者来说，随便一个人，都会对胡同有着一定的感知和生活体验，无需太多的介绍；但是对于一个北京之外的人来说，对胡同的认知和理解可能只停留在文字和图画的层面上。

在这段文字中我们可以清晰地感受到汪曾祺的思想功力、语言直觉以及极强的体悟能力，几处简短的描写，两句轻描淡写的对话就把胡同的特质描摹出来。如果只是描写，我们看到的只是形式的层面，但是这篇散文的重心是"文化"，文化是一个空洞的，甚至虚无的概念，如果说不清，你就是用一万字，乃至一本书都无法解释清楚。但是汪曾祺先生在生命体验中，用语言这样的外化形式把"胡同文化"这一概念形象、透明地表达出来。这种表达，是汪先生生命本质的自由表现，用几近自动的言语，达到生活最饱满的高度。鉴于此，语感应该是内化在写作者生命中的因子，已经和写作者的写作意识、写作冲动、写作过程合为一体。

通常情况下，语感是在语言和文学实践中慢慢形成的一种素养（文学素养）。语感有两条支流，一条是在阅读中逐渐形成的，一条淌向远方，在自由流淌的世界中慢慢成长，是一种内心的自然表达。语言感受能力越强的人，越能够在电光一闪之间抓住语言的内核，从而把这个由语言组织的世界展示在阅读者的眼前。当下，活跃在我们写作课堂上的多数是写作技巧的跃动，教师大量的精力被投放在文章结构搭建上了，忽略了对学生语感能力的培养。

语感的培养不是简单的概念灌输，一个对文本没有任何感悟能力的人，你让他准确运用语言，携着鲜活的语言感受去写作，这就是一个笑话。当然，这也不是说语感能力差的人就不可以写作，只是写出来的文章相对寡淡，不够灵动而已。

语感的培养除了来自书本外，还源自写作者生活的那片土地。诗人耿翔这些年来一直默默生活在三秦大地的一隅——马坊。他用自己的笔尽情书写这座村庄，读他的文字，除了文章中喷涌而出的情思外，每一个人都能感受到写作者蓬勃的语感，就像他在散文《泥土的隐疼》中散发出的那样：有光，有烟，有情味。

当我的镰刀，向着成熟的高粱的穗子挥去时，我的手会轻微地颤抖。这样的动作，在一旁的其他劳动者觉察不出来，只有我的心能感应得到。我的手的颤抖，是因为我觉着高粱的颜色，应该最像我那个时候的脸色，就是有两坨红，被太阳晒印在左右颧骨上。因此，镰刀触摸高粱的一瞬间，就好像在我的脸上触摸，镰刀的锋利，似乎把我脸上的毛细血管，一一往外挑。

我一下子感到了心的隐疼。

这样的隐疼，应该迅速地往泥土里传递。

我身上的肌肤，也亮出玉米的光泽。

但一片庄稼秆，突然倒地的残景，没有撞疼我迟钝的心。真的，在马坊的那些年，被我们看着一天天长大的庄稼，突然被我们成片成片地砍倒了，怎么就没有一点怜悯和叹息。为了在大地上收获，就不知道顾及一下庄稼倒地的感受吗？那时，一个乡土诗人应有的基因，应该在我身上成熟了。我也读过艾青的诗句：为什么我的眼里常常含满泪水，因为我对这块土地爱得最深。

那时，我的眼里也像他一样，常常含满泪水吗？

我后来坚定地认为：这是泥土的一次灿烂的死亡。

这样的死亡，每年在马坊，至少要经历两次。一次在夏天，具体的死亡者是麦子、油菜；一次在秋天，死亡者更多，我不想一一列出它们的名字，就让它们在我的胃里，继续温暖着，一个从它们身边逃离出来的人。

而这样庄严的死亡，被我们毫无悲哀地忽略了，只留给土地去承受。

现在想来，每一块土地，都是用自己的死亡，在养活着人类。具体在马坊，就是南嘴稍、高磣坡、门岭上这些做过我家自留地的土地，用几十年的几十次死亡，养活着我。这么多年，我只知道把它长出来的粮食，心安理得地放在自己的胃里。压根不知道，一个人还要为土地做些什么！

我在回马坊的路上，突然醒悟到：泥土的隐疼，就在那些倒地后，还被秋风，吹打着的庄稼的残枝败叶上。

耿翔在日常的经验中把众多的乡村意象举到了生活的美学高度，其准确生动和思致深入的语言冲击力让阅读者体验到了一种前所未有的感觉，除了写作技巧以外，更多的还是来源于写作者的语感能力。小说语言具有溪水钬般的效果，在流畅叙述事物与细节的同时，重点写了土地，并因其独特和鲜明，使之具有了某种程度上的典型意味。

面对土地，我们有过太多的漠视和逃离，有谁用这样的笔触去书写自己对土地的深爱之情？土地上的万物既是朴素又是卑微的，但是又有多少人能够从平常的事物之中发现它们身上凝聚的一切情感？

写作教学不是教概念，而是要勇敢地向前迈上一大步，需要思考的是概念本身，把这些看似熟悉的概念细化、落地，从而真正的种植在学生的心田，无论这个概念是"硬"的还是稀松的，都需要借助每位写作者的经验或体悟来填补，这样概念就不再是概念，空洞的会变成平实的，肤浅的会变成深邃的。同理，语感的培养不是教师在课堂上的一句话，也不是苍白的口号，要有实实在在的行动，这种行动就是学会用陌生化的语言直接表达自己内心的感受，不要把写作当作一种负担。

学生的文章可以有"承载"，但决不能存在"负荷"。

"他山之石，可以攻玉"，教师要学会在"点"和"面"两个维度来教授学生如何形成语感。首先我们来说说"点"是如何建构语感能力的。当我们在教授一类文章或者一篇文章时，我们要学会从他人众多的作品中挑选出同类文章来，只有对前人作品的构思精巧、灵性独特的地方加以揣摩和体会，甚至熟背如颂，才会有自己的笔下千里江山。能在"点"上有了突破，有了自己的心得体会之后，你笔下的文字才会和你的心性一致，因为在写作构思时，你心中有千万河流奔涌而出，此时，你的写作思维、写作构思、写作选择都已经被这样的气势冲走，写出来的文章自然是风姿绰约的。再说说"面"上的语感能力培养。如果说"点"上的语感训练往往是静态的，那么"面"上的语感训练就是动态的发展和生成。语感是一种瞬间的直觉，在动态中得到的是一种没有切割的整体性世界。广度、深度、美度、敏度是语感形成的关键，动态下的语感训练就必须围绕这四个维度来进行。

首先，我们在写作教学时要以语言实践为抓手，只有在表达和运用的过程中，写作者的语言输出才能逐渐变得清晰和灵动。我们在日常的说话中，面对一些问题的思考过程中，写作对象的感受是一种直接经验，这样的经验不是随意的。其次，语言在一定情境下有其发展性和延伸性，是文章的支脉和变体。语感的淬炼需要增强其舒放灵动的美，丰富它的表现能力，语感强的写作者既可以掌控处理，又可以节制散发。这一切都是在语言运动的过程中产生的，极具动态美。

写作教学一定要杜绝抽象空洞的说教，要让学生从感性的生活中汲取经过抽象化后的形象化的物象。但是因为年龄的问题，很多学生需要教师在写作教学时的扶助，纯粹让他们自行去写作，很难提升到一个新的层面。所以，建议教师在写作教学时，一定要介入和干预，只有这样才可以帮助学生不因纯粹地记忆一些概念而失去了练手的机会。

写作的灵感并不是每一个人都有，否则也就太不公平了，灵感其实只有在一定生活储备和阅读数量强烈冲击下才会生成，灵感往往只会眷顾勤奋有心的人。

"陌生化"就是给写作者在写作形式、手法以及生活经验日渐麻木的状况下开出的一剂药方。"陌生化"不是偏离写作对象的本质内容，而是把写作对象从日常生活经验中剥离出来，让阅读者在物理世界之外建构一个情景交融的陌生又新奇的世界，不是简单的让阅读者仅仅通过文字表象就能抵达，而是要靠心灵的映射和解释才会产生美感。众所周知，一篇文章呈现在阅读者眼前时，就是由一组文字组成，不是一个既成的实体化的存在，从接受美学角度来看，是阅读者在阅读过程中生成的，是写作者、阅读者、作品三位一体。写作者在完成作品的过程中，写作对象的本质没有改变，只是写作形式有了变化，阅读者面对作品有了阅读的困难而引发的语义模糊就是"陌生化"的作用。

过于直白的文章就是一堆文字的堆砌，如同一位肤浅之人，缺乏内涵解读的可能性。陌生化就像把工笔画换成写意画，让阅读者解读这种形式上的夸张、混沌甚至荒诞的文章后，反而生就了一种快乐刺激的阅读过程，以及需要一种在审美活动中结合自己体验才可以抵达的快感。

如今，众多介绍"陌生化"的文章基本上是从技法层面去解读和阐释，这样的介绍是可行的，但是仅仅停留在"知"的层面，枯燥晦涩难懂。中国人写理论文章很喜欢板着面孔，稍不留心就是一种说教。没有情感温度的文章是很难被人接受的，坚硬的说教只会留下一地苍白的文字。文章的"陌生化"必须是一个充满意蕴的感性的建构过程。正是因为有太多的文章过于单调、稀松平常甚至陈旧腐败，才会让阅读者没有了阅读的欣喜感，剩下的只有麻木和冷淡。

我想要说的是，"陌生化"要落脚在"情"上，抛开那些赢弱的技法和可怜的理论，让一直被实用功利的目光遮蔽住的美感世界完全融进自己的生命之中，学会超越。只有让"陌生化"生长出一双情意的翅膀，才会飞得更高更远。"陌生化"不但是一种技法，还是我们每位写作者一直以来固有的写作手段，是对写作对象的重新解释，不是一味追新逐异，更不是我们那些可怜理论中所说的"颠覆"。

"陌生化"就是重新把那些被生活和一些口水文字遮蔽的充满美感的文本世界再次擦拭，不是所谓的新，也不是怪异，更不是炫技，而是一种知情合一、物我一体的重建。

李耕的《空藤椅》：

破旧的空藤椅上，有影子在喝浓郁的忧郁。藤椅漫长岁月中的每一次雪都是冷的，只有一个雪天让人感到闷热，此刻的这张藤椅，泄露（或出卖）了另一张藤椅的隐私，从此藤椅之间，便失落了对弈或对话的兴味……

上述文字中除了语言之间的张力带来的新奇和内涵外，还有就是陌生化言语运行轨迹中让阅读者"费力"的解读。"影子在喝浓郁的忧郁"和"藤椅漫长岁月中的每一次雪都是冷的"两句偏离了常态下的语言规则，但是正因为这样的新奇，让阅读者有了阅读时的快感和思维的延展。写作者这样的描写并不能对叙述产生促进作用，反而对语句形成一种中断和冲突，特别是对一些细节的夸张的描写创造出"变形"的效果，这种变形所引起的陌生化感觉让阅读者有了阅读的欣喜感和创造感。果戈理说过："选择和连接句子时不太考虑逻辑话语的原则，而更着重有表现力的话语的原则，在这种话语里，发音、模仿、有声的动作起着特殊的作用。"

李耕的这篇散文诗就印证了果戈理的这句话，动作的发出者——"影子"和"忧郁"的搭配本身就给阅读者带来了陌生的感受，再加上"浓郁"中断了语义的延伸，接连两个波段的转折让这种陌生化更加强烈。后面对写作对象——"藤椅"一系列回忆性的抒情又如同给一位在丛林里迷路的人（阅读者）送来一只罗盘，让阅读者有了认识和发现的可能。

所以，陌生化不是让文本变得"陌生"，也不是减弱文本本身的含量，而是增加了文本的厚重度。

通常情况下，教授者认为陌生化写作只是一种语言的表现形式；其实不然，因为陌生化并不只是简单的在这个层面，它停留在写作视角、写作构思以及写作叙事上。陌生化写作，应该以文章本身为核心来开展，将文本作为一个独立的整体来体现。

说到底，陌生化不是纯粹的"颠覆"，而是一种"突出"。

陌生化的视角

韦勒克在《文学理论》中写道："实用性是审美经验的一个敌人，习惯是审美经验的另一个敌人，它是在由实用性所铺设的道路上对审美经验起障碍作用的。"无论是写作者还是阅读者，在内心深处都有一种"畏难"情绪，这样的情绪会渗透在他们的写作和阅读过程中。因为一味地追求实用，所以往往会放弃审美，放弃创作过程中的"变形"。陌生化写作本质上就是一种创新，写作过程就是陌生化的过程，陌生化即使不在作品的形式上出现，也会渗透在文章的每一处细节、叙事技法乃至构思里。

陌生化的视角，改变了日常的生活中的景象，造成陌生化的效应。用低等生物的视角观察人，低等级的种群进入高等级的种群的异样的感受，陷入疯狂、失常的状态的人对常态的生活的评价，都形成了认知上的巨大强烈的差异，有时造成恐怖，有时造成诙谐，有时造成忧患，最后所有的结论都在一种陌生化了的语境中给阅读者震撼和启迪。这种凌乱的审美意象也带动了审美主体内心的变化以及认知上的偏差，造成一种异样的、刺激的审美感受。

提升审美能力需要不断地练习，写作者要有细腻的感受能力以及真切的审美体验。只有拥有具体的审美体验，才能在写作中有真实可感的表达。写作者需要用陌生的视角去粉碎平常乃至庸俗的生活，这里就牵涉了写作者的审美视角问题，需要写作者用陌生化的视角去发现、表达审美感受。陌生化的视角是一种独特的、新颖的视角，这种视角可能是技法层面上的操作，但在写作过程中更需要的是写作者的心灵感悟。

所以，写作者要改变当下的生活视角，用与平时不一样的视角，重新去思考、去体悟我们习以为常的生活万物，从而产生新的发现，营造出陌生化的效果。

张爱玲在《自己的文章》一文中说："我不喜欢壮烈。我是喜欢悲壮，更喜欢苍凉。壮烈只有力，没有美，似乎缺乏人性……"

她在《金锁记》的开篇是这样写的：

> 三十年前的上海，一个有月亮的晚上……我们也许没赶上看见三十年前的月亮。年轻的人想着三十年前的月亮该是铜钱大的一个红黄的湿晕，像朵云轩信笺上落了一滴泪珠，陈旧而迷糊。老年人回忆中的三十年前的月亮是欢愉的，比眼前的月亮大、圆、白；然而隔着三十年的辛苦路往回看，再好的月色也不免带点凄凉。

我相信每一位读完此段文字的人都有一种凄凉、沧桑之感，这种陌生化的感受源自写作者的视角，在陌生化的作用下传递给了阅读者。"月亮"与"湿晕""泪珠"加上三十年的时间，把不同的意象通过语言的变形、陌生化的手法糅合在一起，产生了不一样的感觉。月亮这一普通的意象在张爱玲的笔下不但有着传统的古典美，同时也让每一位阅读者有了自己的审美空间，也就是说，阅读者的视角被这些陌生化的文字牵引到另外一处。这种视角林立在审美这块大地上，文章中的意象已经不再是通常意义上的意象，甚至连月亮的外形也"扭曲"了，但是这样的扭曲并没有让阅读者产生排斥感，反而有一种与众不同的审美体验。

陌生化视角不是固化的，也不只是写作者独有；但一篇文章完成后，摆在阅读者的眼前，这样的陌生化视角就有了三个层次：首先是写作者有意或无意的陌生化视角，其次是阅读者本身接触文字后产生的陌生化视角，最后是写作者、阅读者和文本之间共生而成的陌生化视角，这种视角具有广泛性、不确定性，不同的阅读者有不同的陌生化视角。

再拿张爱玲这篇《金锁记》来说。张爱玲的视角是独特的，充满私人化的陌生视角，当写作者拿起笔开始写作时就已经为了作品的多样性和丰富性而刻意为之。月亮和湿晕、泪珠本身没有任何关联，这一点张爱玲清楚地知道，小说中的悲凉意境在开始就如一滴落在宣纸上的墨，慢慢浸染，深深渗入。读这样的文字，除了陌生化的感受外，还有一种来自骨头里的寒意。

我们再来看看张爱玲的另一篇小说《第一炉香》中，采用的是有别常人的写作视角：

薇龙一抬眼望见钢琴上面，宝蓝磁盘里一棵仙人掌，正是含苞欲放，那苍绿的厚叶子，四下里探着头，像一窠青蛇；那枝头的一捻红，便像吐出的蛇信子。

文段中，色彩虽然鲜艳、美丽，但是给人的感受却是恐怖、不安和难受的，文章营造的气氛没有一点家庭的温暖和和睦。写作者描写的陌生化视角，反而让阅读者迅速地感受到姑妈对薇龙未来人生的限制和掌控。

常用的、习惯性的意象已经固化了阅读者的阅读习惯和思维，很难有强烈的审美快感，但是张爱玲却让这些意象焕发了新的生命力，具有了新的审美价值，从而使文章的意蕴更加丰厚，这也就是在写作者的陌生化视角的牵引下把阅读者带入一个新的审美空间。

陌生化视角在诗歌中经常遇到，已故诗人张枣的经典诗作《镜中》就很典型：

> 只要想起一生中后悔的事
> 梅花便落了下来
> 比如看她游泳到河的另一岸
> 比如登上一株松木梯子
> 危险的事固然美丽
> 不如看她骑马归来
> 面颊温暖羞涩
> 低下头，回答着皇帝
> 一面镜子永远等候她
> 让她坐到镜中常坐的地方
> 望着窗外，只要想起一生中后悔的事
> 梅花便落满了南山

张枣虽然曾经寄居在德国，并且也是哲学博士，但是这位深受西方文化浸染的诗人，骨子里依然坚守着传统的古典文化。诗人的视角不是写作眼界，而是从内心为自己，也为阅读者打开了另一种视角，这样的视角无论对于受过西方文化浸润的阅读者还是一直浸染在东方文化氛围里的阅读者来说，都充满着既熟悉又陌生的感受。诗歌开头一句"只要想起一生中后悔的事"看似是在叙事，但是后一句"梅花便落了下来"却完全出乎我们阅读者的意料。往事与梅花有什么关联，这对阅读者来说就是一个挑战，阅读者必须运行自己的思维，调动所有的知识储备。特别是"梅花"这一古典意象更是把陌生化的视角拉向传统，与我们当下正在读的现代诗在形式上就有了一种分离和决裂，这样的视角同时也诱发了阅读者的审美思考，他必须顺着写作者的写作视角，也就是陌生化视角来思考、阐释。诗歌在最后，感觉与前面两句是一样的，好像是一种呼应，但是，我们只要在这首诗歌中反复解读就会发现，写作者此时的思考和境遇与诗歌开始时已经截然不同，不再寂寞，不再害怕，不再埋怨，诗人内心世界的美丽已经消淡了一切。

回归到我们的教学上，陌生化视角写作该如何来操作？

其一，用"审丑"来替代"审美"。

传统文化语境中，写作者喜欢的是对世界的万物进行"审美"观照，因为这样的视角合乎大众的心理和生活习惯。中国是一个信奉真善美的国家，这样的哲学基础构建了中国人的心理世界。美学史对于美的定义是：美在于事物的比例结构和谐、具有完整性，能带给审美者主观上的愉悦、欣喜；反之，不和谐、不连贯统一，让人感觉难受、不适、有痛楚感就是丑。所以，古今很多作家的作品一直营造的就是这样的一种美的氛围，期待用作品中的美来感染、震撼阅读者。

人们已经习惯于看到的事物是美的存在，喜欢和谐、自然的事物，无论是写作还是绘画甚至音乐都存在这样的美学思想。前两年一些"时尚"写作大行其道，批评界及时醒悟，及时反思，喊出了"严肃"写作的口号，我想这样的呼吁是正确的，也是符合写作常规的一种做法。但是，有时我们自己审视自己的作品，会有这样的一个声音在耳畔响起："为什么没有人喜欢这样的严肃作品？为什么那些畅销的、时尚的文章会受到追捧？"

常态的写作视角已经让阅读者有了疲惫感，那些端坐在视野中的万事万物在时间的流淌下慢慢固化、僵死。为了新奇，写作者不断地写一些夺人眼球的作品，什么热闹就写什么，哪里喧嚣就把笔触伸向哪里。

这样的情况不但在作家的创作中比比皆是，也蔓延到我们当下的写作教学课堂中，所以，我们在阅读学生的作品时，总是在开头几行文字中就已经了解了文章结尾处，无论是平时的写作还是考场作文。这些文章被教师、阅读者冠以没有新意，没有独特的生活感悟的评价。

一起来看看莫言的作品，他的很多小说就是借助了这样的一种审丑视角，给阅读者一种陌生化的感受。所以，在读莫言小说时经常伴随着我们的是一种"战栗"感，这样的感受就是写作者陌生化的视角所带来的效应。这样的一种视角写作也可以说是与阅读者的心理阅读期待相悖，写作者在作品中经常用一种丑来不断刺激阅读者的内心，让阅读者一直在不稳定性下进行阅读，把阅读空间变得无比宽敞。

一起看看莫言的早期作品《天堂蒜薹之歌》，孩子是这个世界最可爱的精灵，历来有太多的写作者用美妙的语言去赞美、描摹他们。可是，在这篇小说中，写作者在创作构思时，却把一种异于常理的情感注入作品之中。写作者的情感无论是冷漠的还是激烈的，往往会在作品中形成一种反常的、异样的氛围。当生活变得沉重时，写作者没有躲避到幻想和非理性的世界中去，而是用一种陌生化的视角去面对这个世界，面对身边的生活。写作者用陌生化的视角去观察这个世界，以另一种逻辑、另一种对事物的认知和检验的办法去重新审视这个世界，写作者就是用"审丑"的视角把这样的情感投射到间接的形象上。如：

> 杏花光着背，穿一条鲜红的小裤头，脚上穿一双红色的塑料鞋，鞋带断了几次，用醒目的黑线连缀着。她的肚皮上、脖颈上布满斑斑点点的灰尘，剪了一个男孩式样的小平头，两只白色的耳朵警觉地竖着。她用力吞咽着那团哽住喉咙的东西，却总是咽不下去。

文中对小姑娘的描写绝不是我们正常情况下的那种美，光着背，断了鞋带，布满灰尘的脖颈，还有男孩式的小平头。这一切如果放在一个小男孩身上，可能还不太让阅读者惊讶，但是写作者笔下的就是一个小姑娘，这种反差和折转就是写作天平的变动，视角的异化导致审美感受的不一，这样的"丑化"就是写作者的审丑视角产生的一种异样效果。

美学经验中，人们对当下的生活喜欢用约定俗成的审美视角看待身边一切，这种常态的审美角度受限于我们传统意义上的审美习惯。而陌生化视角下的写作，则用另一种文化的眼光去看待日常生活，审美对象并没有改变，但看对象的角度发生了偏移，审美对象便会从另一个角度向阅读者显现出它平时被遮盖的另一个维度，审丑视角此时就像一把钥匙，打开了事物本来被遮蔽的另一面。陌生化视角带来一种强大的阅读张力，令阅读者醍醐灌顶：美，还可以以这样的一种形式体现。

莫言小说这样的"审丑"充斥在文章很多地方，我们还可以看下面这一节的描写：

> 没有哭，也没有笑，他披着一件蓑衣，光着头，像个大刺猬，赤着脚站在街上。大雨过后，厚重的破云里射出一道金色的阳光，阳光从西边天射出，东边天出现一道彩虹。街上流水哗哗响，水上漂浮着鸡毛蒜皮死耗子。一群光腚的男孩子站在一堆黑色的粪肥旁，手持柳条和柴棍，轻轻地掸打着一只青蛙的背，在掸打过程中，青蛙的肚皮逐渐膨胀，眼睛紧闭，四肢绷直，肚皮高高支起。支锅啦，支锅啦。快抽快打，快抽快打！嘭！青蛙爆炸。

莫言的小说多数是以一种"审丑"视角来叙述，在这样的视角下，才会体现"美"的真实和重要，同时也让"美"有了强烈的参照物，更加凸显"美"的价值和意义。莫言用陌生化视角以及丑陋意象所构筑的奇异世界拓宽和填充了其作品的审美内涵与审美角度。他用"审丑"的视角去描写污秽、肮脏、恶心的世间事物，从丑的角度揭露和批判人性。

这样的视角在《酒国》《天堂蒜薹之歌》《红蝗》等小说中比比皆是，特别是小说《檀香刑》更是让阅读者在阅读中完全感受到了莫言的"审丑"能力。就像作者自己说的那样，很多人在读了这篇小说后，吓了多少天睡不着觉。小说中那些残酷的刑罚、恶俗的人性、悲痛的猫腔、人的哀号、良心的悸动、喑哑的死亡，这些"丑"的因素完全交织和重叠在一起了，刺啦啦地逼近阅读者的眼睛，正是这样的"审丑"视角让阅读者有了强烈的陌生化的新奇感受。

其二，异类视角下的人居生活。

非人类视角往往是从动物和植物或者一件没有生命的器物的视角出发，带着荒诞和谐趣。写作者从这样的视角写作，目的就是与正常的人类视角进行对比，形成一定的反差，因为一个独特的叙事视角能带给阅读者全新的感受。

这样的作家很多，日本作家夏目漱石的小说《我是猫》便是这样的典型。贫穷的英语教师珍野苦沙弥家里有一只猫，全文就是以这只猫为视角，细致全面地描写了当时日本普通知识分子的思想和生活状况。通过猫的视角产生反讽效果，这种陌生化的视角下的阅读带给阅读者的是新奇、独特的享受，同时文章中也辛辣、尖锐地讽刺和批判了社会现状及愚昧丑陋的个人行为。这种打破行文常规、毫无常理可循的文本结构，在当时却成为一种标新立异、独具魅力的创新，让所有阅读者眼前一亮。如小说中有这样的一段对猫的叙述：

咱家和人类同居，越观察越不得不断定：他们都是些任性的家伙。尤其和他们同床共枕的孩提之辈，更是岂有此理！他们一高兴，就将咱家倒提起来，或是将布袋套在咱家的头上，时而抛出，时而塞进灶膛。而且，咱家若是稍一还手，他们就全家出动，四处追击，进行迫害。就拿最近来说吧，只要咱家在床席上一磨爪，主人的老婆便大发雷霆，从此，轻易不准进屋。即使咱家在厨房那间只铺地板的屋子里冻得浑身发抖，他们也全然无动于衷。

语气的哀怨、不满甚至愤恨都集中在猫的视角下，同类的相互观察得出的结论可能不一定能让阅读者产生太多的感受和刺激，因为阅读者已经习惯了这样的写作主题阐述和总结，但是在猫的视角下的人类却深深刺中每位阅读者。

人的意识里，猫是自己的隶属物，是在自己的养护下成长的，不可忤逆，不可逾越，更谈不上平等和谐相处。可能这样的观点已经在人的脑海根深蒂固，但是在猫的视角下，人和猫又是怎样的呢？猫用了一个词来界定人和自己的关系的——"同居"。在猫的眼里，人是任性易怒甚至是残暴的，在猫的生活中，自己经常被人类打骂、虐待，猫的内心是愤恨人类的，不符合我们传统意义上的美学经验——温顺、可爱。另外，这样的视角颠覆了存在于我们心中的那幅美丽的画面：全家其乐融融，一只乖乖的猫儿蜷缩在他们的脚下，氛围是那么和谐、温暖。但是在这样一种陌生化的视角下的画面却让人大跌眼镜，就是一种极大的讽刺，这样，写作者的写作目的开始达到，阅读者也能在这样的视角下获得一种全新的不一样的感受。作品本身的内涵得到提升和扩展，这种陌生化的视角也增加了作品的审美价值，让文章更加饱满。

除了上述，再看看猫的视角下，人类是什么样的德行：

……说不定整个社会便是疯人的群体。疯人们聚在一起，互相残杀，互相争吵，互相叫骂，互相角逐。莫非所谓社会，便是全体疯子的集合体，像细胞之于生物一样沉沉浮浮、浮浮沉沉地过活下去？说不定其中有些人略辨是非，通情达理，反而成为障碍，才创造了疯人院，把那些人送了进去，不叫他们再见天日。如此说来，被幽禁在疯人院里的才是正常人，而留在疯人院墙外的倒是些疯子了。说不定当疯人孤立时，到处都把他们看成疯子；但是，当他们成为一个群体，有了力量之后，便成为健全的人了。大疯子滥用金钱与权势，役使众多的小疯子，逞其淫威，还要被夸为杰出的人物，这种事是不鲜其例的，真是把人搞糊涂了。

猫在这里其实代表的是苏醒者，是这个时代的抨击者。人类就是一群疯子，在猫的眼里，他们互相残杀、争吵，以猫的眼睛看世界，猫的悲痛化为笑声，言辞尖酸刻薄，让阅读者心惊胆寒，这是正常视角下无法完成的效果，只有以这种陌生化的视角才能为阅读者打开另一个世界。

陌生化的叙事

写作者总是有意在叙事的过程中不按照阅读者的心理期待去叙述，首先颠覆的是阅读者固有的阅读习惯，让他们的阅读就像在原野上散步，感觉是到了景色优美的地方了，但是脚下的路却没有了，只能让阅读者自己在原地去寻找、发现新的路径。其次，写作者故意在作品中营造的文化与传统文化相互产生悖论性的效应，让作品与阅读者之间的文化联结发生断层，这样阅读者就会不断调整或者重新建构新的阅读视野。就是在这样一个不断调整、反复改变的过程中，阅读者的审美想象力、审美期待不断发生变化，这也会从另外一个角度激发阅读者的审美能力，从而让作品在陌生化的叙事中变得饱满丰富起来。

作品有时与阅读者之间就是一种"斗智斗勇"的过程，有时写作者故意在作品叙事中设置一种看似就要到了高潮的环节，但是写作者喜欢在这样的叙事中，采用陌生化的叙事方式，"终止"阅读者的阅读思维和进程。也就是反其道行之，有意挑战传统的叙事方式，出其不意，给读者留下曲折而又陌生的阅读空间，让阅读者自己掉进去，充分调动阅读者的审美想象力去补缺，让阅读者在这样的阅读中冷静思考和分析，从而延长阅读的时间和空间。

教师在写作教学中可以这样实践：首先，制造突发的危机，让作品具有一定的紧张感，这样的叙事在作品开始阶段就已经为后文陌生化的处理做了埋伏，吸引了阅读者的阅读兴趣，也点燃了阅读者的审美驱动。其次，让作品的叙事产生矛盾，这种矛盾既可以是人物塑造层面，也可以是情节设置层面，让叙事有了起伏和层次。到了这个时候，阅读者的审美期望完全被套住，已经开始在"猜测"文章的结局，甚至有了点扬扬得意之感。然后还要把阅读者的审美情感调动起来，没有情感加入的阅读是孤独的、没有血肉的阅读，只有把情感引进阅读者的阅读过程中，他才会让自己与作品共情、共生。再次，写作者前面设置的陌生化的叙事开始登场，在作品的这个环节猛然停止对情节的正常叙述，引发读者不断地思虑，来发掘作品的意义。

写作教学中，学生的弱项是缺乏叙事能力和文章故事的搭建能力。典型人物剥夺了读者、写作者的审美经验，让思维模式化。所以陌生化叙事可以在故事中形成新的故事，写作者笔下、文中的事随着时间会在阅读者心中消淡，但它引发的是阅读者内心深处生发出来的属于他自己的故事，阅读者可以在这样的场景中延续文章中的状态，让这个故事的行为延续。

来看一篇学生的习作《火锅里的人情味》：

晚上约邻居一家吃火锅。

落座，点了锅底，就去调酱。作为一个辣食爱好者，不放剁椒是不可能的。一勺牛肉酱，一勺辣酱，一把香菜，一把剁椒，再浇上几滴香油，褐、绿、红三层，赏心悦目。

菜还未上，人已经聊开了。老人聊做菜，大人聊工作，小孩子嘛，就一趟趟给大人们调酱。聊着聊着，菜就上齐了。

第一个下锅的是牛五花，夹起来，还带着血丝，进红色麻油锅里一放，仅是两三次翻滚，就带着香辣味透出了褐色。起身夹菜的人们，从不会夹给自己。如果是父母起身，第一筷，定会夹给邻家小妹，而小妹也定会笑着谦让一下，再把碗递过去，道声谢，这才心安理得地吃下去。若是给了老人，老人也会笑眯眯地夹给小孩子，所以，小孩子在这时候总归是最幸福的。

随着毛肚、鱼丸、虾滑的下锅，锅里咕嘟声愈发响亮。黑亮的毛肚伸展开了手脚；白嫩的鱼丸在汤里跳跃；粉里透白的虾滑也上下翻腾着。夹、蘸、咽，小孩子已经吃得满面通红，满头大汗。而大人们一边替我们煮菜夹菜，一边倒几杯早已备好的饮料递给吃得不亦乐乎的我们。

等到白菜、金针菇、土豆这些蔬菜下锅，孩子们已经吃撑了。但大人们才刚开始"夹给自己"吃。这时候，如果可以，孩子们一定会点冰沙或甜点，以消磨时间，或与同伴出去玩。

就算是吃完了，我们也不会马上走。在中国，离开的标准从不是有没有吃完，而是有没有聊结束。似乎又回到了上菜前，人们边喝茶边谈笑风生……

吃火锅，不仅仅是吃饭，更是吃里头的人情味。

文章不长，只有几百字。虽然说这是一篇学生的作品，但是文章一改常有的学生腔，无论是语言的搭配还是情节的精巧安排都值得称颂，可最让阅读者感到新奇的还是写作者使用的陌生化叙事。文章写的是几家人聚餐的小事，事情很简单，内容也不复杂，在开篇时，写作者就给阅读者营造了一种和睦、欢快的友邻聚餐的氛围。丰盛的菜肴、互相谦让的老人小孩，欢快聊天的大人，无不把阅读者带入这样的氛围之中。但是文章并没有按照正常的叙事来进行，没有让阅读者直接到达意义。在写作者陌生化的叙事之下，所蕴含的是她对生活关系、人群相处、人情往来的深切思考。文章中的陌生化叙事绝非是单纯的对某种手法的追求或是种种技巧的呈现，而是让普通的家庭聚会折射出这个社会家庭与家庭、人与人之间的种种微妙的关系。写作者没有超然于生活原貌，反而呈现的是更加努力地投入到生活中去，让每一位阅读者去思考生活的原来的本质，这也是写作的价值和意义所在。所以，文章在结尾两段让阅读者的思维有了爬坡的过程，陌生化叙事在这里有了一个非常态的张力，叙事结构和风格都有别于传统，陌生化在延长阅读者的审美体验的同时，也易于让阅读者体会到写作者想要表达的深层含义：吃饭，原来就是一场人情的交往。

美国作家海明威有一个写作习惯，他的好多短篇小说仅仅写一个场景，没有写作上的特别铺垫和繁琐的过程性问题交代，事件发生的时间特别短暂，凡是事件之外的事情都不涉及。重要的是他不但写一个时间节点是这样，哪怕是写一段历史、一个国家的兴衰都是这样，浓缩到只剩下一个片段。

这样的叙事除了是技法层面上的问题外，更是写作者受到的教育和自身的创作思维带来的结果。异域文化孕育出来的写作者，他们的审美视角和思维模式都有别于其他文化下的写作者，所以他们笔下的写作叙事带给阅读者的感受往往就是陌生和新奇。有人说，海明威的叙事策略在中国的文学作品中也能读到，说白了，就是极简。但是，这样的认知过于绝对化，因为海明威的小说创造中的叙事有着自己显著的烙印。

在叙事结构上，海明威的小说叙事灵活多变，他经常以一个故事为主要叙事线索，在故事的推进过程中，慢慢在这条叙事线索上加上若干细节来支撑，所以在读他的小说时我们可以读到写作者的叙事和现实生活共存的地方，而且这样的共存毫无违和感，叙事结构紧凑，充满弹性和美感。

如海明威的短篇小说《卧车列车员》，就不是我们传统意义上的已经很熟悉的叙事模式。曾几何时，我们习惯于对故事的推进，习惯于开始、经过、高潮、结束这样的叙事模式。当我们带着这样的阅读思维去读海明威小说时，我们不习惯，甚至有点排斥。因为这样的叙事模式和我们已有的审美观念发生了冲突，冲突带给我们的感受就是新奇、陌生。海明威的小说中，叙事线索会经常反复地出现，让一个简单的故事呈现出不一样的叙事视角，让阅读者在诧异、好奇之后会慢慢跳出叙事故事而去思考故事背后的意义和价值。这样一个反复的过程，就像阅读者平日很少见到的一处风景，带来的是期待和憧憬。

天亮醒来向窗外一看，早已到了个景色优美的地区，看去倒很像密执安，只是山更高了，林木的叶子全都在变色了。我穿好了衣服，只等穿鞋，就探手到床帘下去取。鞋已经擦过了。我就穿上鞋子，收起床帘，来到外面的过道里。过道里一排排铺位都还张着床帘，看来大家都还没有醒。我到厕所探头张望了一下。那黑人列车员正在铺垫座椅的一个角落里睡大觉呢。他把帽子拉下来遮住了眼睛，脚高高地搁起在一张椅子上。嘴张开了，头向后仰，双手握拢合在身前。我又一直走到车厢头上去看野景，可是那里风大灰多，又没有个坐处。我就又回到厕所，蹑手蹑脚走了进去，免得惊醒那列车员。我来到窗前坐下。一清早这厕所里有股铜痰盂的气味。我饿着肚子，望望窗外的秋景，看看列车员睡觉。这一带看样子倒像是个打猎的好去处。山上多的是矮树丛，还有成片的林子，农家房子看去都很漂亮，道路也都修得不错。这里跟密执安看去有一样不同。在这里火车一直往前开去，景色似乎都是连成一片的，而在密执安，一处处就都各不相干了。这里没有一片沼泽地，也没有森林大火留下的痕迹。看去处处都像是有了主儿的，可又都是那么优美的野景，山毛榉和枫树都已变了叶子的颜色，随处可见的矮栎树也都有色彩艳丽的树叶，哪儿有矮树丛哪儿就准有许多苏模树，鲜红一片。看来这一带还是野兔子繁衍的好地方，我想找找猎物看，可是景物闪过去太快，目光根本集中不到一点上，能够看到的鸟儿也只有天上的飞鸟。我看见有一只鹰在一片田野上空猎食，还看见了跟这雄鹰成对的一只雌鹰。我看见有金翼啄木鸟在树林边上飞，我估摸这是在向南迁徙。我还两次见到了青鸟，可是在火车上要看到鸟儿可不容易。从火车上看野外，要是笔直看着面前景物的话，东西都会往旁边溜去，所以要看就只能把目光稍稍前移，由着景物从眼前闪过。我们经过一个农家，屋外有好长一片草地，我看见有一群双胸斑沙在那里觅食。火车驶过时，其中有三只飞了起来，打个回旋飞到树林上面去了，其余的却还在那里继续觅食。列车拐了个大弯，我看见了一长串车厢在前边弯成了一道弧，火车头老远跑在头上，驱动轮转得飞快，下方则是一个深深的河谷。这时我一回头，看见列车员已经醒了，正瞧着我呢。

异化的叙事让这篇小说充满一种含混和不确定性的理解，这样的一种异化带给阅读者的就是一种陌生感。小说中海明威用葡萄串式的叙事模式表达了自己对美国印第安土著人和黑人生存状态的认识；文中也写到了一些远离主流社会的边缘人，他们行走于远离西方现代文明主流社会的异域、城市边缘地带和原始大自然，抵抗着工业文明和商业物质文明对人性的控制和异化，寻求人性自由和感性解放，打造自我生命的意义。

异化是一种扭曲的美，这样的美是一种刻骨铭心的难忘。写作者面对社会的变化，没有直接去描摹，因为单一的介入社会已经勾不起和这个社会一起前行的人的关注了，只有打破这个局面，用一种异化的语调和叙事模式来讲解故事，表达自己的观点才会吸引大家的关注和回首。写作的核心精神不是自己一个人去认识、发现这个世界或者说身边的生活，而是要唤醒和带领大家一起去发掘合格社会。所以，叙事形式上的陌生化可以在瞬间吸引一些阅读者去思考，这也是陌生化叙事的效用所在。

这个世界上不可能天天发生惊天动地的大事，学生的生活更是相对单调，写作者如果每一天都重复已经让阅读者疲惫麻木的生活现场，肯定激发不了阅读者的审美趣味。陌生化叙事不只是简单地从表面去吸引阅读者,而是要通过这样的一个形式让阅读者有所思考,站在与写作者相同的思考频率和波段上,只有这样才会共同思考,一起前进。

在经典小说《永别了,武器》中,他是这样叙事的:

> 冬天开始了,来了一场没完没了的雨,伴着又来了一场霍乱。但是经过审核,军队里只有7千人死于霍乱。

冬天的肃杀对军队有没有非战斗伤亡?阅读者在这里没有停留,阅读的视野落在"7千人"这个数字上,但是写作者在这里却说"只有",轻描淡写的一句话一下子就冲垮了阅读者的阅读期待,极简的叙述背后深藏着厚厚的残酷现实,这样的叙事刺激着阅读者不得不去想象,一场疾病就已经死去7千人,那其他的呢?比如说战争,比如说人祸。叙事搭建起来的审美想象在陌生化的状态下极具空间感,可以让阅读者有着更为广阔的驰骋的天地。

这样的叙事是多重并进的,陌生化叙事的意义在于瓦解日常叙事模式,破除阅读者阅读心理上的惯性,从而重新构造阅读者对世界新的感觉,把一种奇异的与习惯性认知完全不同的叙事呈现在阅读者的阅读视野中。海明威的叙事是多声部的,有小说中人物的声音,也有叙述者的声音,还有来自大自然的声音,有时他在强化这些声音,有时他又在淡化这些声音,这种反复曲折多层面的叙事裹挟着阅读者一起前行。

写作中,有时我们刻意去解构一样事物,其实在它的反面就是一种重新的建构,审美带来的愉悦感就是这样产生的。

再看看苏州一位作家的文章——《腌坏了一棵菜》：

春日里，邻居送了我一棵硕大无比的芥菜，在欣喜过后，问题接踵而来，我该如何安置它？芥菜的体量和气息都不同于其他的菜，腌应该是个好办法。

试着像我的姨那样腌好一棵菜吧。在姨的眼里，腌菜是件日常而隆重的事——几口粗陶菜坛菜罐，由着姨的手洗净抹干了摆在地上晾，它们酱红的釉色厚且沉，静默得近于庄严肃穆。列成一排的它们到了姨的手里已经历了许多的旧时光。时光有多旧，姨也说不清。姨将晒过的雪里蕻菜放进坛坛罐罐里，洒一层粗盐，码一层菜，再洒一层粗盐，码一层菜，用擀面杖层层压实，最后塞进一个编好的稻草团封口，将菜坛倒扣在浅口陶盆里，只待时间慢慢地渍出盐卤水来。在腌成咸菜的漫长时间里，坛坛罐罐们会轻轻地"咕"一声在浅口盆里吹出一两个盐水泡来，像个可靠笃实的老友轻声宣告：放心放心啦。姨在进进出出忙碌的时候，会有意无意地瞥一眼它们，彼此心照不宣。

腌菜应该就是这样的。

我试着自己腌这棵菜。用大玻璃瓶代替厚重的粗陶菜坛，学着姨那样，一层菜一层盐地码，最后用一袋鹅卵石压住封口。第二天，看到有盐卤水渗出来。腌菜就是这样的。第三天，第四天，第五天，到第六天的时候，我发现自己把一棵好菜腌坏了，盐卤水没有浸到的地方，菜已经发霉了。

真是令人懊恼！

像棵小树似的大菜被腌坏了，不是罪过是什么？为此我觉得自己不可原谅。窗外柳絮纷飞,柔美得如梦如幻,这么美好的春天,更加深我对一棵大菜的歉疚,何况它那么新鲜而蓬勃,且硕大得像棵小树。

在扔掉腌坏的芥菜时,我开始明白原来我的姨是要仰望的。我在同姨讲话时,低头俯看姨的人是我,抬头仰看我的人是姨。以后,姨愈发地需要抬头仰看与人说话,因为她的背开始佝偻起来,像老去的丝瓜那样慢慢地蜷起身躯,渐渐地露出经络。我按住姨的后背,不许她继续弯下去。姨听了我的话,努力地挺直她的背,但她的背不太听话,一转眼,又不直了。因为她不听话的背,我之前的歉疚开始酿成不可抑的悲伤,在心底悄无声息地深深流动。

姨曾是一个那么漂亮的姑娘!我藏有姨年轻时的黑白相片,一并还有我母亲年轻时的相片,我将她们姐妹俩的照片放一起,姨还是漂亮,明眸皓齿。可是漂亮的姨一直羡慕着上过学的我母亲,却从不知道自己的漂亮美丽。"我比不了你妈妈的呀。"姨这样平平淡淡说着的时候,依然在灶间忙碌着。河流在我心底流得更深了。

当姨从菜坛里掏出一棵棵腌制好的雪里蕻时,眼睛里会闪出光芒。在姨的眼光照亮之处,弥漫着雪里蕻浓郁咸鲜的菜香。这个时候的姨,心里也流动着一条河流,充盈着喜悦与满足。姨似乎从不知道自己腌制手艺的天赋。每每向她讨教时,姨总是一边做着事一边漫不经心地说:"傻小孩,这个有什么啊!"

姨在说傻小孩时,她口中的傻小孩早已人到中年。或许是这个缘故,傻小孩们空了就往姨家里去,姨的侄子小辈、姨儿子的朋友弟兄们无事也来,来了,跑到后院灶间寻吃食。姨父说，我家是名副其实的农家乐。

再热闹的农家乐也要散场。一户一户的人家都搬走了，房子空了，村子空了，姨用来腌鱼腌肉腌菜的大缸小缸坛坛罐罐也空了，一个一个地列在墙角，仍然沉静得肃穆，酱色的釉彩身上也落有一层灰白的薄尘，坛罐因此而荒凉起来。进进出出的姨，瞥一眼墙角的荒凉，曾经的心照不宣和默契熟稔由着薄尘而阻隔。姨的眼神黯然，我能看见河流在姨的心底悄悄地流。

春天即将过去。

但是，等一下，我在腌菜时将粗壮如臂的菜根部放在了浅水盆里，因为在长叶的凹窝处，长有寸长的小嫩芽，又是棵迷你的小芥菜。嫩芽在数日之间迅速地生长，长高，攒出花苞，开出一簇小小的和油菜花一样的黄花来。

这一簇小而弱的菜花，稍稍抵消了我腌坏一棵好菜的歉疚。

这篇文章的叙事就像在剥开一个洋葱，每一片都可以作为食材，但还是诱惑着阅读者往深层进发。陌生化的叙事在文章开头就显现出来，三个时间段承载着三段往事，厚重但不繁琐，值得阅读。写作者在叙事中暗含的抒情如地底的河流，暗暗涌动，起承转合做得特别漂亮，但又毫无匠气，语言的搭配给了阅读者一种新奇的阅读感受，这种新奇感给了我们一种阅读上的陌生化，这种陌生化冲破了以往写作的习惯和固性。这样的阅读感受不是来自体验，更多的是来自写作者的叙述，在精彩的画面中，可以看到时间在慢慢流逝，姨美丽的容貌和善良的品质在岁月中静静发光。

任何的思维表述、审美都是建立叙事的基础，没有一定的叙事模式就无法也不可能构建框架，更无法呈现写作者的内心。这篇文章让阅读者读到了作者的叙事建构能力，如："在扔掉腌坏的芥菜时，我开始明白原来我的姨是要仰望的。我在同姨讲话时，低头俯看姨的人是我，抬头仰看我的人是姨。""进进出出的姨，瞥一眼墙角的荒凉，曾经的心照不宣和默契熟稔由着薄尘而阻隔。姨的眼神黯然，我能看见河流在姨的心底悄悄地流。"这样的描写和叙述已经分不清了，看似描写更似抒情，也或许是在平静地叙述一件事、一个人。

文章的结尾总是在无意中或许是有意地塑造一个"人"，一个朴素但在写作者心中永远年轻能干的姨。

陌生化叙事让这样一篇文章变得更加饱满和厚实，文章简单，内容也很浅显，写作者想要表达的主旨完全可以快速读出来。一棵芥菜摇荡着写作者的生活，再经过写作者陌生化叙事的处理后，又漾在我们每一个阅读者的心中，朴素而平常的芥菜就是那位慢慢被岁月追赶而衰老的姨，对待芥菜的态度就是对待姨的态度。"芥菜"和"姨"这两个基本意义在陌生化叙事中慢慢消释，两者互相印证，又互为相悖。阅读者在这样的陌生化叙事环境中产生联想，延展了逻辑思维，并从文本中获得多重丰富的意义。

第三章
生命体验下的写作

生命的体验来自每一个个体的生活经历和情感旅程，如此，体验才是真切而细腻的，除了影响自己以外同时还深深地打动着每一位阅读者。

几日前，阅读了一批学生的考场习作，在几百篇文章中，真正打动我的寥寥无几。我并不是纯粹的用写作教学者批评的眼光去衡量，也不是从写作技巧上较真，更多的原因是我很难在这些习作中找到他们生活的影子。多数文章是宿构而成，使用的素材也是感性的故事多于理性的思考，文章中呈现的观点也是主观态度或者个人情绪的发泄，真正意义上把自己的体验表现出来的几乎没有。一言以蔽之，学生们正在进入一种苍白、虚假、远离本心的写作状态。如何改变这样的局面？我想最好的办法可能就是引发他们的体验感，把生活中那些美好的，在每一个人心灵深处沉淀的东西激扬起来，而体验最好的方式就是亲身融入其中。矛盾的存在有时不是某一个方面引起的，更多的是由参与写作教学的人和学习者双方决定的，除了学习者的问题之外，参与教学的人也有一定的问题。

放眼当前的写作教学，存在的问题很多，教师缺乏必要的理论支撑和写作体验，不参与写作的教师去教学生写作，就会造成一种阻隔。一个没有写作体验的教师很难有独特新颖的自我省察。一个人在写作中就是重温过往的生活，是对心灵的安抚与慰藉。孩子的灵魂是最纯真的生命，它是那么透明，没有一点儿杂质，这是创造和想象最为肥沃的土壤，在这里他们会以一颗活跃的灵魂去自由呼吸，尽情书写。我们教师要做的其实并不是很多，而是顺着学生的本性，给予他们心灵的滋养和情感的抚慰。

当下，大量学生的文章，看似有深度、有见解，但这一切都是一种浮在表层的假象。一篇文章要充满韧劲地向作品"内核"掘进，这个内核包括写作者要关注的事物，关心自己内在的思考，思虑文章中各种人和事物之间的关联。如此，作品才会呈现写作者笔下的丰富性和复杂性。这不但要有写作技巧来支撑，同时也必须有一定的生活积累作基础，这样的文章才能体现写作者的追求和能力。

生活经验是写作的源泉

一个人的生活经历除了刻写在这个人的脸上，还在他的笔下。

生活经历中非常重要的是人的童年体验，因为每一个人童年时的生活经历是其写作时难以忘怀、无法磨灭的印记，文章是写作者童年体验的深化或外化形式。冰心说："许多印象，许多习惯，顽固地刻画在人物的人格和气质上，而影响他的一生。"童年的生活经历是审美体验下对写作产生深刻影响的关键因子，童年时的一事一物、一花一草等诸多方面都会成为写作者生活体验形成的原动力，这些经历会渗透在文章的深层结构之中，进而慢慢凝固成文章的风格、作品的意蕴，甚至写作者的叙事视角。

童年生活经历是从体验的本原性去思考和阐释，很有价值。学生生命中最宝贵的特质是生活经历，它是不可多得，不可复制，也是任何一位教师无法传授的。学生的生活无论是平静还是激扬的，他们都置身其中，共同经历起伏跌宕，这就决定他们有着一定的阅历。但这种经验不是共性的，是属于个人的体验，在共同的生活中建立起各自的经验，写作就是从各自的经验出发，映射每个人不同的人生。

每一个人都有经验，但什么样的经验才是真正意义上的个体体验，而不是宿构，不是滥情，不是飘忽，不是把不属于自己的生活感受移接而来？

这是我选取的学生考场作文中的一段：

> 车平稳地在路上行驶着，慢慢减速且刹车，到站了！只见那车夫毫不犹豫地说："八块钱就行了。"我掏出口袋中那十块钱递给他，他一手接住，愣了一下，便往后面的大箱子里拿出一朵玫瑰给了我，笑着解释说："今天是我女儿生日，我买了10朵玫瑰，送你一朵，正好2元！"说完，就带着笑意离开了我，渐行渐远……

这篇习作题目是《我生活中的一朵花》，光看这样的一段文字，觉得学生的选材还是很有想法的，结构较精巧，内容也是来自他的平日生活经历，文章也深受阅卷教师喜欢。但我们冷静下来，会忽然发现这样的选材与写作形式在平日我们见得多了，无论是报刊还是各类考试中的作文，它们都长得很相似，甚至被戏谑为"意林体""读者体"。这是一种典型的偏离自己生活的文章，完全是写作者在想象与臆造中培育的一朵畸形的花。

生活中我们乘坐三轮车是司空见惯的事情，但用玫瑰花当零钱找给乘客的估计不会有。这位学生可能想强调"生活中的花"这样一个核心词，所以把这一桥段引了进来，可事实上却弄巧成拙，虽然现实进了作文中，无论是量还是质都发生了变化，但这种变化太突兀，甚至是戏剧化的讽刺，经不起推敲，这样的体验不属于学生自己的生活体验。为什么会有这样的情况出现在文章之中？究其缘由是学生的生活经验被异化了，写作者的审美倾向发生了严重的偏差，在写作者的眼里，无法判定什么样的文章才是一篇好文章，什么样的生活体验才是真正的体验。

童年经验可以如源泉一样为写作者提供素材和灵感。童年经验虽然不能成就写作者，但它却能够不断地滋润培育写作者，当写作者面对纷扰的生活时，需要自己去抉择，写作才会与其童年经验产生对接，童年经验才能够在写作者的笔下呈现出来。而这位学生生活经验并不缺乏，就是为了给自己的文章一个光明的格调，一个看似高大伟岸的主题，用了这样一种背离生活本真的细节来行文，这也不完全是写作者的生活经验的异化，而是一种刻意为之，造成了画虎不成反类犬的局面。

写作者要与一些高大的主题保持距离，要学会警惕。学生的写作要突破宏大的叙事壁垒，回到日常的生活场景上来，回到语言的本身。让生活的面容亲切地出现在阅读者的眼前，切不可沦为语言的游戏，失去生活的本真与鲜活，更不可以有意拔高主题。

写作的动机是每一个作者在内心深处需要直面的，有时，学生可能因为年龄的问题，不会细致认真地思考这个问题，但是不代表他们内心没有一丝微澜，哪怕是在教师和考试的双重"压迫"下的写作也是一种动机，但这种动机必须在写作之初在教师的辅助下，慢慢修正。要让每一位写作者都有这样朴素的想法：为什么去写？为谁去表达？这是写作的根本性问题，它决定了写作者的出发之处、写作的格局以及未来能够让自己的作品走多远的本源性问题。

写作者要学会再次回到过往的生活场景里去，努力进入生活的内部，深入持久地咏叹。既要有自己的独立行走和感悟，也要有对现实生活的完整拿捏和穿透复杂纷繁生活的能力。

写作者笔下的生活，有时是完全属于一个人的世界，在这样的空间，写作者可以自由呼吸，均匀吐纳，因为这片天地只是属于他自己的，是他人一下子无法感知和抵达的世界。每一个人在这个世界上，多多少少都有这样的一块领域。一个对生活有着足够理解的人，他的视角和思维是多维而独特的，他有时可以抒情，但更多时候偏重于理性思考、舒畅想象、推理，甚至有时候跳出自己笔下叙事的空间，以另外一种面孔出现在阅读者面前。那一刻，写作者的思维是深邃而多元的，有着强烈的表达自我的意识，他的精神状态会透明、坦诚地展现在自己的文字中。这样的情形在很多写作者的文字中都会出现，这些一手的写作经验来自他们的亲历，我们可以在周晓枫的作品《斑纹》中感受到：

> 葡萄架下，一片片黑迹。蚂蚁有的已经阵亡，蜷缩着，像五号字体的逗号。大部分还在继续较量。
>
> 小小的铠甲武士，相互箝牢，企图致对方于死地。我不能从外貌上区分两方：精巧的触须和腿，占到身体一半的硕大脑壳，卵形腹部，细得夸张、几近束断的腰——蚂蚁长得全一样，它们凭什么记清庞大的家族成员并指认混同于中的敌人？靠气味吗？我从两边的蚂蚁队伍里各捏出几只，仔细地闻，辨别。
>
> 蚁群麇集，两侧各延伸出一条细线，后方仍在增援。同族之间碰碰触角，似乎传递着牺牲的决心，然后它们勇往直前，

越过密密麻麻的已经死去的兄弟。

我把糖吐到地上,含化一半的牛轧糖落有几个不整齐的牙印儿,软软的,泡在亮晶晶的唾液里。甜味并没有像往常那样吸引蚂蚁,除了三两只被糖块粘住的,正费力地试图挣脱。我为自己的礼物没有受到重视而气恼,带着报复心理,拨弄起刚刚逃离困境的那只。它在尘土、唾液和手指的压力下翻滚。没过一会儿,它死了。我黏着的脏手指上沾着卑微的尸体。

上一次,也是半块牛轧糖,让我抓到很多俘虏。蚂蚁簇拥着掉入我布好的陷阱。我合上火柴盒的盖子,把它放到耳边。

火柴盒薄,我听到众多不安的黑的碎的小脚在移动。它们慌张,找不到光和出口。声音极轻,极轻,我看不到它们。像亡灵。

为什么孩子都对观看蚂蚁抱有兴趣?它们把一只肥胖的虫子拖到洞口,如同脚夫搬运着一具棺材。虫子还在扭动,身体的前半部被蚁群覆盖,只露出后半截令人不快的鬼样的浅绿色和蛆般的螺纹。相对蚂蚁来说,肉虫体积庞大,但这个巨人的威胁形同虚设,它笨拙的自卫方式根本无法抵御遍布全身、同时进行的咬噬。它会被肢解到最碎。

蚂蚁得胜回巢,效忠肥胖的蚁后……没有发现,运回的猎物,长相酷似它们敬爱的女王。

或许,它们乐于享受这种相似。

卑贱,数量众多,终日忙碌。在超现实主义大师达利那里,蚂蚁,和软表、面包、拐杖、抽屉一样,成为重要的个人绘画符号。它暗示着人类潜意识中的恐惧、脆弱和焦虑。

周晓枫曾经这样说道:"我们就无从摆脱脆弱幼稚的儿童心态,所能观察到的也不过是生活表层的浮光,笔底流淌的,再动人也是一条易于干涸的清澈小溪——而唯有河流般泥沙俱下,我们才能奔行千里,遥望大海。"这篇文章中,写作者用最细腻、最贴近的观察,放大了动植物世界的柔润轮廓。而且她只是用了一种正常的叙述视角在写作,娓娓道来的是自己童年时那一段隐秘的生活经验,她只是简单呈现事物自身,直接进入经验本身,叙述上没有刻意采用任何的写作技巧。即使有抒情,也是暗暗贴着文字的底部在进行,在文字的表层和叙述的结构中没有一丝抒情意味。她注重童年生活的场景、事件的发生等因素的营造,看似简单、纯粹,却真实地拓宽了写作的边界,把自己的童年生活经验像电影一样一幕一幕的放映在每位阅读者眼前,阅读者也会不由自主地被文章中的场景吸引,被一些细节打动、感染。

生活就像空气,我们每一天都在呼吸着,对生活的特殊感悟才是体验的本真。但我这里所说的是一种具有"意义"的生活,我给它加一个定语叫作"真生活",是写作者把敏锐的观察和透过事物表象洞悉一切的思考融入进去的生活。生活是学生作文最丰富的资源,就像一块田地种植庄稼,生活孕育着学生的写作,而对生活的体验就是这块田地里长出的饱满的谷穗。有些学生的写作看似很拖沓,语言也简单,没有什么花头,但却是学生自己最真实的生活体验呈现。如下面这一段文字:

坐在位置上,我仔细打量着周围。小店朴素温馨,很像家。老板将近六十,已经有些秃顶,说起话来大大咧咧的,是很讨人喜欢的那种奔放的性格。他上身穿着一件灰色条纹衬衫,顶端的纽扣已经脱落,给人以"和蔼大叔"的感觉。也许店里的温馨来源于他。

这也是学生作文中的一段,语言文字饱满,完全看不出斧凿的痕迹,也没有经过稀释或者臆造,自然质朴,没有技巧,写作者的笔贴着自己的体验慢慢地行走,文章就整个长在学生的笔下,野扑扑地存在着。

生活经验一定是真实的存在,而不是来自写作者的想象和道听途说。在写作者的经验世界中,童年的生活经验在其人格结构和生命深处埋藏着一个极深的童年情结,正是这种童年情结在其心灵深处召唤着写作者。当写作者在写作时,童年的生命体验便会有意或无意地投射到写作对象上,并通过语言、情节来宣泄表达;这是一种无意识的情结,会慢慢融入写作者的审美意识中,化作写作者的一种生命源泉。

生活经验由哪些因素构成?

从经验获得的形式和渠道上看,首先是写作者的直接经验,这种经验就是写作者亲身经历过的,和他的平日生活、家庭环境、学习氛围、活动场所息息相关,是写作者的内驱力。其次就是间接经验,没有亲身经历,是他人的转述或者是通过阅读他人的作品而获得的。这两种经验在写作过程中一直萦绕在写作者的笔下,相互补充、彼此照应。

从经验的获得程度上来看,不是所有的经历都能成为写作的源泉,有时写作者在生活中缺失的才是写作最需要的。经常获得、时时遇见的经验是一种丰富性的经验,这样的经验庞杂、丰富,是写作者一种常态化的经验,这种经验除了私人化的感知之外,更多属于公共经验范畴，如此在写作中便难以吸引阅读者的兴趣，所以写作选材也要慎重考虑。另外一种就是缺失性经验，此种经验形式是写作者难以获得的，但是一旦获得就很惊艳，不但可以让写作者自己感受到愉快，而且能打动和感染阅读者。

我们来看看一位学生当堂的习作《捉壁虎》，这里节选了其中的几段，窥一斑可见全豹。这篇文章一气呵成，语言顺畅，语调诙谐中透着自然。关键的是这样的事件是学生自己的生活切身体验，是直接作用于学生审美世界和心灵的生活经验，只有这样的经验才可以诞生如此真实有趣的文章。

不知怎么地，我房间特别惹壁虎，这大概是房间第二次进壁虎了……

像往常那样，我想去房间拿衣服去洗漱。刚一开灯，那边发出东西掉落的声音，我闻声看过去，并没有看到什么。我刚要拿起睡衣离开房间，不经意地往地上一瞥，笑容完全僵在了脸上，接着是一阵撕心裂肺的尖叫……没错，我是相信自己眼睛的，那是一只比上一次那只大一倍的壁虎，它好像也被我吓到了，一溜烟不见了，房间里只剩下我一个人生无可恋地盯着地板发呆。

我把我爸叫醒，叫他帮我去抓壁虎，然后他回我一句："多生态啊，别管它。"我惊异地盯着他，无力地走出他的卧室。既然你不肯帮我抓，那我就自己来。我努力克服内心的恐惧，一步一步地挪进自己的房间，找了一会儿，没有找到。我下意识的掀了一下枕头，我的天啊……

居然能躲在枕头下面！服气服气，我当时可没有那么平静，差点一冲动把枕头砸在它身上，伴随着半个小时的尖叫声，我终于把它驱赶到阳台上，太不容易了……

有价值的经验、大众的经验如果提炼成一种共识，也能激发人心中曾经的各种情感，让人阅读后念念不忘，因为这样的经验也可以让他人产生共鸣，或者展现给阅读者一种新奇的感受。经验是什么？不仅是简单的生活和游历，更多的是拔高于自身的生活层面的东西。

一篇文章即使把主题、细节、情节等一切因素抛掉，也要有一种高尚的审美境界，还要有对人性的叩问，这一切考验也是学生对生活的态度，以及对写作的一种崇高的敬意。

让同伴在阅读自己的作品时能找到本人生活的影子，让老师、家人在阅读自己的作品时能找到他们久违的生活经验，或者带领他们一起重返自己的童年，这是人类在阅读时一种相通的情感。

写作有时不能简单地停留在表层。写作者的写作，阅读者的阅读，教学者的教学，都在这样一个巨大转盘中旋转、前行、演变，这样的变化就是写作的进化，情感和思想的进化，因为生活经验是写作的源泉。

情感体验要回归内心

写作也是一种倾听，通过文字呈现那些过去存在的实例、经验，让本来飘忽不宁的心灵得以栖息，此时的作品都可以去倾听内在的声音，灵魂的声音，作品与人统一在一种静谧、安详的氛围之中。倾听可以把原来别人无法注意的，甚至微不足道的风物在自己的眼中变得更加具象，有了非同一般的意义。心灵像一支指挥棒，从隐喻的世界伸出，指挥着作者去想象、建构。时间、空间都会改变，个体的心灵又一次出发，作品此时不再单薄无力，因为心灵世界与物象世界的叠合，能让作品焕发出不一样的意义。

叶澜教授曾指出："教育具有鲜明的生命性，在一定意义上，教育就是直面人的生命、通过人的生命、为了人的生命质量的提高而进行的社会活动，是以人为本的社会中最体现生命关怀的一种事业。"在一定意义上，教育即生命，"在起点上，直面人的生命；在过程中，通过人的生命，遵循生命的本性；在结果上，促进生命的成长，追寻生命的意义和价值，提高生命的质量。直面生命是前提，循于生命是保证，达于生命是目的"。人的生命，理应成为教育的立足点和价值追求。写作教学自然也不例外，应始终关注人的生命存在并致力于人的生命发展。因此，我们提倡，写作教学应回归内心：与虚情假意、思想贫血"分手"，与浮夸肤浅、苍白无力"分手"，与缺乏真诚、记流水账"分手"，与高大空以及泛滥的抒情"分手"。

只有内心真实的人，他的笔才是饱含深情的，他的文字才有灵魂站立的存在。以下三点是写作体验回归真实内心的支撑：

1. 人的幸福在于内心，学生的一切情感输出点也是内心，出色的写作应该触及内心，成为学生向生活漫溯的主体，成为挖掘精神向度的实践。

2. 每一个人的心灵都是一座花园，在这个深邃的花园中有阳光、和风，也有悲悯与博爱，只有回归内心的教学才会激发学生表达欲望和传递兴致。

3. 中国文化思想是靠"心"的体验和感悟去发现和放置。回归内心就是回到一种纯粹的精神状态中去，回到生活原点和本真。

回归内心就是回归一种纯粹的精神状态，让内心苏醒。而苏醒的标志有两点：一是对生活的思考；二是对生活中出现的问题的追问。可很多时候，我们忽略了这一切，作文教学中到处是概念的充斥，一句口号、一个概念好像就是教师的一面旗帜，它们堵住了内心的苏醒之门。

对于一些写作概念，很多教师初次见到，如获至宝。因为这样的概念对他们来说是新鲜的，是可以引起激动和共鸣的，于是乎，他们在学生的身后，在大的环境下喧嚣这样的概念——写作指导，但因自身的"贫血"而无力也无法去进行更多写作层面的探索与开拓。如果教师只有"破"的热血和激情，而不具备思考和践行的"立"，最终再强烈的激情也会如隔夜的火石灰，天亮时也就湮灭了。

写作的概念可以提，因为提及概念，说明无论是写作教学者还是写作者都存在思考。教学中，要告诫学生，如果缺乏一种思考生活背后的勇气和能力，这样的写作是无意义和价值的，留给阅读者的就是一种寡淡。怕的是提过之后被凝固浇铸成型，并且牢牢地滞结学生的思考言语能力。可当下，这样的概念化教学严重泛滥。

可是，有时充斥在我们生活中的只是一些散碎的亮点，看似不完整甚至都不能让我们的写作思维停留一会儿，怎么办？学生在写作时，如果把这些亮点重叠组合去写，势必形成一个臃肿的躯体，没有风骨和精神，更无法凸显事件与人物的价值。如果只抓住其中一个亮点来写，也无法扩展和深挖。里尔克在给青年诗人的书信中说，"谁要真实的生活，就必须脱离开现成的习俗，自己独立成为一个生存者，担当生活上种种问题，不容有一点点代替"。这样的观点启发着我们的写作思考，在生活与作品之间永远存在一条沟渠，两岸的风景需要我们有一苇以航的精神，要努力沉入生活，融进零碎的生活里，用我们的喜悦、忧愁去面对这些零碎的亮点。

写作者应该具有自我适应和改变的能力，要努力用自己手中的笔去聚焦、放大这些亮点，用自己对生活朴素的爱去联结这些亮点，把每一个明灭可见的亮点凝聚成一束可以照耀我们前行的光芒，抓住其本质，学会在想象的高度上对这些差异进行融通。这些微妙的变化犹如风吹过草原，哪怕风还未到，但草已经知晓。这些微象上依附着写作者的审美情怀，写作是表述的冲动，作品是情感的聚集，这一切都是写作者的主观驱动行为，如果只是简单地描绘出生活的表象，每一个写作者都可做到，难的是挖掘出那些藏在万物表象之下的深层的东西。

当下，写作者缺乏的不是生活经验，因为生活经验就像广袤的草原：杂草、野花、鸣虫、飞鸟、奔兽都会自由地在这里生长，关键是写作者如何从中撷取自己需要的写作素材。生活的外延是无边无垠的，在这片领域有取之不尽的素材正安静地等待着每位写作者的灵魂降临。但是，写作者的"生活"是否能被阅读者所接受？这里牵涉两个层面：一是写作者要凌驾于生活之上，而不是被生活淹没，要在繁杂的生活中汲取选择最适合的表达方向，就如同一位厨师为来宾静心准备食材，写作者的眼光、视角、心意都很重要。二是写作者要学会与阅读者共建生活经验，找到情感共振点，学会在不同时空下彼此交流对生活的感受和理解，可以从熟悉的日常生活中遴选出那些朴素、微小的生活细节。因为别人视界中的生活与自己不同，双方都在现实这一大环境下生存、行走，写作的魅力或许就在这些地方。

无论写作者笔下描述的生活离我们近或远，但对方的世界一定是充满私人化色彩的，这样的视线吸引阅读者努力走进写作者的世界，走进写作者的作品，带着自己的体温、脉动去静静感受，慢慢思考。这就是阅读者对写作者的情感呼应，不管写作者笔下的生活是放大了的个人记忆，还是变化了的生活轨迹，都可以做到与阅读者共情。

生活中，没有哪一种视角是唯一的，真实的世界是由多维度视角组成的。学生的作文不应该是框架内的舞蹈、命题式的思考，不是刻意而作，更不是绞尽脑汁的应付之作，应该是来自内心的一种迫切的愿望，一种不吐不快的写作驱动力。回归内心就是打开，打开心灵世界的同时，就是面向生活打开自己，学生生活也就瞬间打开，从而完成从自我经验到自由书写之间的穿越。

一度，我很喜欢"去蔽"这个说法，而要让学生"去蔽"，教师要先行"去蔽"。美国帕克·帕尔默教授曾说："只有我们教师能够与自己的内心对话，我们才有资格说教师深入到学生的内心中。"写作教学就是用心灵唤醒心灵，师生建立起一种内心的交融共生的关系，心灵伴随着心灵，流淌出来的文字才是真实、真情的。只有这样，我们才能通过内心观照生活，在心灵复苏中让个体生命在瞬间展开。写作教学回到内心，就是将原本隐匿的生命痕迹从内心中挖掘和释放出来。

体验是从内心出发，它与概念无关，生活已经有了足够的意味，无需概念的出场，在真诚的体验面前，任何写作技巧、炫彩的语言和"感人"的情感都得退场，如果强行介入，可能导致的后果是遮蔽了生活和写作最生动的一面。

我们来看一篇七年级学生的文章《骑行第"一"跤》。

今天是星期二，开学第四天，我五点放学，直奔自行车库，今天是我自己骑车放学的第一天。

说起骑车去学校，这还是我努力争取来的。小学是择校，校园离家远，自然没法骑车，每每看到同学骑车都特别羡慕；好不容易熬到初中，学校离我家还算近，于是我做了一个暑假的思想工作，总算说服了爸妈，不过前提是爸爸得先陪我骑几天。可正处于青春期的我，就如小鸟一样渴望自由、渴望更广阔的蓝天，小小的巢根本不够我探索。骑车也一样，路上还有好多新奇的事物等着我去发现探索。被父母牢牢锁在身边，根本不是我的 style。

于是，经过前三天的试验，我感觉良好，便大手一挥，今天我自个儿回家！

在开锁的短短几秒，我的心中已有了方案，虽然沿途的风景很美，但今天一定要既安全又快速地到家，好让爸妈充分信任我。所以当我跨上车，骑出校门后，脑海里唯一的念头是"走人行道，一定要安全到家"。

本着这个原则，我顺利地拐过玲珑街口，骑上林荫小道，绿茏的大树郁郁葱葱，为繁忙的人们洒下一片绿荫，徐徐有春风拂过，树上有小鸟鸣叫，清脆悦耳。无疑，五六点的黄昏，骑行穿梭在这样恬静的小道上，是惬意的、是舒缓的。

上了这座别有一番韵味的桥，桥底下是湖蓝的清水，头顶是一片蔚蓝的天，飘着淡淡的白云。白天的小雨给这座城市带来一份清新，地面还是潮的，洗净了尘埃，也如我的心境一样，虽是累的，却很清透娴静。上坡时，我嘿哟嘿哟的气喘吁吁、大汗淋漓；下坡时，我松开刹车，让自己放松，任风在耳边呼啸，仿佛这座少有空闲的城市只剩我一人。下了桥，快到新校区，前面是一片荷花池和一大片草地，此刻的我很想躺在草地上，享受被大自然包围的快感。可这只是想象，我有些遗憾。边想着下次要来摘莲蓬，边加快速度掠过了新校区。眼前的景象与先前完全不同，一幢幢高楼拔地而起，眼前一辆辆车疾驰而过，这仿佛才是工业园区应有的姿态，我的神经立刻绷紧。

突然，一个庞然大物出现在眼前——天呐，货车！这让本来就因施工而变得狭窄的道路更加拥挤。我一个不留神，车头一歪，差点摔倒，还好及时纠正，才有惊无险。我定了定神，灵巧地拐过弯，又穿过现代大道，便来到了最后一个红绿灯口。稍作等待，喝了一口水，继续前行。过了这条马路，还有一两百米便是小区入口，我不由放松了神经，心中已在得意扬扬，眼前一辆蓝色小轿车映入眼帘，我还没反应过来，已连人带车倒在了地上。回过神来，第一反应是"会不会死"？接着才感到痛楚，等我被车主扶起，已是伤痕累累，倒不是很疼，只是心中不免遗憾：明天怕是不能一个人走小路看美景了！

学生的文章是那么的纯粹，就像山间的汩汩溪流，干净澄澈，不掺杂任何功利性的杂质，完全来自孩子的最初的体验。这样的原初体验，我们也称之为"实感经验"，也是我们写作中十分宝贵的精神元素，因为这种实际生活中的经验和感受是第一性的，是我们写作的源头。文章中既有写作者客观的描摹，也有写作者主观的介入，是写作者实际经历过的经验，不是臆造，是写作者对生活朴素而深刻的体悟。

写作者在这里的感受虽说是独特而唯一的，但却不是狭隘、偏激的。这样的经验一直行走在整篇文章之中，充满着动态感。随着写作者的经历、所见的变化，这种经验也在变化，把文章的格局完全撑开，读起来不但盎然生姿，甚至有如亲历。关于骑行的文章，我们也经常读到，表达的内容和主题也很相似，这一点很正常，因为写作者的年龄问题导致他们笔下的写作内容和主题基本是一样的节律，不会有太大的变化。关键的是个人的体验不一样，写作者只要能写出独一无二的，不是雷同的个人体验，这样写作目的也就达到了，因为这样真实、私人化的生活经验对个人来说是新鲜的、微妙不可言的，也无法复制。

竭泽而渔的写作不完全是由于写作者的生活经验不够，重要的原因是一味向外走，写外在的生活。这些生活场景看上去都和写作有关联，是一种补充、完善，但写作者却忽略了内心的丰盈。所以写作者要学会深入自己，挖掘内心的细微变化。李白、杜甫诗歌的艺术高度除了写作者的写作能力、游历经验外，还有一个重要的因素是他们把自己内心世界与外在生活世界饱满地勾连、融合一起。把写作融入生活中，生活与写作就是水乳交融的。外在世界虽然足够辽远，但远不如在内心建立起的世界，内心世界更为丰富、深刻与广阔。

写作教学是一项长期的、艰巨的任务，需要我们所有语文教师为之努力和探索。写作教学回归内心追寻的不是"写什么"，而是紧扣"怎么写"的命题，是让本来鲜活的生命回归到个体的精神家园，回归到现实世界之中。任何一种技巧、概念都不可替代人的精神家园的需求。在别尔嘉耶夫哲学中，人的生命有三个要素：肉体，心灵，精神。而如今我们的作文呈现的更多是肉体，心灵和精神严重缺失，学生的作文只有回到内心深处，才能触及自己以及阅读者内心最柔软的部分，是观照、顿悟和觉醒。有了这些，学生才能对自身进行反思、关注和评价，才能对外部的世界有质的感悟，其审美视角才会时刻对外折射自身，对内观照生活。

写作者总有一部分生活经验是隐性的。这些经验被人的意志与表象的世界所掩盖，隐匿在大家的记忆里，时刻等待着阅读者前去唤醒。所以，只有这些隐匿的经验被触动，当不同的经验之间因写作者与阅读者的共建而确立起一种复杂的联系时，阅读者的情感才能在一次又一次的作品阅读回溯中完成向内心世界的回归。

警惕经验概念化与主题拔高

一篇文章主题的深刻并不是思想的深度，但是现如今我们的写作教学中，教师一直在孩子的耳畔强调思想的深刻，一定要在文章中凸显出来。但是每一个年龄段的生活经验都有其不够广阔的地方，非要让文章具备教化功能，这是不切实际和无法操作的，所以荒诞的行为会在教学中溢出。在这种主题高大、思想深刻的要求下，学生也学会了一种"变通"的方式，给自己的文章贴上一个个光辉夺目、色彩艳丽的标签，在文章结尾处拼命拔高升华。

我们要警惕学生们经常有意拔高、加工生活经验，想要给文章一个"光明"的出路，把文章变成典型化代表的倾向。随着这种写作理论的过度介入和影响，久之，写作者真正的体验被淡化了，概念性的东西慢慢代替了体验，让原本灵动鲜活的体验变得僵化。

这样的问题在平日写作中很普遍，我们一起看看这篇《在阳光下成长》：

"今天晨读，每人背三首课外古诗。"语文课代表认真地传达着语文老师的最新指示。

"什么呀，三首？"

"好长啊，怎么背得会？"

．．．．．．．．．．．．

"还要人活不？三首，一首我也背不了。"

最后这句是我说的。我平时最怕背古诗，每次布置背诵任务，我都会跟课代表讨价还价。但嘴上这么说，古诗还是会背的，等老师一到，大家便"哇哇"地读起来，真是人声鼎沸呀！你听，这是我的声音："晴川历历汉阳树，芳草萋萋鹦鹉洲。日暮乡关何处是，烟波江上使人愁。"……开头我忘了，看看，接着背："昔人已乘黄鹤去，此地空余黄鹤楼。"……后面什么呀，我又忘了，再看一下，接着背："黄鹤一去不复返，白云千载空悠悠。"……后面的我怎么又忘了？

唉！背了前一句，忘了后一句，怎么办？我烦透了：背什么背呀，一天到晚都在背，什么时候是个头啊！看看老师，老师没瞄我，干脆坐在这儿玩转笔游戏吧。

老师真是"明察秋毫"，好像看出了我的心事儿，悄悄来到我身边，说："怎么了，是不是感觉背得费劲啊？这样，你先背前四句，背熟了，再背后四句。""噢。"我嘴里答应着，心里想："还不都一样。"但我还是尝试了一下，嗨，我真的背下来了。我走到老师那儿，顺利地背完第一首。老师拍拍我的肩膀："怎么样？不难吧。"我点点头，信心满满地准备去背下两首。

在我转身的那一刻，我看见老师正热切地注视着我，那目光有几许期待，几许信任，还有几许满意，我顿时感到快乐无比，就像幼苗享受到三春的阳光一般，暖暖的。

　　中午，要到饭厅打饭。我心里直嘀咕："唉，我个子这么小，什么时候能挤到窗口啊？或许，高年级的同学还会欺负我呢？"来到门口一看：呀，好长的队呀，长龙一般。"什么时候才轮到我呀？"正想着，就看见执勤老师快步走过来，拉了我一下，微笑着指了指我该站的位置。而且，大家都有秩序地在排队，没有一个插队的。我的心放下来了，蹦蹦跳跳地过去了。回过头来，我感激地看了执勤老师一眼，他微笑着，脸庞就像向日葵。我心里热乎乎的，就像得到了阳光的朗照。

　　放了晚自习，同学们如同"脱笼之鹄"奔向了寝室，一天一度的"宿舍卧谈会"准时召开。同学们正在"胡聊乱侃"。孟祥锐说："我们数学老师好幽默呀，我最喜欢数学老师……"闫可欣说："什么呀？英语老师才是我的最爱，你看她好优雅，她的衣服好好看，嗯，明天我也去买一条她那样的裙子；还有她那时尚的靴子，好好漂亮……"没等闫可欣说完，陈思涵就抢过话茬："我觉得物理老师好潇洒啊，那黑色的上衣，那黑色的裤子，那黑色的皮鞋……"

　　正"聊"得起劲儿，一声"安静"阻止了我们的谈笑，原来是查寝的宿管阿姨来了。她说："时间不早了，快睡吧，孩子们！"听到她温声细语的话，我浑身像沐浴了阳光般的舒畅，立刻钻到被子里，酣然入梦。

　　谁说学习生活很枯燥、很乏味，我就觉得我每天都成长在阳光之下，学习生活快乐无比。

文章源自写作者的真实生活体验，是亲身体验的一种表达，有着一股扑面而来的现实的气息。写作者建立了一种由心灵通往现实世界的道路，这样的道路是写作者自己的生活经历，文中的生活被描写得鲜活、茂腾，充满活力，读后很容易引起阅读者的共鸣并触及各自内心最柔软的地方。

但是读到"听到她温声细语的话，我浑身像沐浴了阳光般的舒畅，立刻钻到被子里，酣然入梦"这里时，生活的体验瞬间被概念冲垮。这不是写作者心中的语言，是别人的。这样的语句已经成了这一类文章的标榜。类似的还有："谁说学习生活很枯燥、很乏味，我就觉得我每天都成长在阳光之下，学习生活快乐无比。"

这篇文章既有写作者真实的生活经验，又有一定的思考，遗憾的是写作者的思维之中悬挂的那个"光明伟岸的主题"一直影响着她的写作，所以导致文章结束时她不知不觉地有了一个下意识的动作，就像俗语所说："狐狸的尾巴终于露出来了。"写作者这样的变化和反转除了写作不自信以外，就是日常的教学严重影响了她的写作判断。她认为只要在结尾有这样的"升华"，文章就是好文章，就是可以拿到高分的文章。久而久之，写作没有了生命力，是无法打动阅读者的，因为形式高大空，主题模式化就是一种套路。当然，我不是一味地否定写作者的觉悟和意识，有时写作者生怕阅读者读不明白自己的文章，恨不得把阅读者拉到自己身边亲口告诉他们，久而久之，文章中写作意图的凸显就越来越明显，完全忽略了文章本身带来的想象空间和余韵。很多时候，我们只需把事情简单地描述出来，相信阅读者的阅读能力和体悟，这样的文章才会让不同的人有不同的阅读感受，文章主题的多元化就出来了。就像上面这篇文章，有人可以读出学习时背诵古诗词的无聊和枯燥，也有人可以读出一个认真学习的中学生内心的蓬勃，还可以读出每位教师的爱。

但是经写作者这样一拨高，阅读空间陡然变得逼仄，阅读后的思考也就荡然无存。

好的文章能够打动人，而打动并影响阅读者的不是文章的主题与思想，只有情感的深刻才会引发他人的共鸣共情，当文章的情感空荡苍白时，就如同让阅读者吃一枚徒有其形而无质感的塑料苹果。

体验可能不是自己直接感受生活，发生的事或者出场的那些人不一定在地点和时间上与写作者相遇，但在空间或者地域上有着某种契合。体验分为在场体验和不在场体验，但无论在场还是不在场，发生的事或者存在的人一定诱发了写作者的思考，在他的内心世界激荡起涟漪。在康德的理论里，人类的意识只能代表自我对世界的认知，因此在每一个人的意念中，世界的形态是相异的……

写作还要有一种深度，写作者往往表达的是一种较为个人化的心境、情绪，或者是发呆时的一个激灵，走路时的一种偶降而至的灵感，阅读时捕捉到的瞬间感觉。这些文章有的主题幽深，有的虽说清浅，但却有写作者对生活和生命的深思，这是一种单线式的纵深，没有普遍性。

写作者在写作伊始，内心已经有了一个基本的价值判断和审美坐标。这样的思考先行于文本，本也无可厚非，至少其内心深处已经有了自己的写作标准了，围绕主题去写作也是一种写作形式，同时又能完成写作任务。如果这样的主题是从生活中来，那也无可厚非，关键是没有任何依据，完全是写作者一厢情愿，凭空想出的主题。写作者的主题先于文本很正常，至少有生活积累，有自己的价值判断，可以围绕存于内心的主题去写作，但是有时写作者在生活经验方面缺乏敏感性，写作思维混淆凌乱，为了让文章有鲜明的主题或庞大的主题，在文章结束时刻意拔高，情感、思想甚至连生活的常识都严重缺位。一篇没有情感和思考的文章永远就是苍白文字的播撒,不能生根,更不可能发芽和结果。

诗人海子说:"诗歌就是一场烈火,而不是修辞联系。"我们每一位写作者的文章必须有个体的情感、生命在场,否则,这样的习作将是没有生命的标本。秉持心灵之美,让所有的道路指向内心,而不是刻意为之的拔高,如此,我们的写作教学才会有自己的精神坐标,师生的内心才可以有意识地将日常生活上升到审美情感中来处理。

写作教学既要有理论的思考,又要有实践的探索。有效的写作教学,能使学生洞悉写作的秘密,在语言和叙事等方面更加纯熟,进而能够从技术层面进入文本写作的自由王国。另外,教师自身的写作经验也会开启学生对自身和社会的思考,让他们更容易发现自己写作过程中存在的问题,洞察趋向,从而在自己的写作中迅速完成修正,做出必要的反应。

为什么写作者会刻意拔高和把体验概念化呢?我想原因有以下几个:

1. 缺乏直面接触、揭开生活的勇气,有时还有"功利"的写作评价标准在作祟,所有的经验很大程度上来自他者的转述、媒介的渗透。

2. 面对纷杂的生活琐事、日新月异的"感受",这种感受不能算作经验,有时连简单的体验都算不上,只是一种浮光掠影式的"遇见"。缺乏提炼和概括,缺乏用自己的语言说话的能力。要能够说出属于自己的话语,不是鹦鹉学舌般的做语言的搬运工。

读到一些文章,有些内容即使是来自真实的生活,但是给阅读者的感受却是文章很假,不真实,缺少生活本来的质地。其实写作者也是有一定的生活经验的，至少在这样的文章框架下的生活是曾经有过经历和参与的，但为什么我们读后还是觉得文章矫饰虚假？我认为这里的生活参与应该属于经验范畴，不是真正意义上的体验。写作中的体验与经验是有区别的：经验是有限的，更多是偏向生活的真实；体验来自内心的感悟，生活中的任何一样东西在条件成熟的情况下都可以诱发体验。写作教学中要指导学生不被经验所缠绕。经验可以续连，体验需要我们去酝酿、思考，体验是把在生活中吸纳的东西慢慢释放出来，释放出来的就是我们鲜活、真实的作品。

我们可以去理解写作者的写作动机，因为每一位参与写作的人都想把写作对象以最好的方式呈现给阅读者，因而在文章结尾之处才会有意拔高或者对一些细节进行人工化处理。但吊诡的是，这样的写作技巧适得其反，阅读者不但没有获得美的体验和享受，反而会对作品的夸大拔高的主题产生怀疑和反感。

单一人物、单一故事情节的文章是否不可以去写？或者说写出来也是寡淡无味？其实这里要说明的是一个"价值论"的问题。从审美视角和审美功用的角度看，一篇作品的形成会蕴含一定的审美性，同时也具有自身的审美价值，但是遗憾的是，写作者会刻意把写作经验进行概念化处理与主题拔高。探其缘由，是因为写作者把作品的本体审美价值与审美附加值本末倒置。我们写作的目的是由作品的本体价值来体现的，而不是由作品的审美附加值来决定。比如，我们写一篇游记，写作的目的就是想突出行走之地的美景和这些美景带给自己的愉悦感受，也就是说写作目的达到就可以了，因为这篇文章就是想让每位阅读者在作品中找到共鸣之处或者说新奇的其他发现，笔墨的重心应该落在这些因素上。但是写作者在写作判断上，忽略了作品本体的审美价值，反而把审美的附加值抬到了主要位置。所以，在写这样的游记时，写作者可能在一些和主题无关的层面过多逗留，泼洒笔墨。下面这篇《成功的脚步》就集中反映了刚刚所说的缺陷：

在成功的背后总会有失败的经历和艰苦的奋斗。每个人都会有失败的时候，那种滋味会让人很难受，但是没有失败的经历怎么会有成功？只要我们面对失败永不放弃心中信念，相信能在失败中体会到成功的到来，那会是不一样的滋味。这就是人生！当我们的脚步踏进成功之后，相信一定可以了解这一步是多么伟大！

而我对于成功没有什么把握，我不知道如何应付失败，挫折的到来会让我非常痛苦，也许是因为自己对自己没有信心吧。面对失败我又太过于自卑，而我又不敢去尝试踏出成功的第一步。根据我的理解，每个人的人生中都会遇到一些在所难免的挫折，而这些挫折又可以让你体会到成功的喜悦。而我记得有一次挫折是我迈向成功的脚步，我的付出也值得。

我是一个不爱也不敢尝试运动的人，我对运动也不太感兴趣，可能是对于自己的运动细胞没有信心。奥运会是我们全国人民最兴奋的一次活动，我也会为奥运而努力。这个学期，我们班决定为奥运会在我国的举办召开一次为奥运加油的活动，全班同学都要参加。我想，我该怎么办呢？难道真的要我出丑？回到家里躺在床上也思考着放弃。

当我怀着失望心情的时候，朋友们都来鼓励我教我，朋友们的热情深深感染了我。离活动还有几天，在这几天里我常常会跑步回家，回到家里也拿绳子来跳，相信到了那天会让他们大吃一惊。

运动会开始了,我参加的项目是赛跑。望着跟我赛跑的同学,我一点信心也没有了,担心这样又担心那样,真是急坏了。但想到朋友们对自己的帮助和鼓励,我于是也暗暗鼓励自己,不管别人怎么想,只要我努力冲到终点就胜利了,就算输了我也已经发挥出自己的运动精神,为运动而努力过。

当大家都准备好了,"啪"的一声枪响,大家都跑了起来。这可是短跑,我一边紧张一边跑,当我听到同学们为我加油时,我努力前进,终于成功了。我赢了自己心里的敌人。我真的胜利了。我成功地迈着坚强的胜利脚步。

我真的成功了。其实,每个人都可以胜利,而这胜利脚步需要自己坚强迈上。心里的敌人是我们自己最大的敌人。我想高声说:我终于坚强地迈着成功的脚步。

"成功的脚步"这个中心思想在文中不是很突出,后半部分虽然是拿"成败"说事,但跟"脚步"之间还是有一定距离,凑合一起,显得勉强。写作者叙述的重心完全偏移,文章冗杂,多余的话语很多,只有空泛的抒情和无根的议论。首先,写作者选择的写作内容就不适宜用在这样的主题下,关于"成功"这样的主题,需要的不是口号和简单的说理,因为题目本身涵盖的面就特别广。其实写作者要做的就是从简单的事情开始叙述,让作品自己说话,不要高喊一些大道理,文章中隐含的情感意象、生活意象会在行文中自行组合、叠加生成新的意蕴。那么是不是写作就是简单的铺陈和罗列呢?肯定不是。让每一位阅读者在阅读作品时都会被作品本身所统摄,作品散发的光芒可以让阅读者在自己内心生成新的世界,这是一个博大奇异，让人为之着迷的世界。作品再生，甚至是重生，作品已不再是简单的文本存在。

对生活场景的再现不是真正的生成，真正的生成应该是一种剥离，文章即时生活场景的再现，但从时间、地域、个体人物上看，已是花非花，物非物。作品已把生活场景作为一个宏大的呈现背景，是作品的母体。这样的生成才会不凝滞于生活，脱胎于生活。另外，写作中一些典型人物能够屹立在作品中，活在每位阅读者心里，也是生成。

生成更不是模仿，有些创新看起来是那样魅力四射，但只不过是新瓶装旧酒，只是形式表面的改变，其内在实质性的问题一点也没解决。未经装饰的生活场景需要我们在回味、审视的时候根据自己心中的设想重新改造，从写作内容上看，还是原生态的生活，但从技术层面上看，已经有了加工，有了生成。

我们在写过往生活场景时，不是在阐释它们，而是它们在阐释我们。这里的"我们"涵盖很多，可以是写作者，也可以是阅读者。

因而，对于写作教学者来说，要杜绝把一些高大上的主题抛给自己的教学对象，而是要告诉他们，要有自己的"写作立场"，这样的立场就是属于你自己的个体的"生活立场"，只要表述出来即可，无需过多解释。对于写作者来说，文章中的抒情味过浓会让阅读者不适，文章中的批判、谴责、讴歌过多，会导致阅读者有压迫感。

第四章
真实和虚构

前些日子和同事聊到当下学生的写作状态无法入目时，大家都在感慨平时的训练不少，学生阅读量也还可以，为什么找不到一种阅读他们文章的快慰？纵观全国每年的中高考作文，我们时常会遇到这样或那样的尴尬。原因很多，"个性化""自我迷失"导致写作中崇高品质的丧失。学生在写作时处于一种静态的描写、叙述状态，缺乏动态的思考，特别是理性的思索与批判精神缺位严重，缺乏真实情境下的写作。

不经意的闲聊却让我整个下午都陷入沉思。抬头，窗外阳光晃过，摇落一树的碎阴。此时生命的内核、形式都达到一种饱满的状态，这种状态带给我的是一种精神上的愉悦和宁静。如果学生的作文具有这样的状态，我想带给阅读者的可能也是我此时的心境。如何到达这样的一种状态，我们立足的一个最基本的出发点是写作效度。效度的写作不是速度和激情，也不是可以量化的一篇篇文章，应该摒弃一切技巧，撇去浮沫，让真实与真诚沉淀，回到写作饱满的状态中来。文章呈现的语言是属于孩子的语言，具有他们这个年龄段特有的语言印迹，叙事平和踏实，抒情淡然充沛，思考坦然，不仰视、不俯视，无意感人而摇曳生姿。

写作效度有两个核心因素：真实与虚构。这两者一直贯穿于整个写作过程之中，于是乎才有了写作态度上的"修辞立其诚"的纯粹写作品质，也有了写作意识上的"虚晃一枪"的快意写作技巧。

写作中的真实应该远离狭义的理解，我们通常所说的真实乃指反映论和认识论上的"真"，是一种大众潜意识里的理性概念的"真"。如果遵循这样的"真"来写作，就是画地为牢、故步自封了。所以，物外的真只是表面形式上的真，心灵的感知之真才是真正意义上的真，情感的真，但并不能排斥客观理性认知。虚构写作中，写作者不再是真实的"自我"，而是一种概念性的称谓，只是完成叙述的需要而设置的一个"叙述者"，是广义层面的"我"。如果说这样的写作是不真实的，那么写作的另一个美好的品质——文学性就不存在了，写作的使命也就无法完成。

写作者以丰厚的生活经验和舒缓轻盈的话语讲述着自己真实存在的生活。语言文字中留下了写作者对生活的热爱、忧虑甚至痛苦的一切情感，也叙述着他们自身对生活的理解和再次发现。虚构和真实不是二元对立，而应该是彼此融合，互为和美。

从写作动机来看，当生活中的那些往事欢快地跃出记忆的围栏时，这一切就会猛烈地撞击写作者的心灵。此时，写作者会有一种强烈的不可压制的写作欲望，于是这些鲜活、真实，带着过往生活浓浓气息的事物就热乎乎地倾泻在笔下。

所以，真实性写作可以让阅读者和写作者一起去回味美好的生活，这些生活也使阅读者或激动，或安静。写作者笔下那些对人生、对生命的理解和态度也会感召每位阅读者去思考，进而可以带来心灵上的审美愉悦。真实写作，文章将散发着生命的浓郁体验以及情感的迷人色彩，这些也会象征化到一些具体的事物之上，读来有心灵跳跃的悸动和情感上的契合，这样的感受都源自写作者的真实为文。

卡夫卡曾说，虚构就是浓缩，接近本质。那什么样的文章才是真实的或者虚构的呢？

学校边上有一个治安岗亭，平日大家也没有过多的在意，一日读罢学生日记，让我有了一种关于真实和虚构的思考。文章是这样写的：

> 放学后，班主任王老师告诉我，今天妈妈加班，可能来接我会晚点，让我在校门口的路边等她。天色已经暗下来了，妈妈还没有来接我，我一个人待在路边等，电话里向妈妈夸口不害怕，但心里还是有一点担忧。
>
> 路口，有一个治安岗亭。平时放学上学都没有在意，甚至觉得碍事，但今天晚上心里不知怎么的，觉得有一种依赖。站在岗亭里的叔叔身着警服，两眼炯炯有神盯着路口，我感觉他比爸爸还要威武，能给我带来一种安全感。
>
> 闪烁的警灯一闪一闪的，每一次闪动带给我的是一种温暖，与家里的灯光一样让我踏实，想到这里内心就不再害怕了。岗亭里的叔叔朝着我微微一笑，与灯光一起映在我的心中。
>
> "嘀嘀"，熟悉的电瓶车喇叭声把我从沉思中拉回，妈妈来了……
>
> 回望岗亭，灯依然亮着，在黑夜里温暖着每一位晚归的人。

学生给这篇日记命名为《灯》。日记虽短，叙事清晰，主题突出，"岗亭""妈妈迟接""天黑"等意象组成的叙事原理也很真实，但是在读的过程中，我依然可以感受到写作者将主题稍微拔高的意识。面对这样的一篇小短文，用"真实"还是"虚构"来定义呢？

我想不会简单地下定论。创造本来就是一个复杂的过程，如同一个人是由躯体和灵魂、情感构成，纯粹的肉体是可以看得见、摸得着的，但是情感、精神、灵魂等是附加上去的，你能说得清哪个是真实的，哪个又是虚构的呢？

正常语境下的"真实"，是指事件、时间、人物等因素都是真的。而写作中的真实趋向于哲学层面的"真实"，事件、时间、人物往往是虚构的，而事件本身是真的。写作中其实就是用虚构的手法去挖掘真实，探寻事件背后的本真面貌，生活带给我们的经验真实以及生命情感的真实等。写作如此，其他艺术也是如此。

真实和虚构：一种写作态度

写作是一种情感的自由表达，无需过多技巧和粉饰，这是一种态度；"文章千古事，得失寸心知"也是一种态度；写作是载道、抒情、论理、写意，这还是一种态度。

所以，态度是一种写作价值观，虽然也有写作技巧层面的纷论，但最终还是要归为写作者的动机、作品的呈现姿态。这里也牵涉了写作中经常遇到的问题：作品是真实的还是虚构的？

真实首先属于情感层面，多数时候与真诚是相依而存的是一种写作态度。没有真实情感的文章，就像一株枯死的桃树，纵有"桃树"这个妖艳优雅的名字，也难有枝头闹春的鸟群飞临，更不会有繁花似锦的春日景象。另外，真实扎根于现实生活之中，具有一切事物的本质特征，是一种原始的存在，写作就是一种还原和创新。在这样的过程中，真实是其生命，是支撑写作者行文的关键。真实更是属于心灵层面的，因为个体的每一次审美愉悦都在经历从感受到感动再到更深层次的感悟、顿悟，然后会在心灵上产生波动，在这样的一种升华过程中，真实一定是不离左右的。如果硬要把真实和心灵的波动剥离开，那就是哲学上所说的，世界上不可能存在没有形式的内容，也不可能存在没有内容的形式。真实是悦心悦意的基础，在阅读者对文章理解、想象中产生，一篇虚假矫饰的文章不可能产生这样的审美愉悦感。

真实不是狭隘的表象呈现，情感的真实不是简单的托物言志式的小资感怀，也不是宏大的抒情泛滥，而是一种"适切"。"适切"是一切审美的平衡点，只有守住自己宣泄的情感，保持一种有节制的审美视角，文章才不会游离于个人的情感体验之外。真实写作，需要刻画一个形象立体的人物，采用灵活变化的叙事形式，用妥帖的语言、真实的情感直接抵达本真。

一篇习作，其分量不仅在于语言、故事情节等层面上的广博，更在于思想的厚度与深邃，如果只凭单薄的真实素材和故事内容，是站不住脚的，真实是原型。所以，一篇文章必须通过恰当的虚构向内掘进才能变得有厚度、温度，文章的质感才能显现出来。诚然，真实有天生的强大生命力，但真实必须孕育成一种写实能力，虚构也必须幻化成一种想象力。两者只有齐头并进，文章才会真正吸引阅读者的眼光。

我个人是这样理解的，写文章可以虚构，却不可以虚假，不能违背真实存在的本来样貌。在写作中，虚构的部分其实有着严格的符合自身的逻辑，就是说，虚构也要是合理的虚构，要在合乎逻辑的范围之内。亚里士多德说："诗人的职责不在于描述已发生的事，而在于描述可能发生的事，然后根据可然或必然的原则发生的事。"在指导学生写作中，一定要告知学生，虚构并不意味着可以任意虚构，不符合生活发展的必然逻辑，生活中不可能发生的事情，在文章中也不应该有。

我认为真实与虚构是孪生兄弟，自由潇洒地充盈在文章之中。两者之间就是一段距离、一段思考的时间，如麦子抽穗扬花，播种在土地里的可能就是我们所说的"真实"，麦穗就是麦粒的虚构，因为光靠些许的麦种是无法拥有太多的麦子的，必须把它们播种在肥沃的土壤里，有饱满的麦穗和轻扬的花才能有丰收的麦子。所以，在平时的写作中，只有真实的事件无法赢得文章的流光溢彩，必须有写作者自己的虚构，在这个框架下才能成就一篇好的文章。另外，有时文章中的事件是自己的间接经验获得，而不是实感经验，但是这样的间接经验获得的生活素材能很好地、妥帖地反映和表达出自己的情感和思考，必须用在写作者的作品中，那怎么办？所以虚构的内容可以在行文中出现，但是这样的出现不是简单纯粹地外显，而是需要用很真实的细节来支撑。我们来看看下面这篇《与花缠绵》：

> 二月的冷雨，淅淅沥沥地下个不停，天空漏了，阳光失联，人人都盼着春暖花开。春已立，却是天不暖，花未开，该如何是好？这漫漫的雨啊，下得无边无际，如何打发啊？
>
> ....
>
> 去菜场，发现已有菜薹在卖，春未暖，菜薹怎么已长出来了啊？细细地看那密密匝匝的花蕾，顶上一二枚粗壮的花蕾已隐隐露出花瓣的黄色，过一二日便会绽出菜花来。自去年春天的时候，采过《诗经》里的薇——野豌豆，试着吃过之后，才真正明白为什么薇只能卷着好看的茎须，开着紫色的花朵，柔

柔美美地长在《诗经》里，而菜薹却能成为餐桌上的日常菜肴。用心吃过，才会明白其中的滋味。

与花一样，用心看过，才会懂得她的美。大地上开那么多花，蝶飞蜂舞。遗憾的是，昔日有美人簪花，今日为什么几乎不见。花还是一样的花，只是时移世易，簪花之事已顺着时光之河流逝远去。也会有偶然的意外，像朵吹来的花一样，落在眼前，惊艳路人，惊艳时光。那是个已过不惑之年的女子，高挑白皙，清傲冷艳，梳着高高的发髻，鬓边簪了一朵半开的浅色玫瑰，就那么从车来人往、喧嚣嘈杂的大道边款款走来……

自此，就记住了那个簪花的女子，还有她鬓边的浅色玫瑰，风情万种。

买好菜薹出菜场门口，见到花摊上的百合、康乃馨、勿忘我、小雏菊，脚不由得停下来，这些花摆在一起，是一场芬芳而灿烂的花事。带一束回去吧！日子这么平凡，生命这么无常，而鲜花这么美丽！买一把粉色的康乃馨，将它轻轻地挟在臂弯里，人被花光映照，街头多了一个携花的女子款款行在淅沥的小雨里。路过熟识的水果店时，抽一朵花送给那个热情的老板娘，老板娘接过花，绽出如花的笑靥。

回来，将花插在瓶中，满屋有花光映照。

很喜欢这篇《与花缠绵》，曾问过文章的写作者，文章中出现的三处场景是否是在同一时间遇见？她笑笑说，哪有这么巧啊，只不过内心有一种强烈的情感需要表达和倾诉，刚好是一段时间内所邂逅的三处不同地点的景和人，点燃了自己写作的冲动，所以才有了这篇文章，甚至菜场门口那个卖花摊也是自己在电视中看到的。文章是由生活中不同的光点所组成的，但是在阅读后没有一种违和感，也不觉得这是作者故意安排的，就是因为文章在虚构的同时加入了自己的情感。素材是虚构的，但是情感是真挚的，再加上一些细节的描写，给阅读者一定的画面感，特别真实。所以读来也就不觉得虚假，有距离了，反而很贴心，就像自己曾经见到的场面那样。

真实是写作的前提，如窗外射进的一缕阳光，要想满屋温暖，需要我们开门、推窗。属于后期加工和改造的，此时，我们就需要虚构及时出场。因为很多时候，纯粹的真实相对来说比较单一，想要在文章中体现它的普遍性、恒久性，就必须有写作者虚构的成分加入。契诃夫说："你有细腻的推进能力或者假想本事，这是真正的才能。"写文章不像写新闻报道，必须每一件事、每一句话都得有来源出处。歌德也说："每一种艺术的最高任务，即在于通过幻觉产生一个更加真实的假象。"

所谓真实，不一定就是题材的事实化，因为写作中的文字多数情况下有着写作者"驯养"的痕迹，这样的文章精致、玲珑，遵循着一定的"规矩"。但是对于阅读者来说就像进了经常去的大酒店，所有的菜肴都是按照一定比例制作出来的，品来也是乏味寡淡。"真实"在另一个层面就是写作者和阅读者同时获得一种自由感，写作者可以按照自己的性情、状态、审美、爱好去写作，如同纵马驰骋在广袤辽阔的草原上，"任意"书写自己的心情和感受，阅读者也可以不加拘束地进入这些文字之中，不在乎文章的章法、技巧甚至语言和思想，捕捉写作者那一刻的情意和感知。

真实写作就是把一切物体的本真呈现在阅读者的眼前，没有遮蔽和掩饰，是一种完全敞开的状态。写作者通过自己的思考和发现去揭示事物的内涵，让隐匿在暗处的真实原初体验慢慢溢出事物的表象。

我们经常狭义的认为"真实"只存在于写作者的写作范畴，其实从接受美学的视角来说，一件事物或者一个观点是否能够停留在阅读者的心中十分关键。哪怕一件事、一个人是虚拟不存在的，但是能勾起阅读者共鸣就是一种成功。

当下的写作，在真实和虚构中，写作者往往迷失了写作方向，有些作品选材和情感属于写作者自己的经验，可是有着太多的"设计感"，因为一位写作者能够在自己的文字中流露出自己对生活的肤浅认知和自身思想上的瑕疵是需要足够的勇气的。有些话题，需要我们丰厚的生活阅历和客观的态度来面对和触碰，这里不但是时间的问题，也是写作价值观的问题。

狭隘的认知只会制约写作，在某个层面上讲，"真实"不是写作的助推器，反而是写作的绊脚石。写作不是工作的履历表，需要真实填写，而是一种正确写作观下的对人和事的看法、情感和思考。

目前，很多文章在情感这一块基本上偏向于直接抒情，写作手法更是绚丽多姿。我们承认这样的写作的确增加了文章的可读性，读来也很顺畅，但是读完以后呢？留给我们的是什么？这一切好像都不复存在了。所以，光是表层的真实是不够的，真实一定是一种态度，是能够让写作远行的翅膀和风。诚然，有人会说，写作既可以率性，也可以深思熟虑，没有哪种理论可以限制，而且我们也可以在大量优秀文章中找到样本的有力印证。近几年，我们无论是在读一些考场文章还是学生发表在报刊上的文章，文章的主题都不是很确定，给阅读者带来了很好的多元阅读效果，这样的文章写得自由，充满神韵和灵性。这一类文章的内容有时也不是很完整，但却不是残缺，是写作者刻意的"留白"，如同书法上的飞白，留下了太多的想象空间和思考的拓展纵深的余地。

语言叙述、描摹给阅读者营造了一个具有"真实感"的场景，或许在这样的空间，好多事和人不一定是我们物理世界的"真实"，也不是"写实"，但却能营造一个意义世界，在这样的世界，写作者与阅读者成为互相审美的对象。这个对象是阅读者在阅读过程中完成的，特别是写作者在作品中安排了细节上的真实，所以写出来的文章不一定是真实还原，但能让阅读者有"真"的感受。

真实的生活是带领阅读者或进入个体经验，或进入集体经验，让阅读者感受到熟悉、亲切的气息萦绕在身旁。在写作时，有时文章的细节氛围、场景是完全真实的，有时叙述的事件、故事内容在整体框架上是真实的再现，但某些细枝末节确实是模糊难定的。

说到这里，我想到了另外一个词：真诚。真诚这个词语倏忽间点亮了我的眼睛。我们在谈写作的真实与虚构时更多考虑的是选材、写作手法等层面的事情，从而忽略了写作者内心的情感。有过创作经历的人，或多或少有这样的体验，记得自己以前在文学创作时，无论是小说、散文还是诗歌都有这样的一种体验。内心的真诚度决定了你所写文章的质感，情感真诚地投射在所写文字间，是一件美丽的事，自己有时也分不清生活在文章中还是尘世里，两者在真诚情感的调和下静静相望。

真实和虚构：理性表达与感性对话的统一

真实是指写作者带着真实的写作任务，通过真实的语言交际环境，回归本真的世界，完成一种大气、和谐的美，写作者没有太多的功利性，完全是从心中流淌出的一种自由表达。虚饰、苍白的写作任务让写作者去执行，这样的写作无论写作者生活经验多么丰厚，写作技巧多么精湛，也终究是南辕北辙、毫无意义。

写作是一个感性升华、理性表达的叠加过程，两者在写作者的笔下慢慢形成统一。真实的写作是一个变化且动态的过程，这样的过程伴随着写作者的认知、自我建构、外部环境等因素的影响，写作之初的内容和目标也在不断发生波动，甚至有时偏离了最初的写作任务，但是这样的偏离都是真实的变化，是写作过程中的必然。

真实的写作有两种形式：其一，是用一颗真诚的心去抒写事物的表象与内蕴，在生命的深度中发掘精神的血脉。生活中，原野上一棵摇曳的绿树，湖岸边一支浸水的枝条，天空中一只翱翔的飞鸟，这些朴实无华的事物不但需要写作者用眼睛去观察，还要用一颗虔诚的心去感受，如此，笔下的文字才是纯粹的真实。其二，是用健康的人生观去看待一切美好的事物，不为其形状大而为之跪拜，也不为其声高亢而为之倾倒。要还原生活中的一切，把曾经赋予这些事物的那些概念、标签从写作意识中撕掉，领悟事物原初的意义，真正做到理解并尊重，因为只有懂得，才会对这些事物有哲理性的反省。前者如果说是偏重于感性层面，那么后者更多的是侧重于理性层面。这两个层面不是叠加，也不是并列，而是互相渗透，彼此融合，从而形成一个有机的整体。这样的整体铸就了文章的张力和弹性，阅读者在阅读过程中，感受到写作者灼热的气息和悸动的心跳，转而带来的是阅读者与写作者一起呼吸、一起共情的感受。

虚构在作品中也有两种形态：一是全文整体性虚构，作品有自己的逻辑体系，写作者营造了一个属于所有阅读者的世界。当然，这样的世界不是胡乱拼凑的，而是在写作情怀与审美观照的土地上的艺术性创造。另一种是部分虚构，侧重于一篇文章的细节。细部虚构要从属于真实原则，是对真实的补充与深化，可以弥补写作者生活经验中的不完整和缺憾，同时也是对真实的还原，其目的是让文章更加可感，不是鸠占鹊巢般地取而代之。

真实与虚构的对话，就像两条汇聚的河流，带着彼此的激情和期望共同流向远方，回到写作中最朴实的状态，回到人们正常的认知层面。回归常识性的写作是一种正确、健康的写作态度，建立在这样一种态度和情怀下的写作一定饱含着浓浓的真情，是写作者生命中无法绕开和回避的情感堡垒。这样的文字朴实自然，读来还有强烈的生活气息。我们来看看加拿大作家斯蒂芬·巴特勒·李科克的《我们是怎样过母亲节的》（节选），在这篇文章中，我们可以感受到写作者轻盈的文字中暗含的情感分量，在情感方面除了真实自然的表达外，写作者还努力压制住内心一直想要喷涌而出的感恩、祝福之情。理性表达的文字背后，暗藏着写作者的感性对话，这样的对话既是与阅读者，也是与自己，更是与天地。

母亲为我们成年累月地操劳，她吃足苦头和付出牺牲，全都是为了我们的缘故。因此当母亲节来临时，我们决定把这一天过得痛痛快快的。我们要做一切我们力所能及的事情让母亲高兴。

我们的计划是，把这一天过得像过圣诞节一样隆重。两个姑娘考虑到，逢到这样一个大场面，我们应该穿戴得最最漂亮才合适，于是她们俩都买了新帽子。母亲把两顶帽子都修饰了一番，使它们显得挺好看。

早饭后，我们做了一个出乎母亲意料的安排，我们准备雇一辆汽车,把她载到乡下去美滋滋地兜游一番。母亲是一向难得有这样一种享受的,如今乡下正是风光明媚的时节,要是让她坐车游逛几十英里,度过一个美好的早晨,这对她来说可真会是莫大的享受。

但是,就在当天早晨,我们把计划稍微修改了一下,因为父亲想起了一个主意,与其让母亲坐在汽车里逛来逛去,倒不如带她去钓鱼更妙。

母亲把所有的东西都给我们收拾齐全,放到一只篮子里,准备上车。唉,车子到了门口的时候,不料汽车里面看来并没有我们想象的那么宽敞,显然,我们没法儿都坐进车里去。父亲叫我们不必管他,他说他留在家里也很不错,他愿意留在家里;他说我们也用不着顾虑他三年来一直没有过一个真正的假期这回事;他要我们马上出发,快快活活地过个节,不要为他操心。

不过,当然我们全都觉得,让父亲留在家里可绝对不行;特别是,我们都知道,他果真留下来的话,准会闯祸。安娜和玛丽姐妹俩倒也都乐意留下来做晚饭,只是,在这样一个美好的日子里,她们买了新帽子不戴一戴,未免太使人扫兴。不过,她们都表示,只要母亲说句话,她们都乐意留在家里干活儿。维尔和我本来也愿意退出,但不幸的是,我们根本就不会做饭。

因此,到最后,决定还是母亲留下来,就在家里痛痛快快地休息一天,同时准备晚饭。反正母亲不喜欢钓鱼,而且尽管天气明媚,阳光灿烂,但室外还是有点儿凉,父亲有些担心,要是母亲出门,她没准会着凉的。他说,当母亲本来可以好好地休息的时候,如果硬拉她到乡下去转悠,一下子得了重感冒,他是永远不会原谅自己的。他说,母亲既然已经为我们大伙儿操劳了一辈子,我们有责任想方设法让她尽可能安安静静地多休息一会儿。于是我们向母亲欢呼了三次之后就开车出发了。母亲站在阳台上,从那里瞅着我们,直到瞅不见为止。

嗯,我们把汽车开到美妙无比的山冈中行驶,度过了最愉快的一天。父亲钓到各式各样的大鱼,我们大伙儿都玩得痛快极了。

我们到家已经很晚,不过母亲猜到我们会回来得晚,于是她把开饭的时间推迟了,热腾腾的饭菜给我们准备着。可是首先她不得不给父亲拿来手巾和肥皂,还有干净的衣服,因为他钓鱼时总是弄得一身肮里肮脏的,这就叫母亲忙了好一阵子,接着,她又去帮女孩子们开饭。

这顿饭吃了好长时间,真是有趣极了。吃完饭,我们大伙儿争着帮忙擦桌子,洗碗碟,可是母亲说她情愿亲自来做这些事,我们只好让她去做了,因为这一次我们也总得迁就她才行。

一切收拾完毕,已经很晚了。睡觉之前我们全都去吻过母亲。她说,这是她有生以来过得最最快活的一天。我看见她眼里含着泪水。总之,我们大家都感觉到,我们所做的一切得到了最大的报偿。

文章的写作形式可能经过翻译有所偏移,但是文字的表述比较具体、可感。真实在这篇文章中主要有这样几点体现:首先,叙述的脉络很清晰,母亲一直在这个家庭中忙碌,照顾着每一个人的起居饮食,母亲生日来临前,其他家庭成员商量给她过一个有意义的生日,并且还做了充分的准备,但是细读后,发现被准备的人不是母亲，而是各人为了自己的需求，姑娘们为自己准备了新帽子，父亲为了钓鱼准备了渔具等。其次，从文章中一些看似有道理的话语中，我们读到了"为难"背后的"自私"。这样的细节描写，特别符合人性的真实性，写作者捕捉到的只是一刹那间的细微变化，并以此推动故事情节的发展。最后，母亲一个人留在家里，继续为家人准备晚餐，生活又回归到了平日，生日外出庆祝一事变成其他人外出度假了，这样的结局看似荒诞，但这样的荒诞却十分真实。纵观这篇文章，写作者叙述的事件我们无从考证是否真实，但是在叙事、细节、情节这三个因素中我们无论是从哪个层面都会觉得这样的事情和自己的感知经验是相符的，阅读者在这样的故事形态中不但读到了他人，也读到了自己，更读懂了人性和家庭伦理。

虚构除了是一种写作态度外，同时也是一种写作手段，它和虚假、矫饰是两种概念，没有任何本质上的关联。不是生活中的所有都可以成为笔下的风风雨雨、山山水水，也不是所有的生活都值得去描摹与再现。为了一项写作任务，或者在考场上需要在一定的交际语境下去完成一篇习作，这时我们不得不去为了写作主题而进行虚构。

这一代孩子的写作该归向何方？翻开写作本就能打开他们隐藏在旮旯里的内心世界：宣泄式写作、比赛式写作以及炫耀式写作……是回到我们教师内心希冀的那个状态还是直接抵达他们自己这个真实的时代中？阅读他们的文章，写作时显出的都是璀璨生命的痕迹和他们无尽的幻想。

教师应该冷静思考，在冷静中应该明白我们不能完全对学生的习作下简单粗暴的论断，应该有精细的专业分析，从他们的写作心理、价值判断上梳理出一条正确的路径。应该让学生明白一篇文章的结束其实才是这篇文章的开始，优秀的文章都是这样写出来的。只有这样我们才不会在学生呈现给我们的习作面前捉襟见肘，感叹连连。

理性表达的不一定是写作者，更应成为写作教学者本身具有的素养。理性的表达，是一种写作教学观。只有将这样的教学观转嫁到学生身上，才会拨乱反正，才会指引学生正确地认识到什么是真实写作，才会慢慢地影响学生的表达。这样的表达绝不是一种冲动，而是在一种深思熟虑、反复推敲的情况下形成的表达。只有在这样理性表达的层面，我们才能构建感性的对话，否则写作教学就像水中浮萍，毫无立足之处。

面对学生的习作，我们要从两个方面去观察和思考：一是学生作为这样一个年龄层次的写作者，他们的生活状态、经验获得、写作技巧是否成熟？回答一准是否定的。如何扭转这一局面？细细梳理下来，我们发现这个时代的学生在写作技巧上已经远远超越过去，阅读的视野也极大开阔。学生个体的情感、理智、体悟缺乏激发，这不是仅仅靠娴熟的技能和捷达的模式所能达到的。但为什么这样的状态依然存在于我们的写作教学中，浮夸的趋势越来越严重？写作教学的观念不能只停留在写作态度和技巧的训练上，我们要多维度思考，学生的个体不再单薄，其背后有着庞大而复杂的体系在支撑着他们。二是更注重写作教授者的作用，写作研究对象不单是群体，也有个体关注，从个别到群体，从一个维度到多个维度，写作教学者的视野不能逼仄和狭窄。因为写作者是人，教学者偏离了人的研究，只关注写作教学的一些表面的陈腐观念，我们的写作永远只是一道无解之题。我认为学生的写作突破就是他的写作要有自己的精神深度，而这个深度无关写作技巧、写作流程，必须涵盖写作者自己的一切（写作者的性别、阅读体验、审美趣味以及教学者本身的素养等）。写作教学中，我们关注的是写作的倾向是否向内发展，只有更深、更广、更自由的写作才是真正的写作。作家张玮说："我们的生活及其历史比我们的语言表述出来的东西要丰富得多……我们的语言的表述本身变得概念化，枯燥、狭隘、有意地遮蔽了我们的生活和历史，很多东西被语言剔除出去。"这里的"语言"相当于我们平日里教师的作文教学技法，而生活却是我们的学生写作的一切，但是教师在教学中往往用技巧遮蔽了学生本身所携带的所有。一言概之：中学生的写作教学要紧贴他们的原初体验和生活，让学生的写作从生活中来，再回到生活中去。

真实写作存在两个维度：其一是从事物的表象出发，其二是从自身的心灵出发，两者共筑一种立体化的叙述方式。

写作者的写作如果是从现实世界出发，世间的一切都是不加修饰的描摹与再现，是写作者最真切的感受、体验，写作风格粗犷、豁达，不拘于某处细节，在阅读者的眼中这样的文章从日常中来，带着浓郁的生活气息，完全可以和自己的生活经验重叠吻合。舍伍德·安德森曾经对福克纳说："你是个乡村孩子，你所熟悉的就是密西西比州，你的生活开始的那一小块地方。但那就足够了。"这句话给了我们很大的启发，其实你脚下生活的那片土地，你身边那些朴素甚至被人遗忘的人才是你写作的真实源泉，真实在这里是一种朴素的众生相。

如果从内心世界出发，这样的文章多数是表现内心的，或者说是写作者自己潜意识中的概念和认知，叙述的空间变得十分宏大，富有弹性。因为写作者的笔触一直贴着事物内在本真，贴着自己的灵魂和生命的本初去写。以上两种立体的叙述方式在日常的写作中经常出现，作品出来了，评判的工作就交给阅读者了。对于阅读者来说，作品有一个被接受的过程，大凡情感停留在现实世界，从表象出发的文章，带给阅读者的感受是写作者笔下真实可感的一切，因为作品呈现的是一个还原的过程：写作者是在把握真实，表现本真。阅读者的情感和写作者的内心彼此照应，那么写作者的想象、心灵空间都是真实的。无论写作者采用什么样的写作技巧或者艺术形式，只要能让阅读者有一个精神安放的家园，有一个自我落脚的处所，这样的文章也属于真实范畴，不同的是，这种写作的真实需要阅读者自我的持续构建和完善。

写作者笔下的一阵风掠过树林，奔跑一夜的风在林中喘息，这不是童话中的世界，是写作者内心的悸动，是一种高过现实的审美观照。这里既有理性的文字记述，也有感性的想象，文字如果抵达这样的境界，一切都是本真，真实也好，虚构也罢，去除遮蔽，文章回到生命本来的原貌就是天然。

回到我们前面的话题，理性的表达就是聚焦、浓缩，把现实中存在的写作素材进行人为的加工和整合。常识和经验告诉我们，写作中理性的表达需思维和写作技巧的转换，写作者用一种理性客观的态度去重新审视写作素材，重建写作者和阅读者之间的对话关系。把生活中的一切用情感和心灵去净化和去弊，把零散的、缺乏集束力量的事和物糅合在一起，就像水和面粉放在一起重新发酵，焕发新的生命力。这样的生命力是在写作结束后，由阅读者来完成的，在阅读中慢慢生成，继而与写作者进行隔着空间、时间的对话，写作者的叙述能力、思维方式、语言习惯等诸多因素也会和阅读者相融合，从而达到彼此精神上的契合。

真实和虚构：文本的解构与情感的重建

曾有人问作家三毛："作品是完全的生活再现吗？"三毛说她已经分不清书里写的是不是真实的，有时候写着写着就好像故事就是那样的。我觉得这也是大部分写作者的状态，常常在两个世界辗转，仿佛都是真实的生活，到最后自己都迷惘了。她的小说中描写在沙漠的经历，有些是依据真实的见闻进行写作的，但也有一些是作者虚构出来的。比如荷西的身份，他不是"工程师"，而是一位特别向往生活自在、任意飘洒的人，他并没有稳定的工作，经常在港口做小工。当然，三毛通过其作品所传达出的人生态度、个人思想绝对是真实可靠的。所以写作中，虚构在很大程度上占据很大地盘，关键是看写作者的写作态度，所有的虚构必须是在真实的基础上的虚构。

学生的生活看似逼仄，没有腾挪的空间，但也有在写作前对自己生活的遴选和打磨，如同一件艺术品，需要用自己的视角去加工。教师在看到这样的习作时，应该以辩证的眼光去分析，跳出"真"与"虚"的圈子，只从写作意识和写作手法上去指导，而不是一味地缠绕某一个细节或者某件事的真与假。

情感影响一说，是写作者对真实存在的生活场景产生的审美愉悦。写作者虽然能完整地把事实描摹下来，但是针对一些细节，有意识地根据自己的情感在潜意识里进行二次加工，从而形成意义空间。生活中的众多事物，从物质世界出发可能没有意义，但是从意义世界出发，一切都存在意义。

几年前，东方之星沉没事件举国悲痛，若干年后，如有作家想把这一悲惨事件写成小说来警示后人，我觉得，这位作家一定会有自己的"虚构"，因为在沉船的刹那，除了少数幸存者的口述外，没有其他的细节和故事来支撑小说，那么这里的虚构就是真实事件的升华，是对所有逝者的尊重和纪念。

有人提出在写作内容选择上要"同向合成"和"异向合成"，这样的观点很有前瞻性，可以说在指导学生平时写作中有一定的可操作性。从中国古代文学史中可以找出一个大家很熟悉的人物来佐证，《红楼梦》中主要人物贾宝玉众所皆知，但是这样的人物在生活中根本没有，也无从寻迹，可以说是"古往今来有之一人"。脂砚斋说："宝玉之为人，是我辈于书中见而知有此人，实未目曾亲睹……"正是有了虚构的存在，才会引起读者对这一个人物的兴趣，也就有了一个"典型"人物永远存活在后来读者的心中。

真实也是一种写作视野，写作视野的开阔就是从生活中寻觅出与自己内心相契合的一个截面，通过语言文字把两者十分熨帖地衔接在一起。这样的文章无论是其思想框架还是表达方式，以及深层次的个性创造、情感态度都会达到一种饱满的状态。如果写作者只是逼仄地去写，没有拓宽自己的视野，只是在自己的一亩三分地上转悠，写出的文章充其量就如同秋后弃落在树梢干瘪的残果。这种视野不是由写作者行走的路径和距离来决定，它指向写作者内在的知识素养，关乎的是素养的丰厚和接触生活的面积广阔，还有对事物的感受是否敏锐，并且能迅速从这些因素中整合出属于自己的写作素材来。

下面这两段文字截取自一位学生的文章——《榕树》，我们在这些略显稚嫩的文字中已然可以感受到写作者一种视野的开阔与幽深。

温州是榕树的故乡，这里几百年以上的榕树遍地皆是，但我最喜欢的还是屹立在清波荡漾的划龙桥旁的那一棵巨大的榕树，它俨然成了守护这片土地的巨人。听周边晨练的老人们说，这棵榕树已经有七百多年的历史了，历经沧桑而依然苍翠欲滴。你若站在它旁边，不用洗耳倾听便能闻出藏在树中的鸟鸣，在它那繁茂的枝叶下，你会被这股强盛的生命力所震撼。

…………

有时放学回来，我就喜欢一个人静静地凝视着榕树，想着它曾经的经历，看着它身上已被岁月淡化的伤痕，一种崇敬之情油然而生。或许它曾是一颗小小的种子，从远方被一只小鸟衔到这里，春雨滋润、阳光照耀之后生根发芽，又在经历几年的风雨磨砺之后慢慢长大。它目睹这人世间的生离死别、苦难悲痛，也看到孩童们的欢歌笑语，在某个静谧的夜晚或许还偷听过一对情侣的悄悄话。

榕树在地理上离作者是那样的近，但作者的笔触并没有因为距离上的近而枯涩滞后。从榕树的历史到身边的老人，这是一次形式上的开阔，更重要的是作者还把自己的思考延伸得很远，有厚度也有空间。学生的习作语言有其视野空间，这样的视野是一种升腾，因为只有语言的飞跃，学生写作时才会有空间的腾挪和铺陈，同时也和现实拉开了一段距离。但是有距离没有关系，重要的是写作中的真实，这样的真实不是仅仅停留在事件的真和虚的层面，而是一种向内的真实，这样的真实属于精神范畴。

写作者为了迎合或听从教师的想法，把非自己思考的观点或生活的真实体验强行注入作品中；同时，阅读者也从大众审美趣味中出发，抛弃自己该有的独特的属于个人的审美情趣：写作者、阅读者双方"默契"的配合衍生了一篇篇"满分作文"以及大量的示范性文章。

　　胡适的《自由与容忍》一书，讲到容忍比自由更重要。容忍的气度给双方更多的自由，它需要更大的胸襟去包容，去尊重不同于己、不同于大众审美和普遍的价值判断。因此，写作者与阅读者需要建立一种彼此尊重的价值观。这种建立也许需要一个很漫长的过程，不可能一蹴而就；更需要指导者先行试水，在自身先建立这样的价值观。有了这样的尊重，才会让写作者有抛却"迎合、听从"的勇气，使写作中的独特"自我"真实真诚的呈现成为可能。也只有建立起这种真正尊重的价值观，写作者与指导者才会获得真正的自由，写作的效度才会有自由的高度。

　　彼此尊重的价值观是需要换位思考的，写作者除了完成命题的要求外，更多是从自己的价值观出发，把真实的观察与思考拿出来摆在命题者、阅读者甚至清醒的自我面前，不掺杂任何杂质。可这样做在指导者和阅读者那里往往是吃力不讨好，因为写作者没有按照命题者内心那个"既定的准则"去书写。

　　下面这段文字节选自《苇塘里的记忆》，文章是小作者真情的流露。命题者要求写出自己对苇塘的爱以及现在的美丽，但作者没有完全这样去书写，而是遵循自己的内心，结果这样的一篇文章在阅卷人那里只被评为二类文。

　　　　独自漫步在家乡的小道上，青房上的嫩绿依旧，顽强的毅力是它们生的关键。这不是我失去了的吗？脆弱的身体经受不住痛苦的打击，丝毫挫折竟会勾起自己失落的心。携来墙角的一朵小花，捧于手心，那纤细的身体，曾不经风吹雨打，但仍能找寻一方落足之地。有何地容不下我，可怜的是自己的束缚。身边一丛丛划过杂草，吸引着我的记忆，却总是记不起童年的欢乐，是它走了吗？

　　徘徊在空旷的田间，仰头欲去找回丢失的童真，但天还是那么白，不时会有麻雀飞过，带着吵闹站于电线杆上，蹦跳，歌唱，俯冲。它们怎么就拥有不灭的乐，是快乐愿随它们自由飞翔？不解的心，随着我们沉重的身体坐下了，远望远处的山脉，连绵，坚强，满身的严肃更加重了心中的忧愁。

有些时候，写作者的文章出现这样那样的问题，也不完全是他们自己的问题，因为在考试这一场"博弈"中，没有完全的对等和公平，写出来的文章必须由阅卷者评判，有时必须迎合阅卷者的阅读口味，甚至放弃自己的价值观而去选择他人的价值观来依附。

诗人陈超教授说："真实与真诚本身无所谓好坏，主要还是看真实和真诚在艺术中的质量。一个思想和艺术毫无准备的人，也可能基于真诚敷衍为文，这时，真诚恰恰会导致它相反的方向。"写作者具有真诚的写作态度，但却缺乏必要的真实，写出来的文章在语言、形式和结构上都不存在问题，但这样的文章却很难让我们阅读时有一种快慰，可见我们的教师和学生某些时候也是属于艺术上毫无准备的人。文段中叙述和描写的人物、场景对我们来说是那样的熟悉，可是熟悉的不是这些场景真实地存在于我们身边，而是一种不得已而为之的复制，复制的不是情节与文字，而是情感。要写出具有效度的文章，必须建立在指导者、写作者和阅读者之间的平等关系上，搭建起一种三方都可以尊重的价值观。

生活的质感不是文学所能描摹的，文学对于生活只是一个相对的概念，很多时候，文学只是在生活的事件外部游走，呈现给我们的可能是文章的肌肤与形式。生活艺术化有时只不过是一个借口。没有什么可以高于生活，只能依附生活。真实与虚构只是相对而言，虚构也来源于真实的生活，也是在真实基础上的虚构。

值得警惕的是，虚构不是胡编乱造，虚构的前提是尊重事实，遵循事物的客观规律，其目的也是显示真实的本真。

无论我们写作手法千变万化，还是写作意识非凡超前，一定要告诉学生，在写作中保持一颗真诚的内心。如一汪清泉坦然于自然之中，真实是慢慢吸纳，虚构是静静吐出，吐纳间天地无比澄澈空灵，我们的文章才悠远醇厚。

真实和虚构：回归审美视野下的本原写作

审美意义上的本原写作是一种实践活动，是审美主观世界与客观世界建立起来的自由愉悦的和谐关系。作品给人的是审美享受和需要，审美功能不但停留在精神层面，更多的是回归到实践层面。何谓本原的"真实"？首先必须介入"虚构"这个概念。从叙事学的角度去观察写作，写作者可以通过自己设定的叙述者来讲故事。叙述者其实是写作者虚拟出来的一个人物，是写作者的"代言人"。写作者与叙述者的关系根据不同的文体，有的可以切割，有的则不可以切割，这样的"虚构"其实属于写作艺术层面的操作。古往今来这样的写作很多，如范仲淹的《岳阳楼记》就是根据朋友提供的一幅画作的，写作者依照画面，再凭借自己的想象来创造，还有莫言的一些小说也有这样的情况存在。这些经历时间和千万人阅读过的文章，我们肯定不能简单定义为"虚构"。

不久前，市里组织一次学生现场作文比赛，在评审过程中，有人认为一些学生习作完全脱离生活，纯粹地进行虚构，不应作为标杆作文来推广；当然这只是一种观点，观点如苍穹中群星，每一颗都有它存在发光的意义。但是有时观点一旦变成观念，那就很可怕了。因为观念会沦入固执与偏激的漩涡中，至少持此观念的人简单地把虚构等同于编造。但也有反对的声音，他们认为此类型文章大气，不拘泥于一事一物，有自身的美学趣味和审美准则，在众多平庸的文章中有着自身的美学价值和写作导向作用，可以推广。一篇文章在审美上能把"自我"加进去，就已经成功了一大半。写作不是复述生活，满纸文章皆为平常，沉陷于事物的细枝末节是对阅读者的不尊重，更是对他们的阅读期待的辜负。而"自我"的介入，就是写作者的写作姿态、精神、情感的完全融入，是写作者对生活的重新认知，体现着写作者的审美趋向，表征于文章之中，在作品中闪烁着勃勃的永恒精神。

席勒在给朋友洪博尔特的信中说道："从前，例如在波沙和卡洛斯的形象上，我是竭力用美的理想来代替不足够的真实。现在，在华仑斯坦的形象上，我想用赤裸裸的真实来补偿所缺乏的理想。"无论真实或者虚构，都只是写作的一种手段，如果写作的真正意义被这两者的关系遮蔽了，那么所有关于写作的出发都是一种缺憾。写作者如果死死抓住"真实"而止步不前，作茧自缚，那么这样的"真实"只会让写作者贴地而行，无法展翅高飞。写作是心灵的触动和微颤的产物，是把个体经验引向体验的过程，不是还原记忆生活，所以有了"自我"，真实才不会成为写作的桎梏，而会构成写作者飞翔的羽翼。写作关注的是自由的生命，而不是见物不见人的简单表现；写作具有高拔的审美意义，成为写作者主体精神的自由审美形态，不是功利世俗的简单呈现。

写作者是否应该阅读他人的文章，就像一个人在荒野没有方向，为了寻求出路，能不能跋涉在这片荒芜之中，迎着远方的一朵云、一处低矮的平房去发现？这是一个自我追问式的思考，也是摆在大众面前的价值性判断。写作，应该有自己独有的声息和气味，和地域有关，和学识有关，和裹挟在写作者身边的一切有关。隐去写作者的名字，甚至文章名，只要阅读者熟悉这位写作者，就能在万千文字中一下子发现其写作的痕迹。

翻看当下的报刊以及摆在大众眼前的各类书籍，充斥在上面的文章无论是选材、内容还是写作视角几乎一模一样。这冗杂的一切也来自生活，在生活中都能找到它们的身影和行走的步履，你能说这不是真实吗？但恰恰是这些文章让我们在阅读中有一种倒胃口的感觉，是太过于熟悉，还是审美的疲劳使然？这些写作肯定是真实的写作，但这样的真实，我们宁可不要、不读。写亲人必然是祖辈的默默关怀，必定有一件器物勾连起生活中的一切事情，在这件器物上凝聚着亲人的关心和自己的回忆；写故乡一定是村口的老槐树，以及树下抽烟、唠嗑的人们还有欢乐玩耍的儿童。真实不是机械地还原一切，也不是没有思考的模仿，而是把自己的独特的生命体验融进笔下的文字，像一条河中汨汨游走的水流、欢乐灵巧的鱼儿、自由舒展的水草，一切的一切，所有的所有，此刻都在文章中散发着生命迸发的声响。真实的写作就是走向生命的体验，旨在使写作个体在生活的审美愉悦中获得智慧的启迪和情感的陶冶，写作者的文章要引导个体探寻生存的意义、追求生活的价值和领悟生命的真谛。

这是一个大数据时代，学生对信息的获得不但繁多而且容易便捷，在这样一个特定的时期，写作光是简单的事实呈现已经不够。一篇文章中基本上会有三个要素在支撑：真实的作者、真实的事件、真实的情感。这一切构成了一篇文章的灵魂背景，是文章的生命底色。写作是写作主体精神的一种自由审美的实现形式，是每一个写作者个体生命最顺达、自由、直观的倾诉与表述。写作者笔下的文章不仅蕴含着他们对自然、社会等客观世界的恒久体悟和揭示，更是作家心灵的真实"自传"。什么是真实情感？在这里我们要分清"现实情感"与"艺术情感"这两个概念。一位处在生活中的写作者，他所经历的一切都是"现实情感"的范畴，如何转换？如何把个体的私人化的体验与情感转换为大众所能明白接受的情感？这些都需要写作者艺术化的处理、加工。诚然，这样的情感决不能简单归为"虚假"。如何把"现实情感"转换为"艺术情感"？也就是说，把现实转换成一种文学品质，成为写作者笔下文章的内在动力，写作者要用真情触摸美的根脉，用文字抵达饱满的灵魂深处。

有些写作者在把"现实情感"转换为"艺术情感"过程中，总喜欢泛滥地抒情，却不能专注身边的生活以及那些隐藏在其间的细小的事。写作者对情感应该是一种描述，文字可以炽烈，但写作者一定要冷静，任何情感都要通过文字的体现才能抵达阅读者的心灵世界。写作如京剧大师在舞台上演绎，高明的大师不是直接描述情感，而是曲折、委婉地去表现情感，在唱念做打中，在肢体挥舞中，让台下的观众慢慢感受和体悟到剧中人物的情感。所以，写作者在情感处理上一定要慎重。当下，一些写作者的文字中的情感实在太浓郁，情感需要有意地节制，而不是肆意泛滥。优秀的文章在情感表现上是需要载体的，因为载体刻意将浓郁的情感呈现为表象的东西。如果放任情感随意迸发，未免过于空洞，所以，写作时，需要理智地对待情感，要学会把控情感，这样笔下流出的情感才不会虚假，才反而更显真实。因为写作者的节制，阅读者进入文章时，可以体验到一种阅读后的美的愉悦，这样的文章才具备艺术创造的价值。

审美视野中写作目的是停留在"美"和"智"这两个层面的。写作中作者的情感一定是要有的，但是一味沉浸在情感的漩涡中，错误地认为只要情感浓郁，那文章一定是可以让每一位阅读者动容并带来审美愉悦的，这样的认识，只会让写作者笔下的文章为了情感而情感，最终会滑入无病呻吟这一领域。写作的价值主要是写作的审美价值，过度抒发的情感只会伤害这种美，使作品的艺术性大打折扣。

情感的真挚，是面对文化时的敬畏与景仰之心，以及尊重身边的历史价值。这些元素通过写作者的笔触慢慢流淌在纸上，在一定程度上给了阅读者足够的冲击力，让每一位"在场"的人都有回顾自身的省思，以及内心的情感波动。正是这一切因素的介入，使文章具有厚重之感，这也是一种真实，草蛇灰线般隐在文章之中，汇成血脉，凝成一种气象，让真实成为文章的精神风貌。而这所有，像一位隐逸之士静静地栖息于文章之中，静静地矗立着一种坚挺的真实。

真实并不是无限地还原生活和事件，而是一种美学贴近。作为个体的存在，写作者是有一定局限的人，写作者所有的发现都是一种局部意义上的发现，永远涵盖不了全部。所以面对同样的生活，才有不同的题材和异样的表达。写作者面对的是一种社会现实，具有普遍性，我们在文章中读到的一些真实，是局部的，是写作者改变了的事实。如何才能把这样的生活呈现给阅读者，而不是简单地描述生活原貌？写作者要做的就是揭示美学本质，把作品中的美学本质摆放在阅读者面前。

参照虫生，哪一样的生命不是这样的模式？人类例外不了。我常感觉我已是一匹野马，不往野地里蹓蹓蹄子过不下去了。有一种旅游是沿着乡村公路的旅游，一再停下看沿途风景。高速公路上的旅游，只奔着目的地去。我喜欢沿着低等级乡村公路走走停停的野游，喜欢美国乡村音乐歌曲 Country Roads Take Me Home（村路带我回家），这歌里的 Home 绝对是有青山绿水的地方，有鸡啼犬吠、有虫鸣鸟飞的地方。为拍虫子和野草闲花，我的蹄子踏入真的荒野，也终将没入时间的旷野。

这是作家半夏在《与虫在野》中写到的一段。人与生活虽然是紧紧裹挟在一起，但是人的内心世界没有打开，生活和我们始终是隔阂的，存在着一段精神上的距离。即使我们在生活的尘埃中游荡一辈子也无法做到真正意义上走近，生活一直是静静地在那儿。放到写作这个层面上来说，写作者纵然是把自己的生活记录下来，但只是纯粹地记录，意义也不大，更不可能让阅读者形成同感。窥一斑见全豹，半夏写的虫子，一改之前我们常态中使用的写作视角，也没有居高临下的俯瞰，更不是以造物主来自居。写作时，作者带着尊重自然、回归自然、融入自然的态度，而非超拔、凌驾、征服自然的姿态。

这里，半夏做到了三点：一是写作姿态是紧贴大地和万物的，用心去感受笔下的万事万物；二是在写作审美上，审美主体与客体完全融为一体，写作者捕捉到有利写作的契机，并没有在局部上过分纠缠，使情感对象化、仪式化；三是高效地处理好写作对象情感与自身情感的审美结合，处理好写作内容与形式情感的关系。

再看看耿翔的文章《有泪水的牲口》，写作者对自己的生活状态是满意的，也充满虔诚和敬畏。我们知道情感的唤起乃是根源于主体和客体的邂逅。文章之所以能感染阅读者，就是因为写作者在行文时把自己的情感转变为一种可以让所有阅读者共鸣的艺术情感。艺术情感的融入使得写作者与写作对象不再互相对立和抵触。这是写作者内在世界和外部世界的重合，互相投射，使本来不在一个平面的世界交汇在一起了，因而作品才会让阅读者在阅读过程中享受到一种审美愉悦。

> 牛不会出声骂我，牛转过头来看我。
> 我在那时突然发现，牛的眼窝里是噙满泪水的。在这以前，我只知道人的眼窝里，常常会流出泪水，压根儿就没想过，这些从心底里涌出的东西，牛也像人一样拥有着。我那时忍受着许多委屈，能想出的话就是：有泪水的牲口。
> 我也从此发现，所有的牲口眼里，都噙满了泪水，只是牛眼里的泪水更多一些，更能引我心中的悲哀。真的，牛的眼泪是止不住的，它带着泪眼犁地，带着泪眼拉车，带着泪眼吃草，它就是站在树荫下反刍，也是带着一双泪水汪汪的大眼。一头牛看到的世界，万物都是带着泪水的。就像我那时，看到一个村子里的人，除过那些识几个字的村干部，脸上都有一种犹豫。
> 这是一种集体的表情，最先在牛的眼里，被我发现了。

反观当下，写自然、写动植物的文章很多，但是基本上是大量铺陈性的文字，有的是情绪的抒发，有的是心理描写，也有对身边环境的细致描摹。这些文字充满修辞，动辄就占用了文章的大半篇幅。可一篇作品就像一个人，以上的这些形式都是人的衣服，而非生命，也就是说，一篇没有内容的作品，很难叩开阅读者的心扉。写作不能虚妄，要有实质内容，特别是文章中要有写作者的思考，在对事物的认知上有自己的发现和掘进，而不是在文章的外在层面进行一些浮华的叙述。

我以为写作应该做到以下几点：忌拔高和抒情不止；写作者的感情要向内，有体温，在对写作对象的描摹和叙述中要学会做减法；对待生活，要把过去记忆里温暖自己、硌痛自己的东西完全定格下，沿着自己的感觉慢慢滑行，进入并深入记忆底部，然后会发现一个陌生的自己和让人驻足的场所。

生活展现给我们的有两个层面：其一是一种社会现象，生活中的一切都是在社会中彼此间发生着关系，这是写作的本质属性；其二是一种美学现象，是写作者观察生活中的一切后，在心灵的孵化下，形成对作品的美学本质的揭示。现实让我们每一位路人有了选择，要么从纯粹的审美去观察它，与人的道德情操、知识水准无关，追求的是彼岸；要么从身边的环境出发，把对生活的认知价值普遍提升到人生的道德价值这个层面上来，并以此为准绳。

学生写作最忌讳两个极端：一是对自己的生活简单地复制和还原，这种写作会让写作者过度沉溺于日常生活，进而形成一种依赖，想象苍白无力，成了对某一领域、某一行当、某件事的记录员。写作主体对生活的参与严重匮乏，文章呈现的方式大多是僵硬的，笔下的日常化生活也是碎片化、飘忽不定的。二是写作主体参与生活可能与其审美情趣不吻合，或者说没有达到写作主体的审美期待，尤其是"在场"的美学关系。写作者对日常生活的重构与想象完全脱离生活，严重涂抹、扼杀了真实的生活，容易成为一种玄想，或者就是我们经常碰到的"主题先行"这一误区。写作者必须把自己的心灵世界置放在生活经验中，两者相互包容、悦纳才是最好的状态。生活可以对写作主体完全敞开，写作主体也必须足够尊重日常生活，这样两者之间才会有各自的立场以及审美趣味的产生。

追求审美的真实一直是写作者进行创作的悖论性话题，充满着矛盾和纠结。写作者一方面想要急切地表现真实的世界，向阅读者呈现自己精彩的生活；另一方面又非常渴求一种"非真实"的内心驱动，因为写作艺术的最终目标是审美，而不是功利的实用。写作者笔下的作品的价值主要也是指审美价值，一篇文章既要满足写作者的自我价值需求，又要实现每一位阅读者在阅读过程中精神塑造和心灵归宿的期待。所以，完全追求作品是现实生活的再现是不理智的，也是错误的抉择。

文章形式的多样性，也是写作的一种审美的体现。在写作者眼里，作品已然成为自己的审美对象，多样性的物象在一定程度上能反映写作者对物象的认知与审美，也是写作者心理的一种图景式反射。

有关写作"真实"与"虚构"的讨论一直此消彼长，纠缠到如今。但对于作品来说并不是特别重要，我们必须有这样的写作认识：真实和虚构绝不是物理意义上的概念，它们有着各自的写作意义，写作者要打破一些习惯性的认知和理解，因为衡量一篇文章优劣的，也不全是这两者。

虚构是对真实的艺术化表现，是审美直接作用于写作对象的心灵体验。只有在更宽广的美学谱系中才能体现其生命力。真实和虚构不是真正的写作目的，美学才是目的。

写作之归于现实性，而不是纯粹的真实，所以两者必须放在一定的写作语境中才能彰显其作用。

真实需要写作者重视自身的经验，而虚构更多的是回归体验。两者之间需要一种平衡关系，虚构不是含混的概念，要把虚构从真实的对立面里解放出来。虚构是对真实的一种开拓和渲染，或者说是想象和均衡，但绝不可以用虚构去解构真实。

真实是指整体上的把控，而不是局部的、机械的复制生活；写作中要分清"本原真实"和"表象真实"，确立正确而饱满的真实观。虚构是写作者的二次创造，是丰富作品的审美表现力以及艺术感染力，写作中不要限制虚构甚至剔除虚构，要做到大实小虚，外虚内实。

最后我们借用德国哲学家、启蒙文学代表人物席勒的话来结束本章："人对于自然，总是充满了爱与尊敬的感情的。每一个具有优美的感情的人，只要他走在明朗的天空下散散步，都会体会到这一点。"

第五章
滴水藏海，细节即永恒

福克纳说过一句话，他说自己的一生都在写他那个邮票大小的故乡。多好，他没有说写世界，也没有直接说写自己的祖国。当然，不是说自己的祖国不能写，或者说不值得写，爱国是我们的精神坐标，必须一辈子心向往之。但是如何才能把自己对祖国真实、具体的情感有温度地展现在阅读者面前呢？故乡和祖国的不同，不单是幅员上的差别，更多的是因为一个热爱生活的写作者必然会在自己的作品中构筑属于他自己的物质和精神世界。而打开这个物质和精神世界的方法就是找到一个切口，然后顺着这个切口慢慢地深挖、掘进，让自己笔下作品的根紧实地扎进大地。写作的根基要扎在自己生活的土壤中，最后方可有"半亩方塘一鉴开"的豁然开朗。这个切口不是其他，是支撑作品前行并把根扎在阅读者心灵中的作品的细节。

生活很庞杂，在我们身边游走的事和人很多，但能让我们记住并烙印在心头的可能就那几件事和几个人。细节，是作品在细微之处去刻画人物、夯实情节的需要，也是深化作品主题的需要，写作者要学会用娴熟的笔触深入细节之中勾勒。作品中人物和事件表现出来的深刻和难忘往往藏于细节里，细节没有处理好，作品就会失去它应有的艺术感染力。当然，细节并不是完全的细枝末节，有时是一段场景，有时是一句话，甚至是一个字、一个标点。所有的细节都应服务于作品的主题，如果游离于作品，细节写得再好也没有意义。

一万句空洞的说理，不如一个具体的细节来得动人，细节更能体现写作对象最本真的面貌。抓住细节，抓住写作对象瞬间的细微变化，可以给作品营造一个巨大的艺术空间。细节不是简单的描述与呈现，也不是毫无章法的堆积、聚拢。优秀作品中的细节不是粗浅的随处散落，那些看似随意的安放，其实正是写作者的别具匠心。细节蕴含着写作者的满腔情感，是有意味、有灵魂的存在。

一篇文章就像一幢建筑物，外形的壮观可以看到，但内部的美轮美奂有时需要我们走进去才能发现。而细节就像门窗，我们可以透过门窗窥探到建筑内部的美丽，通过细节的描写，我们可以一窥作品背后深藏的意蕴。

细节的心灵化

平日的教学中，我们常见到的是教学者在课堂上大肆宣讲细节的重要性和它的典型意义，也说到了语言细节、动作细节、情节细节、心理细节等因素。这样的教学思路是正确的，至少给了写作者一个写作的支架，从另一个层面上说也给写作者指明了写作的方向。可是，仅仅掌握这些概念性的名词仍然解决不了写作的实质性问题，写作者也按要求在作品中加入了一些细节的描写和渗入，但文章读来依然寡淡无味，也无法给阅读者留下深刻的印象。

为何如此？因为写作者缺乏对细节独特性的深入了解，以为只要加一些修饰性的词语，或者对一些自以为重要的情节进行刻画和细致的描摹就可以。问题恰恰出在这里，任何细节的独特性都要服务于两个层面：其一，这个细节必须是真实的从作品中自然体现出来的，不刻意，更不造作，换句话说就是细节要属于作品，服务于笔下的文章，因为有了这个细节的存在，文章才有自己的个性色彩，才会让人永久地记住，一些经典之所以成为经典，细节的独特性是其重要的组成部分；其二，这个细节一定是属于写作者自身的，不是别人的细节，古今中外优秀的作品中都有经典的细节在闪现，这些细节也经常被我们提及和广泛地使用，但这些细节是别人的细节，属于其他作品的细节，不是属于你自己的。细节不是泛泛地表露在作品文字上面，它是点燃阅读者思想的火苗，是把阅读者自身情感和写作者情感合为一体的链条。细节能创造性地挖掘并展示作品中强烈的诗性与心意，细节心灵化，让阅读者复苏日渐麻木的心田。

我们熟知的《儒林外史》中严监生临死前高举"两根手指"，几句话的描写，就把一个守财、吝啬之徒表现得淋漓尽致。写作者没有用大量的笔墨去写严监生的小气贪婪，而是通过一个细节就撬动了全文。

同样是写吝啬鬼形象的，国外经典作品中也不乏其例：

> 呕，孩子，咱们别为了一口箱子生气啦。拿去吧！——拿侬，你去请裴日冷先生。——得啦，太太，没有事啦，咱们讲和啦。——不是吗，小乖乖？不吃干面包了，爱吃什么就吃什么吧……啊！她眼睛睁开了。……嗳嗳，妈妈，小妈妈，好妈妈，得啦！哎，你瞧我拥抱欧也妮了。她爱她的堂兄弟，她要嫁给他就嫁给她吧，让她把小箱子藏起来吧。可是你得长命百岁地活下去啊，可怜的太太。嗳嗳，你身子动一下给我看哪！

告诉你，圣礼节你可以拿出最体面的祭桌，索漠从来没有过的祭桌。

上面一段刻画的这个吝啬鬼的形象，来自巴尔扎克的小说《欧也妮·葛朗台》。可以说，在葛朗台的心中钱是万能的，他以为用钱就可以安抚眼前的这三个人，因为在他的世界里，没有什么比钱更重要。虽然葛朗台说话的内容和对象不一样，但他的话题始终围绕"钱"。我们把严监生和葛朗台的行为细节进行对换就会发现，虽然两篇小说都是经典，但是换了以后，作品的形象性和艺术价值就会截然不同，甚至完全弱化。为什么会这样？天下不可能有两片相同的树叶，每一篇作品都有属于它自己的情节、人物、环境以及写作的审美标准和文化氛围。这一切就注定了细节不可以移植，只能是贴着自己的作品和写作者的心灵世界来写。

因而我们在写作时要学会细节的"三贴近"。何谓"三贴近"？一是选用的细节一定是贴着写作者的写作意识和审美情感来的，符合写作者自己的审美趣味，只有这样才能让写作者和作品融为一体，写出来的作品是属于你自己的，而不是嫁接和拼凑出来的。二要贴着作品中出现的人物和情节，让作品中的细节变成人物和情节的"代言人"，阅读者只要一读到或者想起这个细节，就会迅速沉浸在作品的阅读氛围中。要给细节特定的位置，这个位置可能不是很醒目，但能对文章主题有一定的表现度。三要贴着作品所处时代和文化来写，举目望去，现在一些文学作品有着宏大的题材或者动人的情感，但是阅读者却怎么也感受不到此中真意。因为在这个过程中，写作者和阅读者之间无形中就有了一种协议，写作者呈现给阅读者的一定是让其"信以为真"的作品，这是重要的一步，少了这样的细节贴近，阅读者是不会信服的，作品的价值也无从说起，阅读的协议就是一纸空谈。

　　细节不是形式，是深藏在文章中的"灵光一现"，当阅读者与之邂逅时，就像在黑夜里猛然抬头仰望星空时看到的流星，变得心旷神怡，一种阅读的愉悦感徒然升起。如果细节只是表现在文章形式上，是写作者的刻意为之，那么这样的细节都是"伪细节"，不但不能够为作品服务，反而影响作品的质量。所以，上文提到的教学者只是空洞地对学生谈细节的概念如何重要，就是泛泛而谈的空话，像地面的尘埃，一丝微风就可以让其荡然无存。所以，细节必须心灵化。写作的过程就是写作者自身寻找内心精神皈依的过程。我们这些年来对心灵之外的探寻实在太多，人的一生经历很多，这是阅历，这样的阅历让我们的生命变得丰盈厚实，但心灵在外漂泊的时间太长，需要回归，所以，作品中的细节就是心灵回归的重要途径。心灵化的路径是什么？写作者在写作时不完全是脑子在起作用，虽说思维是有重量的，但很难感染阅读者，只有把自己内心的涌动细节化，把作品中涉及的人物和事件复杂的隐秘情感一一展现，才能撇清简单粗糙的情节叙述，让阅读者随着写作者一起走进作品，挖掘作品的复杂内涵，吸引阅读者的共鸣。细节要符合写作者的本性，符合阅读者的审美要求。细节心灵化可以直接廓清写作者的内部精神结构，让阅读者了解除了作品之外的内容，同时也能感受到写作者的心路历程。读懂写作者的心路有助于阅读者更好地了解作品，也能感受到写作者对生活、世界的理解和表现的能力。我们熟悉的著名作家莫泊桑在《我的叔叔于勒》中有过这样一段细节描写，这段细节就是心灵化的集中体现：

毫无疑义，父亲是被这种高贵的吃法打动了，走到我母亲和两个姐姐身边问："你们要不要我请你们吃牡蛎？"

母亲有点迟疑不决，她怕花钱；但是两个姐姐赞成。母亲于是很不痛快地说："我怕伤胃，你只给孩子们买几个好了，可别太多，吃多了要生病的。"然后转过身对着我，又说："至于若瑟夫，他用不着吃这种东西，别把男孩子惯坏了。"

我只好留在母亲身边，觉得这种不同的待遇十分不公道。我一直盯着父亲，看他郑重其事地带着两个女儿和女婿向那个衣服褴褛的年老水手走去。

这段描写表现母亲的冠冕堂皇之辞：在两个女儿和女婿面前，显得既爱惜自己又关心别人，既疼爱孩子又注意教育，但实质却是既顾及面子又节省开支。母亲的虚伪、吝啬的心理暴露无遗，这种暴露文章中没有直接写出，但是写作者通过细节心灵化却反映出来。高尔基说："文学就是人学。"一篇文章的艺术审美价值主要体现在人物的表现上，写作者在表现人物的时候，重点是依靠细节传神地刻画。所以，当写作者要表现文章中母亲形象时必须借助细节，而这样的细节也一定是反映人物心灵的，因为细节的心灵化描写是造成人物形象可感的重要因素。

作品中细节的心灵化还可以把阅读者一并带入其中。多年前，我读过一篇小说，题目和作者都已经忘记了，甚至连主要内容也记得不清楚，但是文中的一个细节一直跟随着我到如今：

寒冬，一个部落遭遇粮荒，如果不赶紧找到粮食，恐怕这个部落里的人将会全部饿死。怎么办？大家一起来找族长，刚好，年过半百的族长喜得贵子，全家人都在幸福之中徜徉。这里有一个不成文的规矩，如果一个部落遭遇灾难，可以向另一个部落乞讨，于是大家眼巴巴地望着族长。当晚，族长杀了自己刚出生的儿子，砍掉孩子的双臂，剩下的躯体在大锅里煮成肉羹，用铁盆盛起来，再把孩子的双手插在肉羹里。全族人举着这盆人肉羹，一步一步走向邻近的部落。寒风中，插在盆中的婴儿断臂向天空张开，乞讨着。如果被求救部落同意帮助受灾部落，那么将来这个部落只要对方提要求都要答应，如果拒绝求救，那么这个部落将会与邻近部落誓不两立，以死相搏。

时至今日，故事的具体情节我已经忘记差不多了，但是小说中被砍下的手臂向天空张开的细节一直让我难忘。我可以通过这个细节想象婴儿的父亲该是怎样的悲痛，但是作为族长，这是他唯一的选择。我还在想，那个刚出生的婴儿成了一种习俗，一场灾难的牺牲者，在我心中的不但是悲痛，更有一种恐惧萦绕。之所以久久不能忘记，我想这就是写作者把细节心灵化了，在自己的生活和小说的生活融为一体之时，也把阅读者拉了进来。

有人质疑，心灵化后的细节因为被涂上了写作者情感倾向性的"脂粉"后，是否还是原生的细节呢？首先，这样的细节必须被阅读者认可，只有被认可的细节才会成为文章"真实"的组成部分，一个不被认可或者说让阅读者怀疑的细节，从一开始出现就是作品的失败。细节心灵化的核心就是写作者和阅读者双方共同认可，这是作品持续前行的基础。其次，写作者要学会在众多可以挑选的细节中找出那个最能构建文章力量的细节。细节很多，一句话、一个眼神、一个动作都可以成为细节，但谁是支撑作品这幢大楼的柱石呢？

核心的最具表现力的细节才是。最后，细节的选择要尽量避开观念上的抉择，不要盲从一些写作者的观念，要从自己作品的需要出发，哪怕是一个看似毫无意义的标点也是细节，因为我们要让阅读者从细节背后发现事件、场景的真实意义，这也是写作的意义。

用细节解构宏大叙事主题

　　写作中我们会遇到一些宏大叙事题材需要处理。如何促成这样的题材让阅读者接纳和喜欢？如果写作者只是简单空喊或者叙述，纵使有再高超的写作技巧也难让阅读者产生心灵的微颤。宏大叙事题材的主题除多元多义外，还有繁多的情节枝丫在时间漫长的注视下随意生长，这需要写作者对写作素材的精心建构与处理。写作者需要在作品中增加相应的细节，这些细节依附在作品的情节上，在满足阅读者的视觉审美时，还把作品的主题一点一点地释放和剥离。特别是一些史传性的文章，对于写作者来说较难驾驭。写作者在写作时很容易为了一个宏大的主题而忘记文章的写作使命，会朝着那个不确定的主题拼命奔跑，从而忘记那些看似琐碎的细节。写作者熟悉和擅长的是对日常生活的叙述以及对个体生活经验的想象性表达，因为这些是从自己平凡朴素的日常生活中提炼出来的，写作者主要是把日常生活进行审美化呈现、反思。俗话说得好，船小好掉头。遇到宏大叙事主题时，时间漫长、人物众多、事件庞杂，都一股脑地摆放在写作者的眼前。这是一个写作难题，有人说，写作不应该出现这样的叙事模式，这是历史书写者要做的事。

　　细节和宏大叙事主题之间不存在矛盾，两者之间其实是一种建立亲密关系的过程。写作者用细节点燃主题的内核，让阅读者通过细节的描摹、刻画给作品打开一条缝隙，一个细节或者若干细节会用群体之力来体现作品的本质特点，甚至还拓宽了阅读者的想象空间。比如都德《最后一课》中呈现的那样：小弗朗士某一个清晨上学以及课堂上发生的一切叙述，把大背景下的普法战争这一宏大题材降到人的正常认知层面。文章中这些琐碎细节的浮现，慢慢把阅读者带到了那个特殊的时期，作者没有去描写普法战争的情况，细节成功地把宏大叙事主题拉近到阅读者的面前。如："画眉在树林边婉转地唱歌；锯木厂后边草地上，普鲁士兵正在操练。""他那件挺漂亮的绿色礼服，打着皱边的领结，戴着那顶绣边的小黑丝帽。这套衣帽，他只在督学来视察或者发奖的日子才穿戴……后边几排一向空着的板凳上坐着好些镇上的人，他们也跟我们一样肃静。其中有郝叟老头儿，戴着他那顶三角帽，有从前的镇长，从前的邮递员，还有些旁的人。个个看来都很忧愁。郝叟还带着一本书边破了的初级读本，他把书翻开，摊在膝头上，书上横放着他那副大眼镜。""他们该不会强迫这些鸽子也用德国话唱歌吧！"这样的细节已经越过叙事的本来功能，写作者用细节代替了很多知识性的阐述，十分妥帖地编制了一系列前后形成对比性发展的细节。如果只是一个细节的使用，这种指向性就不是很强烈。所以写作者要善于在文章中进行细节的叠加和组合，这些散落在文章中的细节本身并没有什么太多的关联，但是这些细节之间一定存在着为文章的主题服务的功能，所有的细节之间要么是逻辑上的递进关系，要么是围绕一个主题的众星拱月式的并列关系，无论是递进还是并列，它们的目的就是极大地充实写作主体特征，揭示出丰富的历史和生活内涵。就像上面这些细节，写作目的就是烘托普法战争给法国人民带来的灾难以及普通百姓在亡国灭族之时的自发觉醒。

细节就像一个剥壳器，给阅读者提供一个面对宏大叙事题材作品的抓手，并且把作品的主题一层层剥开，让阅读者一睹其真容。金圣叹把细节概括为"骇人之笔"和"近人之笔"，这是对细节作用的归纳和高度的凝聚。选择贴近生活的典型细节和夸张细节来表现作品，可以让阅读者寻觅散落在作品中的各式细节，慢慢在自己的心中重新组建作品，可以清晰地探视到写作主体在写作之时的场景、思维模式，体会到阅读带来的乐趣。针脚绵密的细节贯穿作品中所有的人物、情节，就像凸透镜一样可以把宏大叙事题材聚焦在某一个点上。比如都德写普法战争的这段历史，但是这段历史太丰富或者离阅读者的时间太久，给阅读者的印象是模糊和概念化的，写作者只有通过细节才可以让阅读者走进这段历史，了解这些往事，细节的支撑必不可少。都德并没有刻意渲染那段火热残酷的战争，也没有有意刻画一些英雄人物，更没有粗略地叙述这场战争，没有历史背景下的特殊语言，只是简单地将几个细节融进文章中，细节之间无形中形成了一种张力，慢慢解构了这段历史。这样宏大的叙事主题被巧妙而协调地放在当下的语境中，给所有参与阅读的人一种身临其境的感受，阅读者对写作者笔下的人物有了一个直接的碰触。

莫言曾说，自己读魔幻主义代表作家马尔克斯的《百年孤独》花了二十多年的时间。当然，他的意思不是一本书读了二十几年，而是反复阅读。《百年孤独》写的是马贡多这个小镇一百多年来从兴建、发展、鼎盛及至消亡的历史，包括布恩地亚一家七代人充满神奇色彩的坎坷经历。作品内容复杂，人物众多，情节离奇，手法新颖，它"汇集了不可思议的奇迹和最纯粹的现实生活"，深刻反映了哥伦比亚乃至整个拉丁美洲的历史演变和社会现实。写作者如果只是概念化地描述，作品肯定无法形成这样的影响力，也不会成为魔幻主义的代表作。马尔克斯自己也称细节是"一个有生命的细胞"，可见他对细节的重视程度。《百年孤独》中写作者安排了一些诡异神奇、不可思议的细节，如吉卜赛人的飞毯、隐身糖浆，尼卡诺尔神父使自己升离地面的神力等，其中以表现人物的种种与生俱来的神秘本领令人惊诧不已，又余味无穷。这些细节就是写作者口中的有生命的细胞，是作品向前行走的助推器，也是写作者给这一鸿篇巨制设置的窗户和缝隙，让每一个阅读者通过这些透出的亮光走进这一段历史。此时宏大的叙事不再让人望而生畏，也不是空洞无物，更多的是有了一些细腻的表现。写作宏大叙事主题作品时，稍微不注意就容易变成人物品质的"高大全"、形象的"脸谱化"，写作者笔下的人和事完全僵化在字里行间。所以，我们在选择细节的时候，应该选择那些可以贴着人物和事件行走的细节，以主题为出发点，让细节之间形成整体性，因为有了细节细腻真实的描写，才能服务于主旨，去挖掘作品的内在生命力。

如何在文中萃取细节？学生在写作时会凭借浅显的阅读经验和生活经验，然后进入作品的写作，而这种经验有时属于碎片、零星的模糊存在，有时甚至是没有到达体验的领域，他们的理解与认知早在写作之前就已经被固有的经验默然地定格在写作模式化中。学生没有了写作的期待，该有的体验或者可以通过写作能达到的体验却没有了，一篇文章写作结束后留下了太多的体验空白。偶尔的闪现也是一种"伪体验"，一种人云亦云的体验，一篇没有个人体验的文章不会形成情感。为了让学生在写作中形成真正的体验和认知，产生真挚的感情温度，我想可以通过文本自身的细节来填补。首先，细节源自写作对象本身，比如写作对象的外貌、动作、心理等，这些应该属于显性的细节，每一位写作者都可以在写作过程让这些细节显露在文章中。其次，细节体现在写作对象产生的效果中。

细节把写作者带入作品的深处

纳博科夫曾说："若想探知伟大作品的究竟，最好的钥匙乃是对细节的把握。"细节是一个成熟作家的标志，特殊的细节就是写作者的胎记，如一处风景、一座城市的识别标记。每当我们看到这样的标记，就会想起自己曾经在这里发生的一切。

我儿子幼儿园是在温州读的，那时我们离家将近几百公里，版图上的遥远和离家时间之久，思乡之情难免经常萦绕在心头。大人可能会把这些深深地压在心里，可年幼的孩子却不这样。那年深秋，窗外阳光点点散在家里，我们围坐在餐桌旁吃着老家寄来的腊肠，我只是慢慢品尝着这种熟悉而美妙的味道，五岁的儿子却在一旁大声说着："这是和县（老家的县城的名字）的味道。"没有人教他这样说，他也没有在电视网络上看过类似的表述，与其说是这种腊肠的味道直接勾起了孩子的回忆，不如说是孩子长时间对家乡想念的结果。如果在作品中有这样的一个语言细节描写，可能就会把阅读者一下子带到他们的生活经验中去。只要离开过自己故乡的阅读者，肯定曾经在某一个时刻想过家，想念家乡的吃食，还有那独特无二的特产滋味，想念家乡的亲人朋友。每一个人对思乡这段往事有时因时间的冲刷而模糊，有时甚至被抛却在记忆之外太久，但只要在生活中，阅读里碰到一些蛛丝马迹的细节，就能构建起整个记忆大厦。

每人的体验是不一样的，是个体化的，但是人类的生活经验却有很多共同之处，思乡应该是全人类共同的情感。这样的细节就是一种带入，把阅读者带到了作品的最深处，在作品幽暗的深处。每一个人的体悟都不一样，但都是细节的作用，这样的细节带入效用让我们读后感动、难忘。一度很迷恋小说《海上钢琴师》，让我难忘的是主人公下船时的一个细节，正是这样的细节把我带进作品的深处。在作品的文字缝隙里，我完成了自己的阅读理解和情感宣泄。小说中的主人公"1900"一生都生活在一艘邮轮上，从未下过船。一次偶然的机会，因为自己的爱情，他准备离开邮轮。在和船上的朋友们道别时，针对不同职业、不同关系的人，他都会清晰地用不一样的动作来告别，拍肩、整理领带、握手等等。光影下，上一根桅杆的影子静静地映射在邮轮的甲板上，"1900"告别大家后，转身，脚步微提，跨过了桅杆影子。这个跨过影子的细节很有带入意义，影子一般不会对人造成阻碍，但主人公却轻轻跨了过去，仿佛跨过去的是一道门槛，才能和在邮轮上的生活说再见。当然，"1900"后来还是回到邮轮上，葬身大海里。小说中的这处细节就像精神上的向导，带着每一位阅读者进入作品深处，这处细节也撬动了所有阅读者的情感、记忆以及曾经在生活中发生的类似事情。

语言的表达技巧无论多么高超精湛，自身的缺陷还是存在的，就像一座高山，巍峨耸立之时，其阴影已经不可避免地投射在大地上了。语言固然可以简单地表述一件事，阐明一个道理，但是还有其无法到达的地方，那就是阅读者和写作者在作品中共同开发和挖掘的地方。简单地说，就是作品除了内容以外引发的情感。因为作品在被阅读的同时就已经不再属于写作者，所以阅读者可以带着自己的情感、经验甚至好恶去阅读，但是写作者总得做点什么，那就在写作过程中添加细节，这些细节可以更好地把阅读者带进作品的深处。这和中国传统诗学中的"移情"有很多相似之处，但是移情一般是通过意象来完成，而细节却让阅读者的生活完全体验化地进入作品，从而又在阅读中让写作者从程式化的叙述中抽离，完全在作品的内部形成了两种不同的感受。阅读者能够如此自由地出入于写作者的精神世界中且体察入微，每一位阅读者都能从作品中找到自己，能听出写作者在作品中发出的声音，这声音里有呐喊、有激情、有痛苦、有欢乐……

著名作家茹志鹃的经典短篇小说《百合花》虽然书写的时代和我们现在的阅读视域看似有点遥远，但作品的力量和感染力一点也没减弱。小说中有这样几处细节，很多阅读者都会被带入那个年代，好像自己就是那个场面的亲历者。小说中，医生确认小通讯员已经牺牲，但新媳妇却依然拿着针缝着他衣服上那个破洞。卫生员让人抬了一口棺材来，动手揭掉他身上的被子，要把他放进棺材去。新媳妇劈手夺过被子，自己动手把半条被子平展展地铺在棺材底，半条盖在他身上。卫生员为难地说："被子……是借老百姓的。""是我的——"她气汹汹地嚷了半句，就扭过脸去。在月光下，"我"看见她眼里晶莹发亮，"我"也看见那条枣红底色上洒满白色百合花的被子。这里，新媳妇的动作细节和语言细节瞬间击中了我们每一位阅读者，整篇小说也因此而"活"了起来。小说中的人物小通讯员的朝气和热爱生活的激情，新媳妇对小通讯员的纯洁感情以及美好人性完全被细节激活。

20世纪90年代初期，我还在读初中，不知道在哪里觅得一本伟大诗人叶赛宁的诗集，其中《狗之歌》一直镌刻在我的心田，正是这首诗让我懂得了悲悯以及俯瞰大地苍生时的心中升起的苍凉的少年疼痛感。这是一首叙事诗，诗中叙述了一只母狗刚生下了一窝狗崽,在还来不及享受甜蜜的幸福时,忧伤贫穷的主人就把这窝狗崽用麻袋装起来,扔到野外的雪地中的冰窟窿里。母狗一路追踪主人的足迹,但是却无功而返。诗歌中有这样几句:

> 母狗在起伏的雪地上奔跑
> 追踪主人的足迹
> 尚未冰封的水面上
> 久久泛起涟漪
> 她舔着两肋的汗水
> 踉踉跄跄地返回家来
> 茅屋上空的弯月
> 她以为是自己的一只狗崽
> 仰望着蓝幽幽的夜空
> 她发出了哀伤的吠声

　　悲伤的母狗,看到茅屋上空那弯月,首先错误地幻化为自己的孩子。"上空的弯月"这一处细节就像一颗钉子深深地插在我的内心,把我从文本的表面意义带进了深邃的作品内核中。一个细节就把一首诗、一种情愫完全融进了我的生命之中,而且这样的细节一直伴随着我以后的阅读和写作,在生命中的每一天,这郁结的悲凉和感伤让我明白了生命的不易、母爱的伟大。
　　这首诗的带入感正是细节的功劳,简单的叙事已经无法缓解阅读者的审美疲劳,写作技巧的炫耀已经属于年青一代。随着岁月的流逝和沉淀,我们更多的向往一种情感的积累,这样的积累是细节的慢慢侵蚀。无论什么样的文体,都需要细节,只有通过细节的带入，我们才能找到回归家园的路，从而在尘世中和写作者共同构建一个湖光山色、满目葱茏的精神世界。

细节间的张力形成场景的现场感

德国著名的现代主义建筑大师路德维希·密斯·凡·德·罗一直推崇"少即是多"的理念，他在很大程度上相当重视细节。虽然建筑和写作有着本质的区别，但是从审美意识这个角度去思考，两者还是有相通的地方，至少它们的理念是一脉相承的，都是在细节中体现整体。建筑学讲究的是建筑带来的现场感，而细节之间的张力也是追寻这样的一种效果。

我所生活的城市苏州，一直以园林甲天下而著称，无论是本地居民还是外来游客，都无法在短暂的时间内完全体悟到苏州园林的曼妙和风雅。想要一睹苏州园林全景的人，不管你是站在苏州哪个地方也看不到其全景，哪怕你是站在苏州的上空也无法俯瞰全貌。人在自己的外部是寻不到自己的，只有从自己的内心深处挖掘，才能看到自己的本质。同理，即使游客能看到园林的全景，但也不能用身体感知到苏州园林的一切。但是只要你站在园林的某个点上，这个点就是苏州园林的一切，这个点就是细节，在这个点上你可以感受到园林的气息、氤氲，感受到实际的苏州园林。

说了这么多的建筑，本意乃是写作。文章就是我们纸上的建筑物，一篇文章不能一上来就直奔全貌，而是要从细微处入手，在细节观看全貌。

写作者可以详细地描述一件事，也可以塑造一个形象生动、血肉丰满的人物，这些写作对象在内涵上庞大并充满着意义感，但是在形式上却是一个个孤立的个体,缺乏纵深和立体感。写作者在描述一种场景时往往会捉襟见肘,关注了形式上的意义,可又忽略了现场的立体感,文章显得干瘪而单薄。场景化的描写是在一个空间范围内完成的,是在时间和空间的坐标上进行的,其写作难度更为复杂纷繁。写作者笔下叙述的场景只属于他自己,因为亲临过,已经形成了自己的生活经验甚至有了体验感,但是对阅读者来说还是茫然与陌生的,光靠单薄的文字想要支撑起每一位阅读者的想象空间,的确很困难。所以,写作者要做到三点:其一,写作者要在写作过程中,用文字裹挟自己全身心地融入和回归那个"原现场",回到那个还散发着热气腾腾的历史的时间和空间中去,用细节构建一个场景世界;其二,写作者要正视自己笔下的每一处描写,赋予场景中的人物情感和思想,要让自己的命运和笔下人物的命运息息相关,情感上能做到理解、包容,努力把阅读者带到场景中;其三,写作者要把写作的聚光灯投射在个体人物命运沉浮的变化上,这里的沉浮有外部环境造成的,也有人物内在情感和思绪的波动,因为这样的人物有质感,可以把阅读者带入现场,另外还要全景式地、缓慢地、细致地呈现"原现场"整个群体的大的历史背景。以上三点的实现除了写作者自身强烈的写作意识和开阔的视野以外,还要在写作中用细节来黏合,比如对人物命运的描写不能简单地用叙述或者旁白,更重要的是通过人物心理历程以及时间在人物外部的雕刻而引发的一种描写性文字,这样的文字不一定是浓墨重彩地高拔而出,可以是白描,可以是低吟式的轻叹,但所有的指向都是细节。

这方面做得比较好的是诗人食指在《这是四点零八分的北京》一诗中的体现:

这是四点零八分的北京
一片手的海洋翻动
这是四点零八分的北京
一声雄伟的汽笛长鸣
北京车站高大的建筑
突然一阵剧烈的抖动
我双眼吃惊地望着窗外
不知发生了什么事情
我的心骤然一阵疼痛,一定是
妈妈缀扣子的针线穿透了心胸
这时,我的心变成了一只风筝
风筝的线绳就在妈妈手中
线绳绷得太紧了,就要扯断了
我不得不把头探出车厢的窗棂
直到这时,直到这时候
我才明白发生了什么事情

一阵阵告别的声浪
就要卷走车站
北京在我的脚下
已经缓缓地移动
我再次向北京挥动手臂
想一把抓住她的衣领
然后对她大声地叫喊:永远记着我,妈妈啊,北京!
终于抓住了什么东西
管他是谁的手,不能松

因为这是我的北京
这是我的最后的北京

这首诗写的是离开北京时在车站告别的情景。诗中没有一句告别的话，也不见一个人出现，场景是宏大纷繁的。诗人麻木地坐在即将离开的火车上，迷惘、失落、恐惧等情感一起涌上心头。这样离别的场景会很容易导致写作"滑坡"，也就是偏移写作的中心，让作品漂浮起来，无法落地，当然也形成不了质感，更不会让阅读者产生共鸣。诗人截取的是作为个体的"我"心灵中的几个幻觉意象，并把它们叠加组合起来。场景中"剧烈的抖动"的"北京站"，是"我"的心灵外化，强烈地表现了诗人的感情震动之巨，表现了那种"不知发生了什么事情"的茫然与无助。另一个"幻觉蒙太奇"也很精彩："我的心骤然一阵疼痛，一定是/妈妈缀扣子的针线穿透了心胸/这时，我的心变成了一只风筝/风筝的线绳就在妈妈手中"。疼痛和妈妈缀扣子的针形成了互为印证的细节，同时心与风筝又产生了矛盾的冲突，形成细节间的张力，如此，这一段的细节描写就把离别的场景瞬间凸显出来。所以，诗人没有在道别或者留恋上花太多的话语叙述，只是恰如其分地从内心情感中挑出这样的细节，用个体的疼痛来反映那一刻的别离之痛，起到滴水藏海的作用，整个离别的宏大场景在细节的映照下，变得清晰可触。

同时，我们还可以看到诗人用了"这是四点零八分的北京"这样一个细节化的标题，把远离父母朋友家乡的惜别之情，以及对命运的忧虑和未来的恐慌之情，都凝聚在这样一个时间节点上，使这一瞬间浓缩了一个特殊年代的重大历史内涵，细节的力量感以及场面的现场带入感也就凸显而出。

作家余华的小说一直写得很深邃，读他的小说有时就像听刀片划过玻璃的声音，尖利中夹杂着让人心脏怦怦跳的感觉。但是他的散文写得特别温暖，其中有一篇《可乐与酒》写自己一岁多的儿子，抓住的也就是生活中的一个场景。余华在这个场景中设置了一些细节，这些细节自身间形成了一种无形的张力，并且把阅读者瞬间带入那一刻、那一时；同时，就像阅读者自己替代了写作者一样，写作者的所有见闻变成了阅读者的见闻。

漏漏一岁四五个月左右……

我记得他第一次喝可乐时的情景，他先是慢慢地喝，接着越来越快，喝完后他将奶瓶放在那张小桌子上，身体在小桌子后面坐了下来，他有些发呆地看着我，显然可乐所含的气体在捣乱了，使他的胃里出现了十分古怪的感受。接着他打了一个嗝，一股气体从他嘴里涌出，他被自己的嗝弄得目瞪口呆，他不知道发生了什么，睁圆了眼睛惊奇地看着我。然后他脑袋一抖，又打了一个嗝，他更加惊奇了，开始伸手摸自己的胸口，这一次他的胸口也跟着一抖，他打出了第三个嗝。他开始慌张起来，他可能觉得自己的嘴像是枪口一样，嗝从里面出来时，就像是子弹从那里发射出去。他站起来，仿佛要逃离这个地方，仿佛嗝就是从这地方钻出来的，可是等他走到一旁后，又是脑袋一抖，打出了第四个嗝。他发现嗝在紧追着他，他开始害怕了，嘴巴出现了哭泣前的扭动。

这时候我哈哈笑了起来，他的样子实在是太可爱了，让我无法忍住自己的笑声。看到我放声大笑，他立刻如释重负，他知道自己没有危险，也跟着我放声大笑，而且尽力使自己的笑声比我响亮。

一个人生第一次喝可乐的孩子生理上的正常打嗝反应在作者眼前活了，余华没有笼统概括性地去描写这次打嗝，而是极具耐心地写了儿子四次打嗝的表现，这样的细节已经和文章融为一体，无法剥离。细节描写和儿子的表现呈现了双线直进的形式，每一次打嗝都激发了孩子的反应。作者写的对象是儿子，但是我们透过这些细节文字却能清晰地感受到作者的内心变化和波动。这样的细节就是一种带入，诱惑着阅读者的感官，直接抵达现场。这样的文章，因为有了细节间的张力，让所有的阅读者能读到很多平时无法感受到的物体的细部，文章拒绝隐喻，重视描写对象本身，在实感层面，富有生活的质感，这一切都是因为写作者对一种具体、准确的现实始终保持着刚刚发现的热情。

细节来自真实的生活经验

细节可以创造真实，但如若不是来自真实的生活经验，就永远不会成为事实。所以，细节一定是从真实的生活经验中脱胎而出的。有些写作者为了让自己的文章得到阅读者的青睐，刻意在文章中加一些"勉强"的细节进去，这些细节乍一看的确是那么一回事，可细细一品就会觉得滋味不对，为什么？其中缘由就是这样的细节不是真正发生过的，而只是一种简单随意的添加。之前读过一篇文章《偷瓜记》，叙述的事件很简单，但是能让我记住的是其中一个细节，这个细节的描写真实地反映了这是作者的亲身经历，没有夜晚偷过瓜的人根本无法知晓。

夏夜，房间里没有空调是无法入眠的。我隔着窗户压着嗓子喊了一声："睡了吗？"二民竟然也没有睡，他推开门来到我的房间说："太热了！"

"是啊！去河边偷个西瓜吧？"我笑着对他说，没想到二民比我还积极，迅速跑回房间穿上了球鞋。

蛙声越来越弱，河边瓜田有看瓜人搭建的简易窝棚，晚上主人就会住在这里，还有那只老喜欢叫唤的土狗。有时，白天我们路过窝棚的时候总看到它朝着路上的行人拼命叫，这绝对是一只负责任的狗。

二民假装夜行人，在窝棚左边的大路上来回走着，引得狗一个劲地叫，每叫一次，看瓜人就会出来用手电照射下，一看只是路人就转身进去继续补觉了。

周而复始，半个时辰内看瓜人跑出来七八趟，后来就开始骂起那只狗"叫什么，不要叫了"，可那只狗依然起劲地叫着，撕裂的声音在夜空中久久不散……后来，不管土狗怎么叫，看瓜人再也没有跑出来。

一直躲在河边的我看看时间差不多了，缓缓地顺着田沟爬到瓜田了。夜晚偷瓜是有讲究的，首先千万不能走进瓜地，否则瓜的藤蔓会缠在脚上，一走动就会被发现，爬进来的声音就小多了。摸了摸瓜，不可拍打，全凭经验判断瓜是否熟了。最后更要注意的是摘瓜不可直接掰，要事先准备好一块湿抹布，把布包在瓜蔓上；然后用力一折，一点声音都没有，没有经验的人如果直接去摘，那清脆的藤蔓断折声于深夜一定会被瓜农听到。

偷瓜时，土狗疯了似的叫着，但看瓜人可能是被它吵烦了，抑或是觉得是路上的行人引起的狗叫，懒得爬起来。摘好瓜，要把瓜放在头顶，一边匍匐，一边用脑袋把瓜推出瓜田，然后翻过田埂，迅速爬起来，抱着瓜沿着河床一路狂奔……

上述文字语言平实，叙述简单，但文中摘瓜时的一个细节却让人在暗自一笑的同时，刹那间和写作者的生活有了质的接触。"最后更要注意的是摘瓜不可直接掰，要事先准备好一块湿抹布，把布包在瓜蔓上，然后用力一折，一点声音都没有，没有经验的人如果直接去摘，那清脆的藤蔓断折声于深夜一定会被瓜农听到。"用湿抹布裹在瓜蔓上的细节，现在想想的确如此，这样的细节描写就是藏在生活底部，没有真正在生活这条河中游的人根本无法知晓这样的细节。这种精微处透着本质的写作，是写作者写作的真正源头，这个源头一定是生活。所以，我们在平日的写作中，不能自作聪明去杜撰一些细节，想要走这样的一条捷径获得阅读者的认可，那结局一定是适得其反。细节就是回到真实的生活中去，阅读者在阅读作品时，可以高兴地说这就是"我"的生活。作品中的细节唤醒了每一位阅读者，与其说是被细节唤醒，不如说是真实生活经验在阅读中的复活。细节本身就具有一定的审美特征，但是细节的力量还是有限的，只有把细节放在一定的语境中，细节才会像泡发的木耳，短时间内由干枯变为鲜活。《偷瓜记》中叙述的线条是单一的，初看也只是记叙一件趣事而已，但是掰瓜蔓这个细节如酵母入面，我们可以惊喜地发现，原来略呈"固态"的事情变得充盈、丰富，有了嚼劲。这样的细节是无法被设计的，它与精湛的写作技巧、丰厚的理论水准毫无关系，它就是热气腾腾的，来自真实生活，不需要参与故事内容的建构，因为其本身就是一种塑造。

文字的表述可以是单薄的，但是文字在细节的作用下会从单一的形体变得更加深邃、悠远。写作者通过细节把现实生活中自己对外部世界的感觉融入文字之中，并且利用这样一个凝结为形象的细节来走入阅读者的生活经验和精神世界中去。写作一定不是一种虚空的游戏，哪怕是科幻类的作品也会存在写作者亲身经历和真实生活的影子，作品中的细节也就是写作者对生活印记一次温暖的记忆。作品中的很多细节并不是为了表现生活的精微和深邃，而是充当阀门的作用，阅读者可以通过这个细节打开过往的生活，进而去思考和审视。《偷瓜记》中掰瓜蔓的细节并不是一个凝固的"点"，不是纯粹的为了叙事的需求而存在，因为这个细节本身就具备一定的内涵和扩张度，在阅读者的面前会慢慢氤氲升起，散射开来。这也是真实的生活支撑了细节，并且让细节这个窗口把户外的心灵之光引进。

荣格说过，最微不足道但有意义的事物，比最伟大但无意义的事物更有价值。每一个细节都是照射我们的铜镜，不但照出我们的容貌，还深及我们的灵魂。细节也有浓淡之分，浓则少、淡则广，有时浓是淡的山水点缀，有时淡是浓的江河背景。细节的"大"与"小"是值得思考的，多年的写作教学已在教师和学生的内心种下粗壮的"大"字：大人物、大格局、大情怀、大细节……这样的细节与主题只会让阅读者产生压迫感和沉重感。有人说，细节是真实的，为什么不能感染阅读者，不能让阅读者有种怦然心动的感受？世界上最长久，最能让人长时间记得的往往是那些细碎而不起眼的物件。细节是一部作品的生命本质，是作品价值的集中体现点，写作中切勿因为"大"而忽略了"小"，因为"小"才会让我们带着温情永远记住。

完整的事件或许在记忆的长河中已无法找到其清晰的面容，有的只剩下一个框架，但能精准描述出来的事件都是有一定的细节支撑的，因为记住了细节，所以事件也会在平日的言语和回忆中苏醒、还原。2013年，浙江的金戈老师陪同我去江西南昌参加一个语文活动，到达当日我们就来到赣江边，秋日的江边西风瑟瑟，虽有阳光飘洒，但江滩上的行人很少。此时正是枯水期，很多巨大的石头都裸露在江滩上，我们一行几人边走边聊，迎面走来一位彪形大汉，不知是出于什么动机，他在我们面前搬起一块巨石向前走了一步，然后放下，用睥睨一切的眼光看着我们。那年的我，还算有两把蛮力，走过去也把巨石搬起来，走了三步，看都不看的离开，只留下那个大汉在江边呆望。回到宾馆，金戈老师一直开心地反复说着同一句话："你今天镇住那个人了！"这件事时隔多年，如果不提起，我自己都已经忘掉了，但是金戈老师经常提起，为什么会这样？如果南昌之行算是一篇文章，那我搬石头的事就是文章中的细节，这样的细节会永远留在当事人的心中。虽说是生活中的小事，但一个小小的细节却撬动了所有的回忆，因为细节的存在，无论是生活还是作品本身就已经具备了被"历史性"记住的条件。

"日光之下并无新事"，显性的细节并不是我们通俗意义上的所指，好像能够通过阅读者的眼睛就可以在文章中看得见、瞧得明白，这样才是显性的细节，其实不然。写作是一种主体实践，作品无论是形式结构还是价值结构都是由多元、多维构成，作为文本不但具有审美及思想价值，还有其丰厚的情感价值、文艺价值等。汪曾祺也认为："情节可以虚构，细节则只有从生活中来，细节是虚构不出来的。"没有鲜活的生活经验就无法谈及细节，细节是情节的证明，是情节诞生的先决条件。我们对日常生活进行叙述的时候，多数情况下，真实的生活不会有太多的波澜，那我们靠什么来传递自己的思想、情感呢？这就需要大量的细节，因为细节是作品重要的元素，细节就像文章的肌理。一篇饱满、充盈着生命力的文章一定是有若干细节参与的。

第六章
回忆诉说着你的童年

德国画家安瑟基弗曾说:"我不是要怀旧,我只是记得。"多好!"记得"一词看似是如此的简单,但是其背后蕴藏着的却是一个民族、一个人的精神力量。如果只是简单的记忆,记住的不过是过去那些人和事,但缺乏的是一种真实的、个人的精神和思想深度,即使写下来,最终也会在时间的冲刷下慢慢淡去。所以,我们在烟波浩渺的文学作品中总会惊奇地发现,这些作品描写的内容中,涉及"记忆"的事例和人物所占的比重特别大,无论是公共记忆还是个人记忆。

个人或者群体都喜欢回望过去,因为那里有自己的历史,也有曾经生活的痕迹,有着太多的故事,这故事里有甜蜜、心酸、迷惘……所以写作者大多喜欢把这一切呈现出来。

即便是应试写作,写作者也要思考自己需要写什么、该怎么写诸如此类的问题。写作是自由的,无论是选择的素材还是写作的形式都可以遵循自己的内心。但现实有时给予每一个人的截面是不一样的,因为客观原因的存在,有些写作者的生活经验像大海般辽阔,也有的写作者一直局限在某一个点上。看看中外文学史上一批著名的作家,他们当中有的人生活经历的确丰富,无论是交往之人还是行走之地;但也有的人生活阅历十分贫乏,如我们熟知的卡夫卡、狄金森等,可这一切并不影响伟大的作品的诞生。所以,写作最重要的因素并不是写作者的丰富阅历,那么最关键的是什么呢?

犹太裔作家梅勒在一次访谈中说,文学中最好的训练方式是要有一段不愉快的童年。思量过后,我觉得这句话虽然有些偏执或者说有哗众取宠的意思,但是细品还是很有道理的。优秀的写作者与平庸的写作者之间相差的可能就是一段记忆,那些让人刻骨铭心的经历组成了我们相对完整的人生。我们的记忆并不是时时刻刻都在积累一些客观存在的人和事,因为作为个体的人来说,有个性的差异和区别。我们每一个生活在大地上的人,都会选择特定的时刻或者特别的人和事来填充我们的记忆,我们能记住那些自认为很重要的、有意义的人和事,这些人和事会在岁月的长河中慢慢积淀,并且潜移默化地来塑造我们的精神品格。公众记住的可能是一段历史,纵横跌宕、波诡云谲是公众的集体记忆,而作为个体的人,只要有气韵鲜活的独有记忆就够了。作为人类一种特别的精神活动,回忆是众多写作者甚为关注的目标。从哲学的层面上看,回忆不是永远不变的,而是随着时间、环境还有记忆拥有者自身观念的变化,显现出丰富的可塑性,既而,写作者笔下的作品也会变得缤纷多彩。

记忆是一种很怪异的行为,写作者在向阅读者诉说自己的记忆时,有时静思后发现,自己的诉说和真实的记忆有一些差异。当然,这种差异不是写作者刻意为之,也不是为了欺骗阅读者,因为记忆从幽暗的"远方"走来时,已经在写作者内心的催化下,慢慢趋于善和美,趋向有利于自己的境地。还有,记忆有时会在人为的情况下,让一切的不美好向美好靠拢,把生活放在时间的长河中,用情感的滤镜来美化它们——这也是一种修复。写作的伟大之处就在于让作品带领每一位阅读者回到写作者笔下的生活场景中去,重访写作者过往的生活,找到那个被尘封的世界。这样写出来的作品在表达的层面上才具有感染力，成为阅读者内心世界萌芽的土壤。记忆就像有生命力的物件，自身也在不断地修复和成长。这个世界上绝不会有纯粹无杂质的记忆，生活一落地，就已经沾染上尘世的气息，外加写作者的现实境况和自身的价值判断，还有写作主体的参与，就像酵母放入面粉之中，只要有足够的时间和温度，就会有变异和重组。当写作主体面对记忆时，他的思维和笔触就会顺着这些已经"变异"的记忆一起重述，对那些遮蔽的记忆进行重新发掘，对曾经的一切以及个体的生命有一个完整的表达，使自己的精神得以解放，其结果也是在一定程度上指向未来，点亮阅读者的人生。

　　曾经读过诗人庞培的散文《冬至》，清晰地记得文章中有这样一处叙述，这是诗人对自己曾经的生活一次美妙、深情的回望。在这篇文章中，作为阅读者的我也能读到自己当年的生活痕迹，相信只要有过诗人笔下生活的阅读者都能产生共鸣，但是在"共情"之后，嘴角不由得会挂起一丝苦笑，那时的生活哪里是诗人笔下的描述啊！至少，那一时、那一刻是漫长的苦涩，但为什么写作者还会这样去叙述，阅读者读后也能产生共鸣，今天读来，竟然充满着温馨和美丽？这里就是写作者和阅读者共同对往事和记忆的一种修复的心理作用，这样的修复不是刻意而为，而是在一种无心的、自然而然的状态下完成的。因为这段生活给予了我们太多的回忆，是人生起始时一种生命的拔节，它们深深地镌刻在我们的生命的年轮上，是我们精神成长的盐粒。

　　　　有些弄堂是甜的，给人一种甜丝丝的感觉，像是砌给戏里唱的那些人住的。靠河边的弄堂，树多，人家也多。围墙一段一段，并不整齐。有些地方搭出来的篱笆，夏天开满牵牛花。

透过篱笆看得见井台，人家的天井。那里的人家仿佛一个夏天全住在露天里，住在一棵高大挺直的梧桐树底。风吹来，这样的弄堂香甜香甜的，到了每年的春天，人家门洞和台阶旁边陡然开出油菜花，沿围墙种了些蚕豆，一路走，一路蜜蜂绕着人飞。

有些弄堂是苦的，式样森严，光线微微发苦。因为弄深墙陡，大白天看起来也有些阴暗，弄堂底像是电影里放的那种拴铁链子的水牢。

味道发咸的弄堂，就是酿造厂旁边的印家弄以及靠河的码头，厂里渗出来大量的酱油汁、盐霜，还有做酱菜的五香粉味道。围墙闻上去芬芳扑鼻，只不过香味过后，很快感觉到嘴巴里发咸发苦。

有几处弄堂，小学之前根本不敢走的，白天一个人经过附近弄堂口，敢停下来听听里面的声音，已经冒了很大的风险。感觉别的地方天都亮了，这几处旧弄堂，里面还是黑的，像坟墓一样静。想想（试着）往里跑几步，就浑身发僵。

弄堂有又高又陡的石头做的门洞。门洞因年久失修，现出一种一半颓圮、快要坍塌的样子，里面的地下阴沟特别深。门楣上描了几个古代的汉字。连那些字也显得怪异恐怖，像快被活埋的人，土已埋到颈梗的一半。

弄壁上，石头砌的门洞缝隙里，到处长出来藤蔓荒草，可能还有鸟窠。事实上，一直到上四年级，天黑以后一个人敢走出贡家桥头，走过小桥头大弄口的小孩，我们中间也寥寥无几。古老的县城，有些弄堂的围墙，实际上就是十几年前挖掉或坍塌的古城墙的一部分。一个人家的后院天井，可能就是元代土城墙，那古老墙垣的龇牙咧嘴、久已湮没了的墙基。

庞培和我都是在江边长大的人，所以我很容易就能够在他的文字中找出自己生活的影子，读他的文字就如同对着一面镜子，镜中的一切是那样的熟悉，每次读完都有一种莫名的激动。我在想这既是情感上的认同，也是作者文章具有的召唤力，特别是一些细节更能够迅速聚焦阅读者的情感体验，从而产生共鸣。"感觉别的地方天都亮了，这几处旧弄堂，里面还是黑的，像坟墓一样静。想想（试着）往里跑几步，就浑身发僵。"读到这一处的描写，忽然让我想起自己小时候夏夜一个人从村前去村后时的体验，特别是"僵"字带来的瞬间石化的感受。那时，家后面有一间小屋，里面有时住上一个老太婆，但不知道多久后老太婆不在了，就有一个老头住进来了（后来才知道这间屋是村里专门给孤寡老人住的）。所以，每当天黑甚至傍晚天还微亮时，我就不敢从小屋旁走了。有一次，我晚上一个人不知道怎么就从屋子边上路过去村后，无意中回头时，发现小屋狭窄的窗户上竟然有一张人脸。那一刻，我吓得双腿都迈不开了，惊醒后拼命跑走。可这段记忆现在并不让我害怕，甚至有点温暖的感觉，这样的记忆定格在童年，但同时也永远定格在心中。这里，我想自己和作者一样，记忆在时间的冲刷下，已经慢慢被我们的情感所修复，变成我们自己愿意看到的样子，从而这一切将会永恒下去，温暖我们的一生。

当然，写作时，面对记忆我们要理性地判断、清醒地审视、自觉地升华，因为这样的记忆进入写作后才能真正转换为自己的作品，而不是随意的无节制的去写。我们经常说，厨师在选择食材时，需要天然、绿色的原料，可也不能选一些不可食用的东西来充作食材。

写作也是这样，写作者本人的生活，还有其他人点滴的生活，都会形成各种不同的记忆，来冲击写作者的写作选择。选什么？剔除哪些？这都是写作者在写作伊始需要思考的。所以，面对往事，回首童年，写作者必须关注回忆性写作的两个层面：写作的个体性和经验性。

这里必须阐明一个观点，我们对任何一个观念或者说概念进行定义的时候，都不能够偏离它的本质属性，也就是说不可以脱离它的基本意义。如果需要界定的形象易懂，那也只能添加其引申义和转换义，否则对于概念的定义只会是游离无根的。

个体性写作

个体性写作，也就是我们经常所说的"私人化"写作。个体性写作就是拒绝盲目从众，回归冷静的思考，这是个体性写作最大的本质特征。个体性写作关注的是写作者当下的思考和对身边事物的审视，是写作者面对现实时最直接的经验，一般叙述的主体都是"我"。当然，个体性写作有时看似纯属自我想象的低语，可细细读来就会发现，每一位写作者都有自己独立的写作渠道。在他们的写作思维中没有集体意识，个体的写作是至关重要的，所有宏观的、公共性的话语和素材统统退场。写作是一种美学化的精神回忆，当文字落在纸上时，记忆就已经发生，这样的记忆不只是物理上的"想起"，更是一种诗意的"重生"。写作者有时并不是纯粹的关注个体记忆的独特性，其目的是要通过这种独特性，与过去进行对话，与公共记忆进行深度建构，从而打通审美通道，完成审美活动。在这些写作者的作品中无法找到他们共同的生活经验，这样的现象客观地反映出一个问题，那就是写作者已经有了一个多维度的思考空间。写作者与阅读者之间互存一种对话、交流的契约精神，每一位写作者都想打开自己的精神空间，试探着走进每一位阅读者。写作者在内心既渴望具有独立、创造性的"言说"和叙事视角，也技术性地设置了作品的阅读密码。诚然，个体性写作不是隐秘的个人化，而是指呈现的作品带有强烈的个性化色彩，无论是语言还是写作结构，或者说是素材，都已经深深地打上了个人的烙印。如沈从文的湘西世界、莫言的高密东北乡、李娟的阿勒泰草原等。我们在读这些写作者的文章时，那种浓郁的个体性风格扑面而来，给我们的感受特别强烈。个体性写作不是真空里的私人化写作，这样的写作形式必须立足现实、规则、人生，所以个体性写作也不是绝对自我，也有广阔而深刻的作品质感。我们读李娟的阿勒泰，我们触碰到的不但是草原迤逦的风光，重要的是那些粗线条、立体的人物、事件。个体性写作有着厚重的情感积淀，那些记忆会随着写作者的回望慢慢复苏，写作者借助文字在熟悉的记忆里寻找存在的意义，可以说写作者回忆往事时，就是对过去的一种审美，写作者就是审美主体，而反映在笔下的就是镜像体验。

新疆作家刘亮程在《剩下的事情》中这样写道：

早晨天刚亮我便爬起来，看见那个黑影又长大了一些。再看麦垛，似乎一夜间矮了许多。我有点担心，扛着锨小心翼翼地走过去，穿过麦地走了一阵，才看清楚，是一棵树。一棵枯死的老树突然长出许多枝条和叶子。我围着树转了一圈。许多叶子是昨晚才长出来的，我能感觉到它的枝枝叶叶还在长，而且会长得更加蓬蓬勃勃。我想这棵老树的某一条根，一定扎到了土地深处的一个旺水层。

能让一棵树长得粗壮兴旺的地方,也一定会让一个人活得像模像样。往回走时,我暗暗记住了这个地方。那时,我刚刚开始模糊地意识到,我已经放任自己像植物一样去随意生长。我的胳膊太细,腿也不粗,胆子也不大,需要长的东西很多。多少年来我似乎忘记了生长。

随着剩下的活儿一点一点地干完,莫名的空虚感开始笼罩草棚。活儿干完了,镰刀和铁锨扔到一边。孤单成了一件事情。寂寞和恐惧成了一件大事情。

我第一次感到自己是一个,而它们——成群地、连片地、成堆地对着我。我的群落在几十里外的太平渠村里。此时此刻,我的村民帮不了我,朋友和亲人帮不了我。

我的寂寞和恐惧是从村里带来的。

每个人最后都是独自面对剩下的寂寞和恐惧,无论在人群中还是在荒野上。那是他一个人的。

就像一粒虫、一棵草在它浩荡的群落中孤单地面对自己的那份欢乐和痛苦。其他的虫、草不知道。

一棵树枯死了,提前进入了比生更漫长的无花无叶的枯木期。其他的树还活着,枝繁叶茂。阳光照在绿叶上,也照在一棵枯树上。我们看不见一棵枯树在阳光中生长着什么,它埋在地下深处的根在向什么地方延伸。死亡以后的事情,我们不知道。

一个人死了,我们把它搁过去——埋掉。

我们在坟墓旁边往下活。活着活着,就会觉得不对劲:这条路是谁留下的。那件事谁做过了。这句话谁说过。那个女人谁爱过……

　　我在村中生活了几十年，什么事都经历过了，再待下去，也不会有啥新鲜事。剩下的几十年，我想在花草中度过，在虫鸟水土中度过。我不知道这样行不行，或许村里人会把我喊回去，让我娶个女人生养孩子。让我翻地，种下一年的麦子。他们不会让我闲下去，他们必做的事情，也必然是我的事情。他们不会知道，在我心中，这些事情早就结束了。

　　如果我还有什么剩下要做的事情，那就是一棵草的事情，一粒虫的事情，一片云的事情。

　　我在野地上还有十几天时间，也可能更长。我正好远离村人，做点自己的事情。

　　刘亮程在新疆那个贫瘠的黄沙梁小村庄里雕琢自己的文字世界。一个写作者，也许只有在最熟悉的场景、最熟悉的环境里，才能写出最伟大的作品来。这篇文章中，有着众多的乡村意象组合，这些组合完成了写作者一次精神上的回乡。贫瘠的小村庄是他精神上的一个依靠和承载，记忆放在这样一个环境里才有其存在的意义和写作价值。如果没有精神的依托，写作者的记忆里没有这些生活和思考，其笔下的文字也不会打动我们，让所有的阅读者产生共鸣。这是个体性写作的重要形式，个体性写作虽说是私人化写作，但是这种独特的审美情趣为我们打开了一扇门，我们在写作者的精神世界返乡，在他们的记忆里完成自己精神的皈依，这就是当下众多写作者愿意并十分踊跃前往的写作领域。写作者经历过的一些生活片段，经过艺术加工之后呈现给阅读者，不是简单的诉说和袒露。写作者通过这些朴素旷远的文字，并携带着深刻的哲学意味，慢慢地从个体的记忆深处走出，改变着自己，也影响着所有的阅读者，这或许就是个体性写作受到众多阅读者青睐的原因。

当下，我们的写作，特别是学校的写作教学更多的是"归类"与"求同"，这是一个特别危险的信号。我们的写作如果不能回到个体的感受，寻找个体自身的独属的体验，写出来的作品只会变成千篇一律的文字"僵尸"。所以，当务之急是建立个人的审美、体悟坐标，写作不是为手持指挥棒的中高考命题者服务，也不是为大众的狂欢服务，写作是多维的，不是为了自由单一的目标、内容和审美导向而刻意重叠组合。

这几年，写作教学看似一直在变革创新，但基本还是新瓶装旧酒，本质上没有改变。写作教育者也一直在反思，虽然现在的写作教学和之前比起来有了一些内容上的变化，但这些写作创新的意识形态与之前还是一致的，只是简单的装换一些内容，基本上还是在一个平面上滑行。写作到底归向何处？我们都在探讨和思考，我们向一些优秀的作品学习，向伟大的写作者学习。美国作家温迪·雷瑟在《我为何阅读》中写道："然而，只有最初的刺激和只言片语的传闻是远远不够的。他必须反复地思考、梳理、修补和把玩它，直到所掌握的东西成为他所需要的为止。这些素材经过加工，就如自我将其本质施加到了它所面对的未经任何修饰的事件上。"写作者在面对一些素材时，不是简单罗列和记下，而是需要自身加工和完善，这就把记忆从往事的长河中打捞了出来。

同样，那些与我们一同成长的人，即使是生活在同一屋檐下的兄弟姐妹，大家对发生在身边相同的事，也有着自己的判断和选择，最终各自记住自己需要的一切。有时，我们也会根据的自己的思考和想象，让这些事和人不断丰满起来，来支撑我们的记忆。回到写作层面上来，写作者回望过去，翻寻记忆，笔下漂浮着那些偶然的或者有意留下的事件。我们不能说哪一个是真正属于自己的，哪一个是无意中跳出来的，所有的一切，只要能出现在自己的记忆中，就是一种必然。一个写作者书写到最后，一定是回到自己的童年，或许这就是记忆对现实的一种补充。

作家黄海曾经这样说过："一个作家靠记忆和经验写作是不可靠的。我想记忆是想把消失的经验挽救回来。记忆是一个不断被遗忘又重新被篡改的过程。记忆也是不可靠的，历史从这个角度来讲是没有意义的，它只是作家的心灵史，并不具备普遍的参考价值。"既然记忆不可靠，那纵横在我们笔下的过往生活是什么呢？生活这辆快车让我们无法时时刻刻都去观察和记住身边的一切，更不要说细致入微地去铭记。因为虚幻中总觉得前方有什么需要我们去做，所以更多的时候我们一直游走在事物的表面。只有写作可以带着一种功利性的"强迫"让我们重新梳理那些记忆，让我们学会仔细地观察、思考。写作者可以通过一种细微的观察方式去审视那些浮现在生活表面的人和事，我们的确需要真实的再现，但是我们也需要将这些生活中的人和事进行美化，但绝不是篡改真实的生活，而是以一种阅读者可以接受的方式，在庞杂的生活中找寻可以温暖我们的点滴。对于写作者来说，所要做的就是回忆起那个曾经的世界，并且赋予这个世界足够的活力和希冀，让那些过往的人和事活灵活现起来，并且能够跃然纸上。

写作不是重新开始一段生活，而是开拓过往的生活，重温那些美好的人和事。个体性写作更多的是一种写作方式的独特性，而不是内容上的私人化。所以，个体性写作侧重于写作的艺术形式，关注形式固然重要，但是一味地沉溺于形式中，而忘记了写作的本意，这样的写作就是一种错误。纵观当下的写作状况，无论是文学性的写作还是中高考学生的写作，有一部分人已经完全沉迷于形式之中，追求技巧。这让我想起古希腊神话中的纳西瑟斯，有一天纳西瑟斯在水中看到自己的倒影，就被自己的影子深深迷住而无法自拔，不愿离去，最后跃入水中而亡。写作者如果纯粹追求形式，最终就会像纳西瑟斯一样走向"死亡"，所以个体性写作必须在经验内容的观照下，追求形式上的新奇、独特。

林白在《一个人的战争》中这样说："对我来说，个人化写作建立在个人体验与个人记忆的基础上，通过个人化的写作将包括被集体叙事视为禁忌的个人性经历从受到压抑的记忆中释放出来。"我们注意到林白这句话中的几个关键词："个人经验""集体叙事""释放"。这一句话完全可以作为个体性写作的宣言。那作为一名写作者，向他人展示自己过往的岁月和人生经验需要一种什么样的形式来做载体，又该如何向阅读者传递个体思考和自己不一样的感受呢？

首先，构建独特的审美视角，传递给每一位阅读者。

个性色彩应该在文章什么地方体现？个体性写作关注的是写作者内心，是为自己在苍穹中打开一扇隐秘的窗，里面投射出来的光亮也许是温暖的，也许是凄清的。写作者的写作动机在潜意识里是矛盾的，既想隐秘低吟出自己的"秘密"，又想让大众通晓自己的一切。所以，个体性写作在语言上或者说写作形式上有了写作者自设的"密码"。阅读者在初次阅读文章时往往会进入阅读的"失语"状态，这是写作者喜欢看到的，也是个体性写作的特征。写作回忆性的文章，使用常态的表现方式，虽说文章是写作者自己的个体所为，但是从宏观上看，还是属于"大众"写作，无论是素材的选择还是手法的运用都在这样的范畴中，并不能完全地体现出个体性写作，也无法表现"私属性"。当下，学生的写作更多的也是如此，面对一个标题或者一种写作"指令"，几乎所有的学生瞬间抛弃了"个体性"，写出来的文章千篇一律，内容、构思、手法如出一辙。即使是在考场这样相对封闭的环境中，大家没有讨论，也不存在交流，为什么会出现这样雷同的文章？所以，个体性写作相对"大众"来说是一种清风，它颠覆了"大众"写作的意识，不再被一些套路似的话语羁绊，好似出笼之鹄一飞冲天，即使姿势不等，飞行的方向也不一定相同，但却成就了一种别样的美，这样的写作才是回归本真。个体性写作独立于共性之外，写作者的文章同质化趋势将会大大减少，更多的表现是真实的自我。只有与众不同的审美视角才能带来写作的艺术性。个体性写作拂去了当下被指令式写作所遮蔽的真实往事上的尘埃，它祛除了一切形式上的浮夸，是一种"人"的写作，对深陷同质化写作泥沼中的写作者进行了一次彻底的洗涤，还原了写作的真实面貌。我相信不久的将来，个体性写作一定会成为一种新的写作美学评判标准。

对个体性写作的理解，有些阅读者有失偏颇，甚至有一种误解。他们狭隘地认为，个体性写作就是故弄玄虚，文风奇异，语言奇崛拗口，手法怪诞……这样的观点明显是不了解个体性写作，曲解了个体性写作的本质特征。其实一大批个体性写作的作品文风端庄，语言朴素，作品中的人物和事件也是我们日常中的那些"熟悉"的一切。

如何形成自己写作的个体性？主要是做好以下两点：

一是写作者内心苏醒后的自我意识张扬。

往事悠悠，当我们回首之时，那些翻腾而来的记忆往往能够唤醒我们对当下世界的一种新的发现，很多看似无关的事物就像分子聚合一样慢慢合拢，从而形成感官上新的发现。诚然，写作者可以从回忆中打捞自己的个体体验，从独特的心理图式出发，跨越自己意识中的思维障碍，过去生活中那些存在于身旁的万物会顺着记忆的小径缓缓走来。写作者童年时影响最深的事物并没有随着时间的消失而荡然无存，这一切还渗透在写作者的血液里，这些事物的形体和气息也将伴随写作者终身。写作者在人生行走的旅途中觉得自己是那些消失的万物中的一分子，这就是个性的张扬，是内心经过记忆触碰产生的结果。

写作者关注的是自身的真实诉求，用个性化的表达方式向阅读者倾诉自己的内心以及曾经的经验性世界，并踊跃地用新的审美视角去观照万物，此时流淌在写作者笔下的文字才是他们在最真实的思考后表现出来的。个体性写作是对固有的指令性写作的一种"反叛"，这种"反叛"十分彻底决绝，一点也不拖泥带水，不但是形式上的变化，更是生命深处的萌发。

个体性写作让写作者的自我意识从禁锢的写作桎梏中慢慢苏醒，呈现在阅读者面前的是一种"人性"的张扬。这样的文章可能在写作技巧上不成熟，但是却给了阅读者极大的视觉冲击及读后酣畅淋漓的愉悦感。每个人都有自己的往事，甚至有些人的往事都有着相同的运行轨迹，能撬开阅读者的心灵的不是整齐划一的宿构文章，更不是机械地重复过去。回忆性写作不是个人的"自传"，是为所有阅读者打开另一个世界的门。

写作者在文章中展示着他的喜怒哀乐，间或有着自己独特的动作、情感，还有从心灵深处发出的呼唤，所以阅读者面对作品时，不知不觉间就"入境"了。阅读者不再是旁观者，而是与写作者一起呼吸、共情。事实上，从某种意义上说，阅读者或许是处在一种悬空的状态之中，如果没有共情，阅读也是一种搁置，只会成为纯粹的情感载体。这绝不是阅读者愿意看到的，写作者和阅读者可能在思考上有着千差万别，但是面对作品时有着一个共同的愿望：一起沉浸在往事之中，身处梦境般的真实世界里。写作者可以通过写作再次发现过去的自己，也就是我们所说的自我意识苏醒。那些已经被抛弃在尘埃中的往事，会随着写作慢慢从浓雾中走出来，清晰地再次站立在自己的面前，随之而来的就是情感的浪潮或温和或激烈地拍打自己的思绪。同样，阅读者也可以在这些作品中找回自己和过去的千丝万缕的联系，不但可以沉湎于阅读的新鲜感之中，也能够寻回遗漏在往事中的自己。

个体性写作可以强化阅读者的感受，即使写作者笔下的文字看似是疏离而陌生的，但阅读者仍能听见过往的一切发出的响彻深夜的声响。个体性写作就是静静地镶嵌在墙体上的一面镜子，阅读者可以注视这里映照的一切，写作者也能反思自己的过去。写作者笔下的人或事有时能够牵扯其他人的体验，双方的故事会交织在一起，形成故事群，大家在故事群里解读对方，反省自我。

二是对传统和权威写作的颠覆。

"颠覆"这个词过于刺眼，出现在这里，像个没长大的孩子般任性。但这里所说的颠覆不是完全对传统写作的否定，而是从生命真实和灵魂深处探寻生活的本源意义。个体性写作中，写作者带来的作品以一种不和谐的写作形式强烈地冲击着阅读者的感官，刺激着传统写作固有的美学品格，主要体现在主题、结构、风格和语言上。

阅读者已有的阅读习惯已经接受了传统的叙述模式。传统的写作在叙事时注重故事情节的完整性、时间的一致性、逻辑的关联性，阅读者在阅读过程中有时可以直接从文章伊始就能猜到结尾。这样的阅读给阅读者带来的不是阅读的喜悦，更多的是审美上的倦怠感。传统和权威写作与个体性写作作为两种不同的写作形式并存于阅读者的视野中，二者互为融洽，又互相影响。

传统写作笼罩在写作者以及阅读者头顶的要义主要有以下几点。首先是主题先行。写作教学者总是强调要有一个光辉的主题来牵引写作这辆车，但是这样的写作稍不留意就会掉进标签化、脸谱化、概念化的泥沼，因而主题先行的做法极大地伤害了写作的严肃性和艺术性。人都喜欢待在舒适区，写作也如此。个体性写作无论是叙事方式还是情节构建都极大地冲击着阅读者的心理期待，因而个体性写作带来的是另一种艺术形式，这样的形式同时也吸引了一批阅读上的拥趸，他们用自己的方式崇敬个体性写作，并让这样的一种艺术形式慢慢渗透到自身的生活中去。其次是僵化的叙事步骤，也就是写作教学者经常挂在嘴边的"先写什么，后写什么"的指导性话语。个体性写作是让阅读者和自己一起跳出沿袭的樊笼，从双方的内心感受出发，走一条靠自己双脚踏出的小径。只有这样体验才会真实，个体性的写作才会让阅读者在不同的时空拥有不一样的阅读感受。虽然通过套路以及宿构的写作可以快速完成一篇文章，但是这样的做法无疑是饮鸩止渴，最后会弱化写作者的写作意识，也固化阅读者的思考和审美趣味，所以我们不推崇权威的写作，不盲目跟从这样的写作形态。

个体性写作的核心是对传统的叙事模式的颠覆，写作者会让多种叙事层面交替出现，不再沿袭过去的写作的几个因素，文章的开头、经过、高潮、结尾也不再是单一层面的孤立出现，而是以一种立体综合的形态出现在文章中。传统的叙事模式喜欢勾连全文，文章的前后形成一种关联，这样的结构看似很符合当今大众的阅读审美，但是却消淡了阅读者的阅读欣喜感、期待感。个体性写作常见写作方式是多点散射式叙事，文章的情节和语言没有明显的外在逻辑关系，比如对一件事的叙述，并不按照常规的叙事方式进行，无固定的开端和结局，甚至结局在不同的阅读者面前也会呈现出不一样的状态，给阅读者的感觉是结构重复，甚至累赘，完全有悖于传统的文章形态，但这一切只是一种假象。对于当下的阅读者来说，还是喜欢选择有思维含量，能够挑战自己的作品来阅读，个体性写作颠覆了传统和权威写作在他们心中的地位，换来的是自由的书写，这样的书写属于真诚，属于生命。

下面我们来看看一篇学生的极具颠覆特征的个体性习作《新闻联播》：

大家好！欢迎收看《新闻联播》，今天是农历猴年马月狗日，星期八，下面请看内容提要：

1. 今天下午，植物联合国首脑——桉树主席在植物大会上会见了鳗鱼总理，表达了植物界对工业区鱼类无故死亡的深切哀悼，并致追悼词。

2. 今天，家住臭水沟旁的螃蟹夫妇产下了一只蓝色斑点的蟹婴。同日，家住某采矿点的野猪小Z突发异症，疯癫扎入了废水池中，不幸身亡。

3. 今天凌晨六点，森林派出所的黑猫警长在某厂区附近发现一具鼠尸，经法医鉴定，属于中毒性死亡，可能因为吸入某种有毒化学气体致死，目前，死因仍在进一步调查中。

4. 由于某海区海面上长期浮游着棕色的泡沫状物质，日前，最后一批需要搬迁的渔民已经得到了妥善的安置。下一步，他们决定动身前往南极，投奔那儿的亲戚。

....

（回到演播厅）

Host 虫 A：今天，第十三届昆虫劳动模范大赛落下帷幕，身染重病、奄奄一息的蚯蚓 X 获得此项殊荣。蚯蚓 X 是某某市区垃圾填埋场的工作人员，工作一直勤勤恳恳，任劳任怨。自打垃圾处理场来了一批不速之客——塑料、金属、玻璃后，X 就不得不常常工作得遍体鳞伤。下面我们接通在 X 身边的外景记者 Host 虫 B 的连线。

外景记者 Host 虫 B：观众朋友大家好！现在我所在的是国际附属昆虫医院，躺在我身边病床上的，就是刚刚荣获第十三届昆虫劳模称号的蚯蚓 X。X，请你发表一下你对塑料、金属、和玻璃的看法。

蚯蚓 X（双目瞪大）：啊——，塑……料！金属！玻璃！（气喘吁吁）

Host 虫 B：由于 X 长期受到塑料、金属以及玻璃的迫害，导致神经衰弱，有关部门已向最高人民法院提起诉讼，但因为塑料等的行为受他人操控，故法律认定不承担民事责任。这是前方记者 Host 虫 B 发回的报道。

（镜头切回直播现场）

Host 虫 A：欢迎回来！对于 X 的遭遇我们深表同情（沉默半晌）。现在，请导播把镜头转给我的搭档 Host 虫 C，我们一起来看看明天的天气。

Host 虫 C：各位观众，大家好！这里是"虫虫侃天气"，我是主持人 Host 虫 C，下面我们来看看明天的天气情况：

明天华北东部与华南北部都会出现酸雨天气,请各位出门时记得带伞;华中地区明天白天最高温度 40℃,最低温度 29℃～31℃,预计未来 24 小时将会出现超级浓烟天气,为了您的身体健康,请随身携带口罩。再来看看废弃园的天气状况,明天,废弃园晴转多云,沿海水面臭味指数五星半。好,以上就是明天的天气情况,我是 Host 虫 C,Bye-bye!

(镜头再次切回直播现场)

Host 虫 A:今天的《新闻联播》播送完了,感谢收看,再见!

(音乐响,字幕出,Host 虫 A 整理新闻讲稿词)

这篇习作不但从形式上颠覆了传统意义上的学生写作,最主要的是写作者用新异的行文方式表达了对当下生态状况的忧虑,对人类破坏生态的行径的谴责。但是语言却很嬉皮,让人在轻松的阅读状态下中感受到一种沉重,用碎片化的"镜头"散点投射式表现出来,特别是借用了《新闻联播》这样正统的媒介形式来反映自己的思考。

这篇文章的结构并不是传统写作的线性形式,结构间既有表面的相连,也有深层的重叠,正是这样与传统不一样的结构增加了文章的冲击力。文章除了给阅读者常态下的感受外,更多的是流淌在文字底下的力量感,这是个体性写作与传统写作相迥异之处。也因为这样的差异,写作者对过往的回忆才具有写作的艺术价值,回忆性写作才会因为写作者个体的不一而带来阅读的多样性。

其次,建构写作者与世界的关系,把自我映象反射在生活之中。个体性写作就是对当下写作状况的一次扶正,因为个体性写作是建立在个人体验与个人记忆的基础上，所以当写作者对过往的生活进行反刍式的记录时，不再是原封不动地再现生活，而是把自己放在精神世界之中，自己过往的一切在当下就是一种折射般的反馈。个体性写作是一种心灵写作，写作者用自己的心灵重新审视走过的路、遇到的人和事，从而反映出对这个世界的再认知和体悟。人不可能孤立地存在于这个世界之中，而一定是活在一定的关系里，这里的关系不是简单的人和人之间的纯粹联结。因为内心世界的广博是无垠的，写作者对过往生活的情感、观察视角、思考路径都不同，所以他们在面对过去，面对那些喜怒哀乐、离愁别恨、内疚伤感的过往，再次拿起笔时，内心的感受会发生偏离，有时是一种彻底的隔绝，这一切都会让写作者有意识地在内心世界与现实世界之间建立起一种独属而特有的关系。

　　写作是一种文学表现，更是一种艺术形式，而过往的生活对于任何人来说都是一种潜在的关系。它们和写作者的关系就是一种镜像关系，既有真实的影像存在于写作者的眼前，也有虚幻的想象和面对面时的不习惯，这种不习惯产生的不但是记忆上的陌生还有感情上的疏离。个体性写作是写作者回望过去时，在自己的内心世界重新构建与过去一切的关系，写作者面对过往的众生相，除了采用直接描摹的写作形式外，还会采用彼此间的一种暗示和隐喻。就如莫言的一些小说，我们习惯性地认为他的作品是魔幻现实主义的产物，可只要细细品悟就会发现，他笔下的人物、风俗、地域都有一定的隐喻性，这种隐喻就是写作者与世界之间建立的一种不可言说、只能意会的关系。有时，写作者虽然是在真实地反刍过去的一切，不夹杂自己的情感倾向，也没有根据个体的审美趣味来改变这一切，但是他会不由自主地把自己的思考以一种隐喻的形式安放在文字里。

阅读者是解码者，位于隐喻的另一端，所以隐喻也是写作者建立自己内心世界与外部世界的一种关系。我们一直强调，写过去的一切，写当下现实，不同于简单的写作呈现，心灵世界和外部世界的关系既有紧密结合的地带，也有互相遥望的领域，两者互融共通。

写作者把往事投放在心灵世界中，不是单一的复述，也不是直接的告知。面对过往一切，写作者有时就像厨师一样，除了手艺的精湛，还要有足够的想象力和创新能力。往事看起来很微小，而世界很庞大，二者是典型的小与大的关系，其实却不然，心灵世界永远大于外部世界，它有足够的空间让写作者腾挪、辗转。比如，写作者笔下的一座村庄，在地理位置上只有一隅，但是这里包含着写作者浓浓的情意，村庄的枯涩就是世界的凛冬，村庄的葱茏就是世界的春天。还比如，写作者笔下的一个渺小的甚至没有名字的人，像一粒尘埃，完全可以忽略不计，但是这个人的身上散发出的文化、精神品格犹如阳光，久久地照在每一位阅读者的心中，或温暖，或痛楚……

为什么个体性写作一定要与外部世界建立一定的关系？我们经常会思考这个问题。现实的世界一定是复杂、含混和多义的，当我们回首过往时，即使我们的记忆力再强大，也很难把那些过往全盘录下。我们有时只能找到生活的一点痕迹，所以，写作者和外部世界加强联系，就是想从这些关系中找到回乡之路。个体性写作不是一个导游一边领着你游玩，一边还不厌其烦地对你讲解，而是和你一起以旁观者的姿态去审视过去，在记忆的仓库中寻觅自己的所需。在和传统的写作进行比较后，写作者会重新确立一种美学视角，既可审视自己，也能审视阅读者。写事情时，写作者不是浮光掠影式的扫过，而是把事情沉淀在一定的时空中，或理性，或感性地剥开，让那些已经被尘封的事情袒露在每位阅读者的眼前，而不是孤傲地甩下一个离去的背影。写人物时，写作者的笔触不会直接去挑开人性的冷暖，也不会像医学院的教授一样，亲自动手解剖给学生们看，写作者只会用文字，以独特的叙述视角来展开人物的内心世界，把笔下的人物建立在外部世界的一定范畴中，让阅读者去揭开人性深层的隐秘，这也是个体性写作在表现个体经验时与传统写作本质上的不同。所有这一切都是建构写作者与世界的关系，把自我映象反射在生活之中。写作者在打开童年记忆时，他的内心世界一定是敏感而纤细的，对待所有马上要呈现在阅读者面前的事情，一定会小心呵护，缓步而出。写作者在写童年经验不是带着过去的人和事向外行走，而是努力地挖掘，把这些经验摆放在一定的关系中，用关系中的规则来诠释过去，文字的形态荒诞也好，奇异也罢，但一定会是鲜活、内省的。女作家徐小斌说过，灵魂可以与世界接轨，任何的非诚意、任何的粉饰与谎言都是脆弱的。可见，个体性写作的源头一定饱含写作者炙热的情感，无论过去的事和人已经离开多久，走了多远，都会慢慢浮出。写作者与世界建立的关系会让每位阅读者惊讶地发现，在过往的事件中竟然还有现实生活的影子。写作者所叙述的自身的内心经验和童年经验并不是个体事件，也不再单单属于写作者自身，它与现实和过去已经建立了一种充满张力、多维的关系。

　　小时候，每到暮春时节，家人总会在集市上买来几只白鹅，在某个清晨或傍晚丢给我。从此，这些鹅就是我的责任，我常常会用一根细竹竿赶着它们去野外的草地上吃食。不觉，夏季就来了，那些被收走的早稻只剩下零星的稻穗遗留在干枯的稻田里，我会把鹅放在田里，自己躲在树荫下做我的清秋大梦。一觉醒来，星辰斗转，日薄西山，我会慢慢地赶着这些鹅向家里走去。所有的日子都是这样有趣而无聊地从身边走过。有一次，鹅吃得太饱，村里的大人们跟我开玩笑说："你家的鹅肯定要全部死了，你看它们的脖子是不是都变粗了？"幼小的我在大人们"友善"的提醒下一看，吓得半死，一路哭，一路赶着白鹅急匆匆地跑回家，向父母诉说鹅要死的事实。其实后来才知道，鹅的脖子上有一个嗉子，鹅在吃满胃后还能继续吃，便将食物贮存到嗉子里，因而脖子看上去变得肿大了。

这样的童年经验如果只是简单地写出来，那也就是一种单纯的叙事，可能就是一个故事而已。这样的故事对于我来说是独特的，因为经验发生在每一个人身上或许一样，但体验却不一样。写作就是要把这些普遍性还原到它的艺术价值上来，然后和外部世界以及心灵世界建立一种内在的关系，形成经验的特殊性。因为现实经验是写作的重点观照处，写作者如果只是常态化的去写作，那过往生活再精彩也会是单薄苍白的。要想让这些往事既有感染力，又有新鲜感，那么一定得是有着独特美学品格的个体性创造，只有这样阅读者才会觉得你的写作中的一些精神向度和审美导向不是外加的，是从你自己身体里生长出来的。个体性写作就是写作者在面对庞杂的往事时，冷静客观地利用艺术形式来呈现过往。所以，个体性写作断然拒绝了传统写作总是纯粹复述往事这样的写作状况，它不是模仿往事，而是找到往事与外部世界气质上的联系，让自己不断获得激情和动力，让本来俨然枯萎的往事再次生发新的生命。

很多写作者在铺开自己的作品时就已经把自己和世界的关系展开了，这一点我个人认为在张锐锋的作品中体现得淋漓尽致。张锐锋善于捕捉过往生活中那些细碎的小事，挖掘出这些事件中所蕴含的特质，这也是他对自身生活经验的敏锐反省和洞察，是他与世界对话的一种方式。张锐锋喜欢把自己对事物的思考安置在这些细碎的小事上，用自己与世界间的关系来展示一个写作者真诚、炙热的内心世界。作为个体性写作，写作者既没有对过往生活外在的极力描述，也没有完全把自己内心的感受彻底宣泄，而是努力在内心和外部世界中找到一个能让两者平衡、互融、和谐的中间地带。这个地带的存在也就是写作者与外部世界关系的构建，是写作者把自己的生活反映在外部世界的一种镜像。下面我们一起来领略下张锐锋的文章《河流的声音》。

一条河流的声音和另一条河流的声音完全不同。它们的声带特点暗示着各自的体积、力、个性。从前，我在家乡的小河旁谛听细小的水声，它的声音是那么轻，几乎像一个人在你的耳边说话，你能感觉到它的鼻息和呵气。它在说些什么呢？好像低等级的生命有着更高的灵性。飘动的野草发出飒飒的回应，蜜蜂在花心的蕊柱上盘旋，在太阳下闪耀着一圈灿烂的光晕，看上去极似微小神龛里的金像停留在空中。从一个草尖到另一个草尖，蝴蝶的翅翼差不多总是擦到叶脉的端点，接受着从河流濡湿的宽阔地面下传来的微弱的电，就像多少年前一个科学家用风筝在积雨云中取电，一种危险的试验在优雅的飞翔中实现。可以看到，那些轻轻的电击不断使它的身躯颤动。

还有更多的微小生命对河流的语言有着深刻领悟。七星瓢虫把夜晚天穹的七星带到了地上，穹顶一样的外壳里包裹、密藏着柔软的翅翼，此刻，它们静静地伏在河边的大石头上，细心地感受着地上一切语言在汇集中产生的小小振动。草虫们几乎是随着微波的节奏跳跃，它们长长的后腿，具备了跳跃天才的所有天赋条件，它们从天而降的重力，使弓形的草叶不停地变形、更加弯曲并展现自己的钢簧般的弹性。一群蚂蚁用大力搬迁自己的家，把一些我们所不知的、也不能理解的生活必需品，搬运到干燥的高地。一切都是这样精美和完备。它们似乎听懂了，知道了水流轻轻喧哗的深义。

春天已经在另一个季节的酝酿中变为废弃的渣滓，夏日的气息越来越浓，洗衣妇们的衣杵开始不断敲打展开于石头上的衣衫。中午到来的火车用庞大的钢铁，将炉膛里的火力转变为浓烟和能量，一连串排列整齐的车轮驰过小河上面的水泥大桥。更重要的是微小力量的积聚，土壤中各种细小的生物和各种野生植物，以及农田里的庄稼，使河流的声音变得宏大，似乎是一滴水的缓慢移动引发了整个世界的共振，一年中的万物繁荣被一点点推向高潮。实际上，就在村庄的另一面，还有另一条河流，它要大得多，宽阔的河床能够将站在两边的人的视线割断。它的声音也自然不同，它发出的是那种大提琴的低音，携带着嗡嗡嗡的回声。浓密的芦苇包裹了河岸，使里面的波澜陷于不明。芦苇花的白絮被风吹起，河流的上方出现了一些银质斑点，好像来自流水。

从未见过的奇特水鸟在受到惊吓时突然起飞，被沿河而来的风刮得偏离了方向，它们在一条河流上失去了精巧的舵。这让人怀疑其中必定有着巨大的磁性，生活中的事件必然在这里向某一个方向弯曲。河边是一片盐碱滩，只适于秸秆低矮的高粱和大豆一类作物生长，干旱来临，白茫茫的土地从渐渐枯萎的庄稼根部现出了杀手本性。它和一条小河共同把一个村庄安放在中间的座位上，一边是温柔的细语安慰，一边是带有几分暴躁的训诫，它们以天然的对称，铸造了铁的耐久生活。祖先们机敏地拣选这里作为定居之地，也许就是为了在寂静的草房里时刻倾听河流的喧嚣、万物的喧嚣。

文章中，张锐锋把自己对世界的认知放在一个广阔的精神空间中，用隐喻的方式组串一系列的意象，从而在心灵与现实世界中找到了一个相对准确的位置，顺理成章地完成了人和世界之间的关系搭建。如果写作者只是利用自己记忆中一些空洞、模糊甚至没有自我的苍白概念来表现过去、回忆从前，那这样的文章只会是一座文字堆砌的塑料城堡，个体经验最本质的东西将彻底丢失。个体经验和现实世界之间一定会有一段距离，两者泾渭分明，边界清晰，决不含糊。文中的河流如同孕育的母体，两岸那些小生物和河流一起呼吸、生长，在远方都有一声召唤在等待着它们。这河流的两岸联结的是现实和心灵的一切，写作者将视线从外部事物慢慢移到自己的内心世界。文章好像并没有表明写作者什么样的观念，也没有明确地解释一些道理。写作者在面对河流时，其实就是面对自己过去、现在的整个经验世界，表达的也是自己的生命撞击历史和命运的声音，那些或爬行、或游动、或飞翔的生物都在自己的心灵世界里被感知，写作者搭建自身与世界的关系，也就是让自我和这些小生物在现实世界中找到自身的坐标。

经验性写作

经验性写作不等同于写作经验，写作经验偏向技术层面，是一种写作技巧和方法，而经验性写作是一种经历生活后的反观，是从内省、纠正、回味的角度重新思考及定位生活。经验性写作涉及的是写作者面对生活中的痛苦、辛酸和磨砺后给他者提供的自我精神世界的确立和方法上的指导。德国著名哲学家本雅明在自己众多的著作中频繁提到"经验"一词，其文章中的"经验"既是自我对于生活的一种认知，又是独立的主观体验，他的作品是写作者个人生活经验的积淀与思考的集合，也是他抒发的对于生活过的世界的感受与体验。

里尔克在《诗是经验》中这样写道：

> 诗并非像人们认为的那样是感情，而是经验。为了写一行诗，必须观察许多城市，观察各种人和物，必须认识各种动物，必须感受鸟雀如何飞翔，必须知晓小花在晨曦中开放的神采。必须能够回想异土他乡的路途，回想那些不期之遇和早已料到的告别；回想朦胧的童年时光，回想双亲，当时双亲给你带来欢乐而你又不能理解这种欢乐（因为这是对另一个人而言的欢乐），你就只好惹他们生气；回想童年的疾病，这些疾病发作时非常奇怪，有那么多深刻和艰难的变化；回想在安静和压抑的斗室中度过的日子，回想大海和在海边度过的许许多多的清晨，回想在旅途中度过的夜晚和点点繁星比翼高翔而去的夜晚。

诚如里尔克所说，写作不是一种感情的宣泄，而是经验的复苏，他所说的经验不单是经历，还包含自身对身边万物的真切感受。那些游走在身旁的众生的存在方式也是一种经验，我们的生活应该是简单的、低沉的，同时也是辽阔的、深邃的，无论我们选择什么样的生活经验投射在自己的作品里，生活的本真不可改变。

经验是在生活中慢慢积淀下来的，每个人都浸润在生活之中。往事如风，似尘埃在你无意识间一点点地落在你的身上，浸入你的生命里。但是这些经验的转换还需要一个通道，这个通道就是写作者自身的感受和体验，如此，往事才能进入写作者的灵魂之中。经验性写作与时间有着必然的关联，但这不是说写作者的年龄越长，经验性写作就越丰厚，同样，也不是说青少年甚至儿童的经验性写作就稀少或者一片空白。时间只是拉长了经验性写作的历史脉络，但是个体在"时间"中的重要感受和体悟不会因为常态语境下的"时间"概念而发生变化。对于一些写作者来说，哪怕只是"一瞬间"，有独特悟性的写作者已经能在这个"点"上感悟浓厚的人生体验。

韩寒16岁参加新概念作文现场大赛时写了一篇文章《杯中窥人》。少年韩寒的生活阅历肯定比其他成熟作家要稀薄，这篇在一小时内写就的文章，语言稍显稚嫩，但是文字下面却蕴藏着一个少年的经验性思考和价值判断。文章不长，我们可以来重温下：

> 我想到的是人性，尤其是中国的民族劣根性。鲁迅先生阐之未尽。我有我的看法。
>
> 南宋《三字经》有"人之初，性本善"，说明人刚出生好比这团干布，可以严谨地律己；接触社会这水，哪怕是清水，也会不由自主如害羞草叶，本来的严谨也会慢慢地舒展开，渐渐被浸润透。思想便向列子靠近。
>
> 中国人向来品性如钢，所以也偶有洁身自好者，硬是撑到出生后好几十年还清纯得不得了。这些清纯得不得了的人未浸水，不为社会所容纳，"君子固穷"了。写杂文的就是如此。

《杂文报》《文汇报》上诸多揭恶的杂文，读之甚爽，以为作者真是疾恶如仇。其实不然，要细读，细读以后可以品出作者自身的郁愤——老子怎么就不是个官。倘若这些骂官的人忽得官位，弄不好就和李白一样了，要引官为荣。可惜现在的官位抢手，轮不到这些骂官又想当官的人，所以，他们只好越来越骂官。

写到这里，那布已经仿佛是个累极的人躺在床上伸懒腰了，撑足了杯子。接触久了，不免展露无遗。我又想到中国人向来奉守的儒家中庸和谦虚之道。作为一个中国人，很不幸得先学会谦虚。一个人起先再狂傲，也要慢慢变谦虚。钱钟书起初够傲，可怜了他的导师吴宓、叶公超，被贬成"太笨"和"太懒"（孔庆茂：《钱钟书传》及《走出魔镜的钱钟书》）。可惜后来不见有惟我独尊的傲语，也算是被水浸透了。李敖尚好，国民党暂时磨不平他，他对他看不顺眼的一一戮杀，对国民党也照戮不误。说要想找个崇敬的人，他就照照镜子（《李敖快意恩仇录》，中国友谊出版社），但中国又能出几个这类为文为人都在二十四品之外的叛才？

然而在中国做个直言自己水平的人实在不易。一些不谦虚的人的轶事都被收在《舌华录》里，《舌华录》是什么书？——笑话书啊！以后就有人这么教育儿子了："吾儿乖，待汝老时，纵有一身才华，切记断不可傲也，汝视《舌华录》之傲人，莫不作笑话也！"中国人便乖了，广与社会交融，谦虚为人。

中国看不起说大话的人。而在我看来大话并无甚，好比古代妇女缠惯了小脚，碰上正常的脚就称"大脚"；中国人说惯了"小话"，碰上正常的话，理所当然就叫"大话"了。

敢说大话的人得不到好下场，吓得后人从不说大话变成不说话。幸亏胡适病死了，否则看到这情景也会气死。结果不说大话的人被社会接受了。

写到这里，布已经吸水吸得欲坠了。于是涉及到了过分浸在社会里的结果——犯罪。美国的犯罪率雄踞世界首位，我也读过大量批评、赞扬美国的书，对美国印象不佳；但有一点值得肯定，一个美国孩子再有钱，他也不能被允许进播放黄带的影院。

中国教育者是否知道，这和青少年犯罪是连在一起的，一个不到年龄的人太多沾染社会，便会……中国教育者把性和犯罪分得太清了，由文字可以看出，中国人造字就没古罗马人的先知，拉丁文里有个词叫"Corpusdelieti"，解释为"身体、肉体"与"犯罪条件"，可见罗马人早认识到肉体即为犯罪条件。

写到这里，猛发现布已经沉到杯底了。

少年的文章并不精致，可是却有一股火辣辣的热气扑面而来，其语言像春天刚刚生发出来的蒜苗，清新中带着特有的辛辣味，初触及，冲人的气势强烈但不令人窒息。文章中的有些观点现在看来也算是一个少年的偏执和任性，但是细细读来，我们可以窥探到写作者阅读视野的庞杂和小聪明般的写作技巧。当然，对于这样的一篇文章，很多作家都有过评判，但都是站在自己的"经验"上去审视与评价。作为少年来说，韩寒完全是站在一个"时间的点"上来完成自己的经验性写作，与他的阅历无关，更与他的写作技巧无关。郭沫若在《写作经验谈》中写道："从事写作者，生活经验愈丰富愈好，离开经验的文章，是没有东西可写的……"这种观点是有道理的，但是这里郭沫若只强调了写作者的生活阅历和经验，却淡化甚至忽略了写作者的个体的价值，偏离了经验性写作的本真。经验性写作与写作者的个性及其对生活的情趣、倾向有着一定的关联。这篇《杯中窥人》是写作者多元心理融合的产物，写作者始终把自己摆放在日常生活的中间地带，关注的是自己内心微妙的悸动，这一切和自身的年龄、阅历牵连不大。写作者的生活轨迹可能是狭窄的，甚至只是偏于一隅，但是这不影响写作者自己的心灵生活，心灵的舞台给予了写作者足够思考及驰骋的空间。有些人一辈子的生活的确很丰富，迎来送往，步履踏遍大江南北，但是心灵一直荒芜和飘荡不定，经验性对其来说就是一朵雨中的水花，转瞬就会消失在自己的步履间。所以，这也印证了前文中梅勒所说的那段"童年"，因为有了这样一段特殊的时光，可感的往事就像鸟鸣落在森林里一样，苏醒在每一个清晨或黄昏。

经验性写作就是把常态下的日常生活，通过艺术的手法，巧妙自然地移植到作品中。写作者如同一位手艺精湛的酿酒师，要把生活高度提炼，同时也要有效地表述出来。写作过程中，写作者切忌在切入作品时切口过大，要学会从"小而微"的切口着手，就像一束光照进屋子里，刹那间有种"亮"了的感觉。写人物时落点就是"个体"，写事物时落点就是"一件事"，学会"以小显大"的写作手法，这是写作常态，也是经验性写作的关键。另外，写作者的写作姿态要"沉浸"，沉到所有的往事之中，沉到阅读者的审美情趣里（当然这不是一味地迎合阅读者），重新回到生活的原点。从事物的细微处和表面闪烁的光点中寻找进入往事的途径，这是经验性写作的另一特点。写作者面对庞杂的素材时，不能"眉毛胡子一把抓"，更不可片面追求"大"和"全"，要做到在写作时能聚焦，抓住生活中那些焦点性、深刻性的事件和人物，包括大众所不愿触及的"痛点"。写作者要努力避免一味追寻语言上的夸张、浮华，或者追热点、蹭热度。早些年，余秋雨的文化散文风行大众的阅读视野，一些缺乏定力和思考的写作者在这样的"风行"中马上改变了自己原先的写作行为，拼命加入这样的"形式"写作中去，一时，泡沫浮萍四起。余秋雨的文化散文是写作者站在自己的立场，经验性地观察和思考过往的生活所写出来的，作品中裹挟的是一种只属于写作者自己的"经验"，他者可以借鉴，但绝不建议不经思考地模仿，这也是经验性写作自身的"排他性"特质。

写作者的作品要与阅读者的审美情趣靠近，但绝不是媚俗。写作者要以一种正常、朴素的视角去写作，切不可与阅读者产生隔膜，要让阅读者在写作者的作品中看到自己过去生活的影子，看到灵魂的静美之态；同时，写作者的作品要能让阅读者感受到生活的美好并激发自己对美好未来的希冀。经验性写作不是絮叨自己，更不是重复他者。

经验性写作过程中，写作者在往事的冲击下，内心不是轻佻和浅薄的，取而代之的是庄严和肃穆。他们在宁静的思索中，心灵拥有的天空应该是宁静的。这也牵涉写作者对待写作素材的价值观，因为回忆可以是对自我的一种唤醒，它让心中的敬畏感陡然而生，同时也可使安静且纯澈的心灵世界与尘世的喧哗形成强烈的对比。当下，同质化写作越发严重，特别是学校的写作教学，整个写作教学过程就是一种"复印"，学生的习作几乎没有丝毫差别，除了内容雷同，写作手法、抒情方式还有思考角度都如出一辙，这不能不说是一种"开倒车"。前文我们说到，经验性写作与年龄的关系不大，青葱少年郎的生活经验与成年人相比的确是清浅得很，但这是一个爱做梦的年纪，梦中有如白云般的往事，有曾经温暖过自己的亲朋好友，还有从身边匆匆而过消失在人群中的陌生人……这一组组画面堆砌成了少年的回忆。相信，写作这样的人和事，内心一定是"万壑有声含晚籁，数峰无语立斜阳"般宁静。经验性写作不是"陈腐"的往事再现，它独特的迥异之美需要写作者拥有开阔的心胸，努力寻找内心真实的感受，这也是一种写作心态。说起"心态"这个词，我们不得不审视写作者的内心世界，经验性写作主要是借助记忆中重要事件或者说让写作者印象深刻的事件，让自己的内心世界积极深入地参与到记忆中来。

有些人的写作技巧十分娴熟，无论是叙事还是抒情都能达到一定的高度，但"狐狸的尾巴"最终还是喜欢拿出来炫耀，对待一些回忆性的事件，写作者喜欢卖弄自己的写作"手艺"，却往往忽略了写作本体。写作是一件很纯粹的事情，任何借助炫丽的语言、精湛的技巧来体现自己的写作实效的做法都是肤浅和错误的。因为写作过程中写作者的创新意识、知识结构以及思维模式都跟写作本体有着至关紧要的联系，所以回忆性写作应该更加关注"自己的世界""自己的认知"，要在朴素的生活中体验真实的生活和自己的"个人史"，沉浸在自己的往事回忆中，用饱蘸情感的笔去叙述写作对象。

经验性写作在操作层面要特别注重以下两点：

一是经验性写作要有写作主体与文本的互文效应。

经验性写作不是为了解释或者告诉他人一个未知的世界，更不是再现写作者自身的过往经验，而是通过"经验性"的书写形式，携带他者陪伴自己再次进入一种全新而陌生的世界。在这样的写作过程中，写作者慢慢地会呈现出一个真实的自己，一个从未发现的躲藏在往事缝隙中的自己。经验性写作的一个重要维度是写作者与作品形成一种互文的关系，无论是写作者还是阅读者都能从作品中读到另一个自己。存在于往事中的人物与写作者在现实中又能互相印证，写作者可以清晰地发现曾经的自己，阅读者跟着文字一起进入幽深的时光，共同重温过去。同时，写作者的写作是忠实于内心世界且服从自我的，又与外部世界有着紧密的联系，为阅读者打开了一扇门，在门里的世界，阅读者不但可以看到写作者的影像般的过去，也可以读到另一个自我。因而，经验性写作带来的是共鸣、共情，在特定的时空、地域里完成彼此间优雅、美好的邂逅。

互文性这一概念首先由法国符号学家朱丽娅·克里斯蒂娃在其《符号学》一书中提出："任何作品的文本都像许多行文的镶嵌品那样构成，任何文本都是其他文本的吸收和转化。"本义是指每一个文本都是其他文本的镜子，每一个文本都是对其他文本的吸收与转化，它们相互参照，彼此牵连，形成一个潜力无限的开放网络，以此构成文本的过去、现在、将来。

但是经验性写作中的"互文"和朱丽娅·克里斯蒂娃的说法有着一定的区别。这里是指写作者与自己过去的生活经验之间的关系，写作者自身的生活经验和其作品之间有着相互补充、印证、吸收的关系，可以在各自的层面读到另外一方，即写作者在自己的文本中能够看到自己过去的生活经验，同时也可以在回顾过往时惊奇地发现原来自己的生活已经按照笔下的文章在进行了。那么从阅读者的视角来看，写作者的生活经验已经可以通过作品来窥视，甚至连一些琐碎的细节都可以发现。在经验性写作中，因为写作主题的参与，导致作品、写作者、阅读者以及过往经验构成了一种立体回环的多维空间。在这个空间里，不单单是写作者的言说在发生作用，作品与人生经验的互文、阅读者和写作者的互文，这几个因素都在文本生成的时候发生了融合、碰撞、衍生，阅读者依照文本在多维空间感受到不同意义的文字时也获得了整体认识。

经验性书写不但是写作者自己的"历史"，这里还有一个"历史群"的效应，个体的历史组成了群体的认知，同时在一定的时空中形成了公共记忆。比如对一些意象的使用和理解，所有参与写作和阅读的人群都会在意象的观照下，获得同样的感悟和人生体验，因为意象是公众普遍接受的一种符号，是大家共同的美学标识，意象是构成经验性书写中互文效应的关键桥梁。对于往事来说，写作者的记忆涵盖面很广，除了写作者个体性的记忆外，还包括生存环境的文化记忆、历史记忆、地理记忆、他者记忆、符号记忆等。写作者在经验性写作中首先关注互文效应的建构功效，他如同一位建筑师，在写作这块土地上除了亲自参与建筑房屋外还要考虑屋子的舒适度、美观性、稳固性等一系列因素，这些因素也是其他人在乎的；当写作者完成一篇作品，阅读者的参与就是对这些因素的一种考量，还有评价和建议。写作者与阅读者在文本面前除了和这个外部世界建立了一种和谐的关系外，还有一种互文效应。写作者笔下的文章不再是纯粹的个人体验，这里有写作者潜意识中的"雕琢"和"修饰"，目的就是给阅读者呈现一个美的载体。纵观一些作家的作品，写个体记忆的文章比例一直很大。东北作家迟子建笔下的文章多数是从自己的生活中来，她可以算得上是中国当代有着悲悯情怀的为数不多的作家之一，她的作品深深扎根在自己的生活体验中，每一个人物，每一处乡景，每一段故事，都像一棵根深叶茂的大树，除了表面的葱茏葳蕤之外，那些深埋在泥土之下的根系早已随着写作者的情感流淌在她生活的这片大地上。正是这些蕴含着写作者充沛情感的体验性写作，感动着每一位阅读者。在她的作品中，没有宏观的抒情，也没有高韬的说理，有的只是真实地呈现自己的过往，用一种匍匐在大地上的姿态贴近阅读者，用文字构筑一座精神家园。比较有代表性的是她的这篇《撕日历的日子》，作为一名个体阅读者，我每每读到这里，内心里总是翻滚起过往的一切，读出人情的温暖、岁月的纯美。下面我们来看看这篇文章，虽然是节选，但是窥一斑可知全豹。

  小的时候，我家总是挂着一个日历牌，我妈妈叫它"阳历牌"，我们称它"月份牌"。那是个硬纸板裁成的长方形的彩牌，上面是嫦娥奔月的图画：深蓝的天空，一轮无与伦比的圆月，一些隐约的白云以及袅娜奔月的嫦娥飘飞的裙裾。下面是挂日历的地方，硬纸牌留着一双细眯的眼睛等着日历背后尖尖的铁片插进去，与它亲密地吻合。那时候我每天最喜欢做的事情就是撕日历。早晨一睁开眼，便听得见灶房的柴火噼啪作响，有煮粥或贴玉米饼子的香味飘来。这基本上是善于早起的父亲弄好了一家人的早饭。我爬出被窝的第一件事不是穿衣服，而是赤脚踩着枕头去撕钉在炕头一侧的月份牌，凡是黑体字的日子就随手丢在地上，因为这样的日子要去上学，而到了红色字体的日子基本上都是星期天，我便捏着它回到被窝，亲切地看着它，觉得上面的每一个字母都漂亮可爱，甚至觉得纸页泛出一股不同寻常的香气。于是就可以赖着被窝不起来，反正上课的钟在这一天成了哑巴，可以无所顾忌地放纵自己。有时候父亲就进来对炕上的人喊："凉了凉了，起来了！"

  "凉了"不是指他，是指他做的饭。反正灶坑里有火，凉了再热，于是仍然将头缩进被窝，那张星期日的日历也跟了进来。

父亲是狡猾的,他这时恶作剧般地把院子中的狗放进睡房。狗冲着我的被窝就摇头摆尾地扑来,两只前爪搭着炕沿,温情十足地呜呜叫着,你只好起来了。

有时候我起来后去撕日历,发现它已经被人先撕过了,于是就很生气,觉得这一天的日子都会没滋味,仿佛我不撕它就不能拥有它似的。

撕去的日子有风雨雷电,也有阳光雨露和频降的白雪。撕去的日子有欢欣愉悦,也有争吵和悲伤。虽然那是清贫的时光,但因为有一个团圆的家,它无时不散发出温馨气息。被我撕掉的日子有时飘到窗外,随风飞舞,落到鸡舍的就被鸡一轰而啄破,落到猪圈的就被猪给拱到粪里也成为粪。命运好的落在菜园里,被清新的空气滋润着,而最后也免不了被雨打湿,沤烂后成为泥土。

有会过日子的人家不撕日历,用一根橡皮筋勒住月份牌,将逝去的日子一一塞进去,高高吊起来,年终时拿下来就能派上用场。有时女人们用它给小孩子擦屁股,有时候老爷爷用它们来卷黄烟。可我们家因为有我那双不安分的手,日子一个也留不下来,统统飞走了。每当白雪把家院和园田装点得一派银光闪闪的时候,月份牌上的日子就薄了,一年就要过去了,心中想着明年会长高一些,辫子会更长一些,穿的鞋子的尺码又会大上一号,便有由衷的快乐。新日子被整整齐齐地装订上去后,嫦娥仍然在日复一日地奔月,那硬纸牌是轻易不舍得换的。

长大以后,家里仍然使用月份牌,只是我并不那么有兴趣去撕它了,可见长大也不是什么好事情。待到上了师专,住在学生宿舍,根本没日历可看,可日子照样过得不错。也就是在那一时期，商店里有台历卖了，于是大多数人家就不用月份牌了。我自然而然地结束了撕日历的日子。

我在哈尔滨生活的这几年才算像模像样过起了日子，每天早晨起来的第一件事就是翻台历，让它由一侧到另一侧。当两侧厚薄几乎相等时，哈尔滨会进入最热的一段日子。年终时我将用过的台历用线绳串起，然后放到抽屉里保存起来。台历上有些字句也分外有趣，如一九九三年二月十四日记载着"不慎打碎一只花碗"；而二月二十八日则写着"一夜未睡好，梦见戒指断了，起床后发现下雪了"；八月二十八日是"天边出现双彩虹，苦瓜汤真好喝"！

经验性写作具有指导功效、评价功效以及建构功效。这篇文章中，作者分别从叙事、结构、情感、逻辑等层面给予阅读者一种暗示，写的是自己少时的片段印象。在浮动的时光之中采撷一段横截面，把自己对过去时光的怀念、回味及思索全部浸润其间。虽然我们每一个人的成长史都是有若干事件组成的，但是真正拿起手中笔来记录之时，还是会被笔下的事不由自主地带动。与此同时，写作者也在这些曾经参与过的事件中获得了一种新的观察和理解。文章叙述的事件虽然很简单，概括来说可能就是一个动作——撕日历，但这样的叙述比那些宏大题材的书写更具体、可感，无论是阅读者还是写作者本人都有一种切身的感受。虽说往事如烟，但是真正能让自己记住并且可以使阅读者动容、动心、动情的片段还是比较稀罕而珍贵的。在这样一个经验性书写过程中，写作者没有刻意迎合阅读者，而是让时代经验作为最有力的支撑，让个体经验和阅读者的生活经验进行互文性观照。文章在阅读者面前就是一面镜子，所有的阅读者都可以在这面"镜子"中读到自己,读到那一段温馨朴素的生活场景。

二是经验性写作要植根真实的人生经历。

真实的人生经历也就是写作者的"写作立场",立场有时不但是态度,更是一种视角和境界。为什么我们会提出经验性写作植根真实的人生经历这样的命题,并把它作为一种写作美学中的隐藏的标准?经验性写作要植根真实的人生经历的前提和意义是什么呢?这是我们在写个体经验时深刻的内向审视和逼问,希望通过经验性写作找到写作者和阅读者双方共同的精神谱系。

写作者在内心的创作驱使下,喜欢把深邃的情感和对过往生活的敬畏通过经验性写作这样的形式来呈现。写作者笔下的万物是存在着的审美客体。我们一直强调写作要有真实的人生体验和生活经历,这些经历可能是过往存在的,但随着时间的推移现在已经没有了;有的可能是现在不存在的,但随着人的认知变化,未来或许就会出现在我们的生活中(当年的电灯电话、楼上楼下在如今就已经成为一种普遍现象);还有的只是存在于个人头脑里的主观经验。无论是现在存在的还是过去就有的,或者是未来会参与到我们生活中的,写作者在书写这样的生活经验时,可以有自己的情感和审美认知参与其中。这不影响写作的真实性,这也是经验性写作的一个特点,因为任何真实地摆在我们面前的事物是允许二次创作的,是生活艺术化地再现于阅读者面前。就如同大厨在摆弄自己的食材一样,添加的佐料、配料可能不会在这道菜品的名称中出现,但是它们一定是的的确确地存在于这盘菜中,所以我们不能说厨师在欺骗食客,也不能说这个菜是虚假的。把真实的生活经历投射在作品中时,经验性写作告诉我们,写作者可以依据自己的价值判断和情感倾向来处理自己的生活经历。这样的经历只要能植根在自己切实的生活之中就可以，因为写作的目的不是像照相机一样复制生活，而是以积极传达自己的感性经验为主要目标，因而经验性写作是一种建立在情感基础上的写作方式。

经验性写作是写作者回顾过往，书写自身生活经历的一种手段，因为生活时刻都在言说着自我，所有外在形式的存在无碍乎是写作者一种内在生命体验的表现。这些客观存在于写作者生活中的事物，在写作者书写之时慢慢复苏，并且和写作者自身的生命体验融为一体，阅读者在阅读的同时也会触摸到写作内外世界中的一切，这是写作者和阅读者双方原始经验下的感知和体悟。

阅读者和写作者除了在依恋过去的情绪上产生共鸣外，同样都凝聚在事物的某一个时刻或者片段，那些本来已经退在时间背后的事物在这样的一个时刻重获新生，散发着熠熠的光芒，使得对个体生活经历的书写变得不再单薄和孤立，而是在阅读者和写作者共同参与下显得更加饱满和立体。要想获得这样的写作效果，最关键的一点就是把自己的写作植根于真实的生活经验之中。

每一个人的成长都会有一段难以忘怀的记忆，无论褪色成什么样，这段记忆将会一直不离不弃地陪伴着我们。当我们和他人说起时，即使对方没有参与过你的生活，但是也能在你的真实经历中感受到那一刻的温度。所以写作者书写过往生活经验时，阅读者在经验性写作的感召下，完全可以和写作者共鸣。谢有顺说，乡愁是地理学的，也是精神学的。我想，回忆性写作既是时间上的回溯，也是精神上的协同。当回忆性写作涉及某个特定的时刻、人物、事件时，这些泛着枯黄的页页往事变成了写作者和阅读者一种共同的精神修辞，也是所有参与阅读之人的心灵栖所。在文章中，我们能找到一种灵魂的寄托，深远地呈现写作主体的生活经验，也让阅读者有了个性化体验，因而文本阅读中才有"一千个读者就有一千个哈姆雷特"的说法，因为写作者的文章面世后，它不单单属于写作者，而是变成一种公共资源，后期阅读者也能积极参与建构这样一种审美秩序。

记得小时候，喜欢在夏季和小伙伴在外面逛荡，而且最不愿意回家，每当天阴将要下雨时，我们都会有一个那一刻的"经验"，只要看到远处街上还有拖拉机和卡车在行驶，就自信地认为，天不会下雨，因为这些车里的人都没有回家。这样的人生经历只有生活在那个时代或者说有那样特殊记忆的人才能感受到，但这样的经验性写作，即使阅读者没有类同的生活，也会从写作者的文字中感受到那个时代的一些特殊记忆，这可能就是经验性写作带来的接受美学上的认同感。

作家葛水平的文章不但文字鲜活，直抵人心，叙事更是如戏文般百转千回，最精彩处还在于她从容的叙述中涓涓释放出的对往事的种种感悟与思考，不生硬，更不造作。在阅读她的文章时，我常常被带入情境之中，虽说我和作家的生活及成长轨迹不一，但是在其个人生活经历中我可以激起自己曾经的生活。这样真实的生活经历就是一种打开，让阅读者的心灵世界在写作者的经验性书写中，像睡莲一样静静绽放。

特别喜欢她写的《从前有那么多牵挂》。这是一篇回忆性的文章，写作者诗意而带着淡淡忧伤的描述让阅读者不知不觉间好像也是和她一样从那个年代而来，甚至一起看过戏、唱过曲。我们都有这样一个常识：知识是从经验开始的，而体验肯定是由经验生发而来的。写作者只是在叙述一件很朴素的事，如同站在高岗上回望童年时的一瞥,只有一瞬,就已经让阅读者掉进往事之中,那些鲜活的人和事就蜂拥而至,就像昨天……

奇怪的是,事隔多少年我都难以忘怀乡村的舞台,舞台上的一些事,或是由各种关系将我的从前联系在一起的人,或许不曾有过任何生活的记忆,或许因为不曾记得的矛盾,甚至一场单纯的口角,彼此那么多年过去了,我还记得他们舞台上的妖娆形象。这些记忆是扎了根的,在心里,有时候做什么事情,也不知为什么就感觉那种从前的舞台就非常熟悉地来了。绽开来,仿佛颓败的美好越来越大地顸洞开去。我把他们框在脑子里,很久之后,就想把他们一一画出来,可惜我没有那么多的天赋或异禀。我想,就随性而画吧。

想象一种情景时,脑海中出现的画面不是出自自己的视角,而是像灵魂出窍一般,因为真切地感受过他们的喜怒哀乐。动笔之前,他们只是视觉上一种强烈的刺激带来的心尖上的一阵颤抖,墨落下时,黄昏跟随寂寞爬满了我的小屋。一件事情开始之时,我总是怀揣着一个很大的抱负,看着纸上的他们,突然明白,抱负只是暂时被替换了,我还是一个写作者。天边光线的层次穿过云层诚实地映射到我的脸上,我是我,我的画只是内心的一份不舍。不管怎么说,只要写作,只要画画,都可以洗涤我脑海中一些烦恼。

想起童年,乡下的岁月弥漫着戏曲故事,炕围子上的"三娘教子""苏武牧羊""水漫金山",庙墙上的"草船借箭""游龙戏凤""钟馗嫁妹",八步床脸上更是挂着舞台,人人都是描了金的彩面妆,秀气的眉与眼,或者水袖,或者髯口,骨骼间飘逸着秋水、浓艳般的气息。伴随着日子成长，后来又学了戏剧，可惜没有当过舞台上的主角。庆幸更多的日子里站在台子下看戏。正值好年华，那时候，有村就有庙，有庙就有台子，有台子就有戏唱，有戏就会唱才子佳人。舞台上人生命运错落纷纭，连小脚老太都坐着小椅子，拿着茶壶，在场地上激动呢。我看台子上，也看台子下，台子下就像捅了一扁担的马蜂窝，戏没有开场时，人与人相见真是要出尽了风头。台子上，一把杨柳腰，烘托着纤纤身段，款款而行，每一位出场的演员一代一代，永远倾诉不完人间的一腔幽怨。

　　人这一辈子真是做不了几件事，一件事都做不到头，哪里有头呀！我实在不想轻易忘记从前，它们看似不存在了，等回忆起来的时候却像拉开了的舞台幕布，进入一段历史，民间演绎的历史，让我长时间徜徉在里面。尘世间形形色色的诱惑真多，好在尘世里没有多少东西总是吸引我，惟有戏剧，沉入其间我没有感觉到缺失了什么。比如人生缺失了什么都是缘分，都得感恩。

　　现在，我手上握着一支羊毫，尽管我只是一个初学者，很难操控我对好的绘画的偷窥，很害怕自己喜欢上了别人的东西，很怕被人影响，但是，不影响又能怎样？喜欢的同时又觉得，别人那么画挺好，我喜欢，但是，不是我心里的东西。我想画什么，技艺难以操控我的心力，或者说心力难以操控我的技艺，惟一是，想到我经历过的生活，我感到我自己就不那么贫乏了，甚至可以说难过，有些时候难过是一种幸福。因为，我活不回从前了，可从前还活在我的心里。

　　文人学画，其实是走一条捷径。即便是诚心画，许多难度大的地方永远过不了关，简单的地方又容易流于油滑，所以画来画去，依旧是文学的声名，始终不能臻于画中妙境。我始终不敢丢掉我的写作，画为余事。

想起张守仁老写汪曾祺，题目叫"最后一位文人作家汪曾祺"，说，汪曾祺的文好、字好、诗好，兼擅丹青，被人称为当代最后一位文人作家，这是因为天资聪颖的他从小就受了书香门第的熏陶。汪曾祺之后，谁还是最后一位文人作家？我自称文人画，有些时候我会脸红。其实，我只是觉得从前还有那么多的牵挂，在精力的游移不定中，文学和画，都是我埋设在廉价快乐下面的陷阱。我为之寻找到了一种貌合神离的辩解，随着日子往前走，有如河床里的淤泥层层加厚，我厚着脸选择了我的生活，而你们给了我一个最高的褒奖——"文人画"。我只能说落入任何陷阱都是心甘情愿的。

春天了，风吹着宣纸，飞花凌空掠过，一层景色，一番诗情画意。浪漫而不无虚荣的记忆中，与生活有关，与风霜有关，与情感有关，站在千年文化的凝结点上，需要有和宣纸一样悠远沉静的内敛，我才好去抚慰岁月。

往事是趋于内心的一种选择，多数时候人们是不喜欢被他人窥探和了解的，所以这些事将会在时间的光影下变得隐蔽而模糊。作家葛水平的这篇文章，可能很早之前就已经埋伏在她的内心了，那对戏里戏外人物的感叹，对生活细节的熟知，相信不是一天之间就能达到，一定是经历了无数个夜晚的发酵，而发酵的土壤是写作者的真实生活经历。葛水平在很多文章中写到戏台、唱戏以及戏里人物，我想这应该和她早年的戏曲生活经历有关，正如她所说，没有故乡就没有回忆。她大量的作品书写的都是故乡和对故乡的回忆，所以读她的文章，即使阅读者的生活轨迹与作者没有交集，甚至双方的生活经历在形式上也是迥异，但并影响阅读者在她作品中获得的亲切与认同，这也是经验性写作带给阅读者的特别之处。在写作者这里，阅读者和作品间不再是一种阅读上的断裂，看似属于陌生的"他者"生活阅历和个体经验，也完全可以滋养阅读者，在每位阅读者的内心萌发又一个春天。

木心曾在《云雀叫了一整天》中写道："凡事到了回忆的时候，真实得像假的一样。"的确，回忆性写作就是写作者修正自身的一个过程，因为个人的生活经历在人的潜意识中总喜欢一个"趋美"的想法。写作者期待给自己一种最好的呈现状态，在这样的过程中，写作者的内心世界也不断在修正，构筑强大而饱满的精神空间。所以，无论是个体性写作还是经验性写作，虽说书写的是自己的生活经历、情感历程以及个体思考，但是有一点一定要明确：写作者只是生活的一个组成部分，是厚重复杂的生活的一个截面，写作者必须让阅读者在自己回忆性写作的文章中看到自己的影子，写作者笔下的文章要与阅读者的生活有关联，否则就是虚空无物的。

我们身边不乏太多书写回忆的作品，所写内容读来也和我们有着紧密、直接的关联，但为什么不能引起阅读者的共鸣和支持？究其一点，我想还是写作者的笔没有触及阅读者的灵魂深处，没有碰到一个时代、一个社群最关键的点位，只是将大量的事件和人物堆积在文章的表面，写作者所谓的个体经验也仅仅停留在表象层面。人的记忆会构成其重要的主观情感，也是人的心理图式，从经验的内部结构看，记忆的幅度在很大程度上决定了一个人思想的深度。回忆是对过去时间的深思熟虑，人不但生活在记忆的世界里，而且生活在当下的世界里，两者都在不同程度上影响着个体的情感和思想。书写自己的记忆，不完全是为了呈现给其他人，更多的是对自己的生活一种补充，往事不能回去了，但是人可以在记忆里按照自己的样子来美化、修饰曾经的事和人。

往事就是一幅精彩绝伦的水墨图，无论是个体性写作还是经验性写作都绕不开，这其间演绎着人间太多的悲欢和喜忧。写作者既要远离往事的喧嚣，又要逃离表象虚假的生活，这就需要写作者对过往生活进行再现，还原生活的本真，只有这样才会对历史和个人形成具有特殊意味的补全、删减。写作者在追寻生活和精神家园的皈依，以一种高拔的姿态聚焦和还原生活，在对往事的层层铺设和不断递进中抛洒自己浓烈的思绪，这或许是回忆性写作的一个方向。

第七章
人物，作品灵魂的守门人

人物是谁？我狭隘地认为写作者笔下的"人物"其实在一定程度上就是本人。

任何文章都有人物，即使是纯粹的写景抒情类的文章也有人物，只不过这个人物隐藏了起来，他（她）可以没有声音和动作，甚至连一个侧影也没有。但不管怎么说，人物一定是存在的，阅读者和写作者在共建作品的同时已经完成了人物所有因素的渗入，正因为有心灵的悸动，文章才会有情感的洋溢，文字才显得有了一定的润感。常态下，阅读者对"人物"的认知趋于狭隘，他们认为具有生命情感且能思考和创新，同时也会在文章中起到重要作用的才是人物。但是写作者在创作时，写的往往不一定是我们常态认知下的"人物"，这个"人物"或许是原野上的一棵树、奔跑的一只猎豹，甚至一只小昆虫，但这一切不妨碍写作者在创作时的情感投射。所以我们也可以把这一切都称之为"人物"，可见，对"人物"这一概念的定义无论是其内涵还是外延都是十分丰富的。

我们在阅读时，文中的人物面孔在我们目光久久的注视下，有的越来越模糊，进而慢慢淡去；有的越发清晰，长时间萦绕在我们的心头，挥之不去，甚至能够跨越时间和时空的限制感染和打动我们。

所以，没有人物，就不存在真实意义上的写作。

典型人物成就经典

作品中的人物有些跳跃在文字表面，只要阅读者一接触就立马感受到他们的温度和情感；这些人物个性鲜明、性格饱满，具有永久的生命力，而且随着时间的推移深入每位阅读者的情感和血液中。这样的人物，我们习惯称之为"典型人物"。典型人物可以成就作品的经典性，让一部作品在时间的长河中变得越发迷人、熠熠夺目。比如《红楼梦》里的宝玉和黛玉、《阿Q正传》中的阿Q、《巴黎圣母院》中的敲钟人加西莫多等，这些典型人物不但自身的形象永远镌刻在阅读者的心中，同时他们也让作品独特的精神含量和美学品格不断地影响他人。对于典型人物的追求，是写作者重要的写作目的之一，因为写作者在这些人物身上倾注了自己的情感和价值观。这也是写作者对世界的一种隐性认知，一个典型人物就是一个独立完整的世界。阅读者为什么喜欢这些典型人物，甚至在自己的生活中也有意无意地去效仿这些人物的点滴行为？因为那些形象丰满、性格特异的典型人物时刻激荡着每位阅读者，在这些人物的感召下，阅读者能够长时间浸染其中，慢慢"修复"自己的一些行为和思考，从而成为自己心目中那个"完美"的人。

首先，典型人物有着深刻复杂的灵魂。

每一个典型人物都会越过时空，在阅读者的心中留下独特的文化思考和价值印记。要让笔下的人物具有一定的典型性，写作者往往通过人物自身形象或者性格上的矛盾来形成人物描写的张力，进而让这个人物像楔子一样牢牢地插在阅读者的心中，同时也把作品定格在相对的高度，这样的典型人物在古今中外的文学作品中比比皆是。

　　写人物时，一般写作者也会设置矛盾来体现人物形象，但更多的只是停留在那些浮在人物表象上的矛盾层面，而忽视了最大的矛盾其实是人物自身内在的矛盾。那些外在的因素引发的矛盾算不上真正意义上的矛盾，因为这些矛盾过于概念化，就像花园里被人丢弃的一枝塑料花，虚饰无质。真正的矛盾是人物自身的一种内在冲突，是引领写作者和阅读者一起前行的动力。

　　法国著名作家雨果的《巴黎圣母院》这部小说不但在本国有着深远的影响，同时备受世界人民的喜爱，其之所以能成为一部世界经典名著，除了得益于深刻思想和现实价值外，关键是雨果塑造了一些典型人物。在《巴黎圣母院》的人物体系中，加西莫多塑造得最为成功，性格真实，形象丰满。除了加西莫多自身形象和心灵对比外，还有这个人物与其他人物的对比。

　　《巴黎圣母院》中，雨果通过人物外貌与心灵反差间的强烈矛盾，让语言和阅读者的感知产生张力来描写敲钟人加西莫多。加西莫多一出场，作者对他的描写就惊世骇俗，敲钟人是长成这样的："那个四面体的鼻子，那张马蹄形的嘴，小小的左眼被茅草一样的棕红色眉毛所壅塞，右眼则完全被掩盖在一个大瘤子下面，横七竖八的牙齿缺一块掉一块，就像城墙垛一样，生着老茧的嘴巴上被一颗大牙践踏着，伸出来好像大象的长牙……""两个肩膀之间长着一个大驼背，前面的鸡胸则给予了平衡。从大腿到脚，整个下肢扭曲得奇形怪状，双腿之间只有膝盖处才勉强接触。"人世间最丑的形象估计也不过如此了，这样的外貌与后文作者对人物的心灵描绘有着天差地别。但加西莫多的形象却随着作品永远活在每位阅读者的心中，形象的记忆也许是一时的，关键是加西莫多的善良朴实的品质在这副容貌的映照和反衬下不再是一种丑陋，反而散发着柔和圣洁的美。

曹操是我们特别熟悉的一位历史人物，无论是正史对他的定性描写还是野史的口口相传，其性格的极度差异和矛盾性是大家的共识。在忠与逆的问题上，曹操开始还把忠君作为自己人生的一大信条，但是随着自身实力的不断壮大，后来也就成了大家经常所说的"挟天子以令诸侯"的那个人。官渡之战时，曹操正在帐中苦无应敌之策，此时刚好袁绍的谋士也就是曹操少年同窗许攸来归顺，曹操激动得光着脚丫就跑出来热情迎接，可见他对人才的惜爱程度。但是随着许攸的战功越来越大，甚至不分场合呼叫曹操的小名，事情慢慢就发生了微妙的变化。《三国演义》中作者描写了这么一个场景："却说曹操统领众将入冀州城，将入城门，许攸纵马近前，以鞭指城门而呼操曰：'阿瞒，汝不得我，安得入此门？'操大笑。众将闻言，俱怀不平。"此时，许攸已让曹操心生芥蒂，但也很无奈。后来许攸被许褚所杀，曹操也只是形式上稍微惩罚了一下许褚，厚葬许攸而已。许褚杀了许攸前来告诉曹操时，作者用了这样一段对话来反映曹操这个人物的性格矛盾。攸骂曰："汝等皆匹夫耳，何足道哉！"褚大怒，拔剑杀攸，提头来见曹操，说："许攸如此无礼，某杀之矣。"操曰："子远与吾旧交，故相戏耳，何故杀之！"深责许褚，令厚葬许攸。曹操用"旧交"来阐明自己与许攸只是私人情感上的来往，好像在解释什么，也好像在推卸一些看不见的东西，根本没有直接涉及许褚为何要杀死许攸这件事。这样的内心活动可以揣测如下：首先，你许褚杀了他错与对我不管，但这个人是我的老朋友，你怎么不给我面子？其次，许攸这样说话是在开玩笑啊，你怎么认真起来了，我曹操是无所谓的，你为什么要杀他呢？最后，作者用了一个词——"深责"而不是"深罚"。所以，在真正对待人才这个问题上，曹操本身也是充满矛盾的，他喜爱人才这是没有错的，但他又是一个心胸比较狭窄同时极度爱慕虚荣的人，他绝不会亲自下令处决许攸，而是假借他人之手完成自己阴暗的心愿。这种扭曲的性格也就让曹操这个人物的形象变得更加丰满可感。

写作者与阅读者有时很容易进入一个写和读的误区——典型人物就是核心人物，这是一种狭隘的认识。典型人物更多的是显示人物的性格和精神深度，是写作者对生命的深度思考，也是对当下自身生活的跨越。典型人物体现着写作者的审美情趣，可以说是一篇作品水准高低的标尺，所以我们不能简单认为典型人物就是核心人物。

其次，典型人物为阅读者构建起一座充满现实价值的精神家园。

人们在生活中发掘自己的精神生活和内心世界时，总喜欢在自己的故事和他人的故事中寻找一种共鸣。处理这样的环节，需要对典型人物的心理描写做一个全面的安排，人物的心理活动不是纯粹的喜怒哀乐，如果只是做这样的安排，那就掉进了世俗的认知经验中了。人物的心理要与性格特征有一个稳定的焊接，把这样的心理描写放在广阔的社会背景之下，所以人物的心理描写一定有着深远的社会意义，写作者要努力把这样的现实价值表现出来。

写作者是用一种悲悯温暖的眼光去俯瞰自己笔下的人物还是选择纯粹冷静客观的情感来描写？不同的写作者有不同的思考。但是我认为，对人物的描写从来不能过于冷漠无情，要在人物身上浸透写作者自己的观点和温暖的情感，因为现实中缺失的精神，无论是写作者还是阅读者，都想在这个虚拟的人物身上寻找到一丝慰藉。写作者如何完成个体对人生价值的思索与探索？每一个人物在作品中都有着自己对生活和精神世界的诉求，写作者应该带着一种自觉的叙事导向和精神向度，以智性与感性并存的笔触，从现实生活中截取一段满含热气的生活场景，让每一位阅读者都能够在这个截面上窥见笔下人物彼此之间内心的情感波澜、生存忧患与精神焦虑，当然，也可以随着这些人物一起喧腾、快乐。所以，这样的典型人物看似只是一个特殊的个体，和其他人物没有任何瓜葛，但却是一滴水藏着一片大海，其身上透射的是一个完整的时代缩影。因而典型人物在作品中起着"内核"的作用，他们可以让作品去构建一座俗世中的精神家园，这一切也来自写作者在描写现实生活时自我溢出的温暖情感以及隐忍的力量。

沈从文喜欢用一种悲悯温暖的眼光去抚摸自己笔下的人物，他在小说《边城》中塑造了一个天真无邪、淳朴善良、情窦初开的人物翠翠，这个人物不是凭空而来的，而是有着原型人物和事件的支撑。沈从文在《老伴》《水云》等文章中都有提及，人物翠翠是由"绒线铺的小女孩"、崂山的"乡村女子"以及自己的夫人张兆和三个原型"组合"而成的。但这绝不是三个人物印象的简单的拼凑，沈从文是把自己的内心情感和对这个世界各类人物的认知融合进了自己笔下的翠翠身上。小说中对翠翠的外貌描写和内心世界的描写充斥在文章的每一处，如对她美丽和惹人怜爱的描写："翠翠在风日里长养着，把皮肤变得黑黑的，触目为青山绿水，一对眸子清明如水晶，自然既长养她且教育她。为人天真活泼，处处俨然一只小兽物。人又那么乖，和山头黄麂一样……"翠翠生活的地方是湘西苗寨，淳朴的民风、明净自然的人物天性一直在沈从文的少年生活中燃烧，无论写作者脚步踏向何方，这种流淌在骨子里的血液永远不会止息。翠翠属于湘西的大自然，她与山水中的一切融为一体，她整个生命以及精神的徜徉不是依靠家庭和亲人，而是自然的风日。

在翠翠这个人物性格的塑造上，沈从文遵循的是"单纯性原则"。抓住翠翠这个人物的性格侧面，没有旁逸而出，而是只突出这性格侧面中的一个元素。但这种单纯又不等于单薄，沈从文努力在单纯的性格中追求丰富，实现人物的圆满。沈从文用一份寂静的心境去呼应喧腾的现实生活，运用画面叠加的方式去聚焦、放大人物。如他将生存的现状与爷爷说的多年以前的战争故事、吹曲子与晒太阳时人物的期待与想象组合在一起，在静谧的叙述中，阅读者安然感知到时光的流转、人事的跌宕。用生活的截面来互为配合，形成一种文字的张力，这样的力量就是人物的力量，就是阅读后内心的狂澜。

翠翠是沈从文醉心写就的人物形象，她就是作者把现实生活安放在文中的精神家园的符号，是写作者心心念念的理想人物形象。翠翠的性格宛如明澈的沱河水，悠悠地折射着湘西这片土地上神秘、古朴的风俗还有淳朴的人性美，也聚焦着沈从文对故乡的温爱之情，以及对自己过往生活的深沉思考。

福克纳曾说过，人是不可摧毁的，所有的苦难，都将成人生旅途。福克纳笔下的人物，一直萦绕着一种浓浓的宗教情怀，阅读者在读他的作品时，可以明显地感受到写作者极力地在克制自己的情感，用一种近乎苛刻的方式在描写人物，所以他笔下的人物都不是完美的，他们自私、恶俗、丑陋、冷漠，经受着无穷无尽的苦难。

福克纳在写作时选择的是纯粹客观冷静的态度，冰冷的就像游过我们心头的蛇。阅读他的作品，感觉写作者现实的躯体和精神好似被分裂为两部分，那些看不见的部分已经附着在所有的人物身上，和人物融为一体，一点痕迹也不见了；还有一部分如吹过他生活的南方上空的季风，任性且高高地俯瞰着笔下这些人物，不掺杂一丝个人情感。

　　作品中的人物是写作者为自己在这个世界寻找的一位倾听者。写作不是为了别人，真实的写作是心灵的一次外化，把自己对生活、世界的观感具体化。福克纳一生写过很多作品，可他本人最喜欢的却是《我弥留之际》这一部小说。正如他自己所说："如果读我的作品，最好从这部开始。"福克纳选用农民本德伦一家在送葬过程中的种种行为做截面，通过这个截面，阅读者窥见了人性的丑陋、卑微以及美好。

　　小说《我弥留之际》看似情节凌乱，主题飘忽，但其实是福克纳的匠心使然。福克纳采用来了多角度叙述以及时间错置的写作手法，把文章中所有多余的部分剥离开，给叙述留下一个很大的腾挪空间。他让阅读者与人物直接对话，文章的叙述看似谨慎逼仄，但同时也给阅读者一个挑战——阅读者必须用百倍的注意力才能够从众多看似松散的人物活动中读出写作者真正的意图。南方农民埃斯·本德伦的自私、懒惰甚至有点奸诈的特点完全是从他人的视角和自述中慢慢浮现出来的，这个一直把"出汗"都会让自己生病挂在嘴边的农民，眼中只有自己的私利，全然不顾陪伴自己一生的老婆死活。

　　"我没有病。"她说。
　　"那你就躺着好好休息吧，"我说，"我知道你没有病。你只不过是累了。你就躺着好好休息吧。"
　　"我没有生病，"她说，"我会起来的。"
　　"躺着不要动，休息休息，"我说，"你只不过是累了。明天你就能起来了。"可她就那么躺下了，好好儿的，结结实实，比哪一个女人都不差，全都是因为有了那条路的关系。

"我可从来也没有请你来啊！"我说，"你得给我证明说我从来也没有请你来。"

"我知道你没有，"皮保迪说，"我证明就是了。她在哪儿？"

"她躺着呢，"我说，"她只不过是有点儿累，可是她会——"

"你出去一下，埃斯，"他说，"到门廊上去坐一会儿。"

现在我非得付给他诊费不可了，可我自己呢，嘴巴里连一颗牙都没有，老盼着家业兴旺起来可以有钱给自己配一副假牙，吃起上帝赐给的粮食时也像个人样，再说直到那天之前，她不是好好的挺硬朗的吗，比地方上任何一个女人也不差呀。为了赚到那三块钱也得付出代价。让两个孩子出门上路去赚到它也是要付出代价的。我现在就像有千里眼清清楚楚地看到有道雨帘隔在我和那两个孩子之间，这雨混账王八蛋似的从路上刮过来，好像世界之大它就没有另一幢房屋要浇淋似的。

纯粹呓语式的语言描写，既像人物和自己在说话，又好似写作者把他推到舞台前面，让他直接与阅读者对话。文中关于埃斯·本德伦的描写有一个细节："现在我非得付给他诊费不可了，可我自己呢，嘴巴里连一颗牙都没有……"一个连诊费都不愿意为老婆出的人，写作者并没有对他进行直接的评价或批判，但是在言语之中，我们已经感受到了人性的冷漠和残忍。小说中福克纳还设置了很多细节，如作为一家之主的埃斯·本德伦不能出汗，一出汗就会生病，总希望用自己的赢弱来让邻居帮助自己做农活。而且一直等到自己的老婆快死的时候，才勉强去请医生，儿子开什摔断腿，作为父亲却不带他看医生，只买石灰简单糊弄在开什的腿上；私下里偷偷卖掉次子朱埃尔视为珍宝的马；抢了女儿德威的钱帮自己安了一副假牙；还找了一位新夫人……每位阅读者读到这里都会被这样的人性冲击到，对于埃斯·本德伦这个人物，多数阅读者认为他是一个坏透了的人，身上的缺陷有一箩筐。但是这样的评价过于主观和绝对，福克纳写这个人物的本意不完全是这样，我们在后面的阅读中可以看到，福克纳在这个人物身上还是赋予了一定的同情和无奈，他的自私和冷酷也是贫困所致，对于这样一个苦苦挣扎在社会最底层，为了生存什么都能做的农民来说，现实的生活迫使他必须做出选择，因为对他来说生存才是最重要的。

无论是沈从文笔下的翠翠还是福克纳笔下的埃斯·本德伦，这些人物都有着鲜活的当下意识，写作者用这种鲜活的感知方式与世界交流，与自己谈心。那些笑容、哀愁、怨恨、懵懂都是他们在现实生活中构建的一座座充满现实感的精神家园。沈从文通过人物努力营造一个内心美的世界，他笔下的世界是寂静和孤独的，这个世界不是给湘西的，虽然它属于湘西。沈从文笔下的翠翠是写给他当下生活的社会群体看的，他竭力用这样塑造的世界去对抗生活，对抗自己内心的巨大落差。福克纳笔下的人物都是在慢慢的毁灭中又逐渐走向不巧，如同一截枯木生出的菌衣，闷热、多变于他生活的南方，如同那里的天气。

典型人物写什么？不是简单地把一个人物拔高，往深了写。钱钟书曾说：文学批评家常"以诗中角色认作真人实在，而不知其为文辞技巧之幻象"，经验主义认为塑造典型人物就是要把这些人物的性格写得崛峭、深邃，让人物来表现主题。这样的写法可以在写作中使用，但我们不能无视典型人物的美学本质和社会内涵，这样的话只会让人物从经验主义走向庸俗的泥沼。

那些让人无法忘记的影子人物

中国有这样一句话："画虎画皮难画骨。"写人物如果只是停留在简单的描摹层面，肯定不会给阅读者留下深刻的影响，即使写出来了，这个人物也是凌空虚蹈，很难在阅读者心中扎根。所以，写人物重要的是绘"神"聚"气"。而"神"和"气"不是随便摆弄一个人物出来就可以的，需要两点：其一，选择的人物自身是否具备这样的特质；其二，需要选择什么样的人物，是一看就让人难以放下的人物，还是不留意就不见踪迹的人物？

有些人物一直潜游在文字的底部，稍不留神，这些人物就会从我们的眼皮底下溜走。因而，我们也称这样的人物为"影子人物"。"影子人物"有时是写作者有意为之，他们如润滑剂，让一部作品自然、顺畅地前行，并且在不经意之间说出写作者内心的潜台词。此时这些"影子人物"会在一定程度上体现作者的思想和情趣，会在阅读者阅读时或者读后慢慢走出来，替他们表达、呼吸……"影子人物"有时在文中只有几句话，甚至只是从"别人"口中说出来的，但是他们一直暗暗地在作品中"成长"，同时也在思考和做出一系列的行为举动。所以，我们要学会让"影子人物"在阅读者心中说话、行动和思想。"影子人物"有时在作品中会与写作者的意见"唱反调"，很可能"削弱"了写作者的思想，但正是这样才让一部作品更具艺术魅力，从而进一步丰满了作品的内涵。

"影子人物"的个性就是作者的个性，作者在"启用"这一人物时就已经把自己的个性加了进去。写作者在梳理自己的生活时，喜欢寻找一个和自己有着大致相同生活环境或土壤的人物来代言。有时，"影子人物"是真实存在于自己身边的，但有些又是写作者为了写作需要而从意识里虚构（塑造）出来的。但这绝对不是一个虚假的人物，因为写作者要为这样的人物创造出特殊的成长环境和生活境地。前文所说的"典型人物"，在写作者的笔下往往采取个体白描手法来体现人物的性格特征和趣味追求，属于文章主要人物范畴。群体人物是为个体人物陪衬的，就像阳光下树木的光影斑点，只有相互的影响才会有美的存在，两者缺一不可。

人物是作品的骨架，即使是意识流的写法，人物也会像暮色中万物的淡影一样存在于四周。影子人物不是为典型人物服务，也不是处在次要或者不重要的位置。这些人物看似是写作者一笔带过，没有太多的浓妆重墨去描述，也没有更多的细节交代，但这样的影子人物的出现绝不是写作者心血来潮，而是有其意义所存在。影子人物可以让作品变得更加饱满、有力，影子人物就紧紧靠在典型人物旁边。

如何描写影子人物？要处理好以下三组关系：

首先，确定个体白描与群体画像的关系。

白描是中国画一种技法的化用，即用墨线简单勾勒画像，不用颜色，有时也略施淡墨色。后来这样的技法被写作引用过来，并逐渐成为文学创作的一种表现手法。

写作者对影子人物有时会用上寥寥几笔进行"有形"的勾画，但更多时候这个影子人物是躲在文章背后不说话的。对于这样的人物，阅读者无法熟知他的言语、外貌、心理，写作者会在文章中楔入一个楔子，只有有心的阅读者才会发现。鲁迅先生在《社戏》中曾留下这样一个影子人物，全文中这个影子人物没有一句话，甚至没有一个动作出现，但是在他人的口中，这个影子人物不但有一个清晰的影像,而且对小说的主题进行了推进。

> 我们中间几个年长的仍然慢慢地摇着船,几个到后舱去生火,年幼的和我都剥豆。不久豆熟了,便任凭航船浮在水面上,都围起来用手撮着吃。吃完豆,又开船,一面洗器具,豆荚豆壳全抛在河水里,什么痕迹也没有了。双喜所虑的是用了八公公船上的盐和柴,这老头子很细心,一定要知道,会骂的。然而大家议论之后,归结是不怕。他如果骂,我们便要他归还去年在岸边拾去的一枝枯桕树,而且当面叫他八癞子。
>
> 都回来了!那里会错。我原说过写包票的!双喜在船头上忽而大声地说。
>
> 我向船头一望,前面已经是平桥。桥脚上站着一个人,却是我的母亲,双喜便是对伊说着话。我走出前舱去,船也就进了平桥了,停了船,我们纷纷都上岸。母亲颇有些生气,说是过了三更了,怎么回来得这样迟,但也就高兴了,笑着邀大家去吃炒米。
>
> 大家都说已经吃了点心,又渴睡,不如及早睡的好,各自回去了。
>
> 第二天,我晌午才起来,并没有听到什么关系八公公盐柴事件的纠葛,下午仍然去钓虾。

八公公这样一个人物在文中没有一句话、一个动作,但是细心的阅读者会发现,正是这样一个影子人物,却集中地反映了平桥村村民的热情和善良,也能在这个人物身上看到平桥村的民风淳朴、自然。可这个人物只是在双喜的口中走出来的,可以看出八公公是一个细心的老头，而且平时估计也很严厉，头上估计也生过疮疤。重要的不是这里，而是后文"我"的一句心里念叨："我响午才起来，并没有听到什么关系八公公盐柴事件的纠葛……"这样的一句他人的心理旁白，看似无意，其实是写作者无痕化的处理，是对前面双喜口中八公公的一种白描，这种个体白描手法是影子人物在文中的地位显影剂，不着一丝痕迹却力量强大。白描影子人物的什么？通过其他人物的口来代替影子人物说话，这样的间接描摹可以让人物更真实，充满神秘感。还可以运用闲笔的手法来写影子人物，比如我们熟悉的杨绛先生作品《老王》里的同住一院的老李的一句话："什么时候死的？就是到您那儿的第二天。"这无意间的一句话，看似可有可无，但是却集中反映了老王之前在"我"心中就是一个稍微熟悉的三轮车夫，而恰恰相反，"我"在老王的心中就似亲人一样。这种人物之间的反差通过他人口中一句看似随意的话语完全体现出来，这里的老李就起到了影子人物的作用。

所以，在对作品中影子人物进行处理时，要做好这几点。第一，不要急于代替人物说话，甚至帮他做一些动作，因为这样会让人物显得很干枯，不鲜活，更不会立体式地走出文章，来到我们面前。第二，不要刻意在这个人物身上添加一些不属于他的事情，要让事情自己无声无息地依附在人物身上，这事情看似和人物一丁点儿关系也没有，但阅读者如果沉浸进去，可能会心一笑，因为这样的事情其实就是为这个人物准备的，或者说这个人物就是事情唯一的实施者。第三，最忌对笔下的人物进行标签式的道德评判，哪怕是讴歌也不需要，不要对人物有明显的情感倾向，因为生活还是由普通人创造的，所有的品性、道德、情感都应该由影子人物自己来完成，写作者不可越俎代庖，因为凡世之中影子人物处处皆是。基于这三点，影子人物的个体白描就需要从无痕之中入手，举重若轻地使用写作手法，而不是刻意去描摹，否则写作者就是搬起石头砸自己的脚。

其次，确定人物描写的现实性与精神性的关系。

人物描写一定是有原型的，否则这样的人物就是无根之木、无源之水。这里也就牵涉到了人物的现实性问题，任何作品中的人物都是由现实中进入文本，再从文本回到阅读者的面前，这样的现实意义，更增添了文学作品的艺术感染力和审美效果。所以，我们在阅读文学作品时，可以和文中的人物一起呼吸、共情，在阅读过程中，那些看似陌生的面孔会慢慢熟悉起来，我们会感觉这个人物就是自己的朋友、邻居甚至亲人。

影子人物的现实性不是把这个人物放在风口浪尖，也不是在他身上安置过于沉重甚至"高大上"的事情。影子人物的现实性一定是把一些无法言说的社会现象或者人性百态，在不经意间透露给阅读者，这是一个有"心机"的写作者常做的事。经典著作《红楼梦》在中国甚至世界上都有着举足轻重的影响，书中的人物数以百计，很多红学家和阅读者都喜欢把阅读和研究的目光聚焦在几个重要的典型人物身上，往往忽略了一些影子人物的存在。小说中有一个人物，读者几乎很少去关注她，这个影子人物就是贾政的小妾周姨娘。小说前八十回，这个人几乎一句话也没有，甚至很少露面，即使出现也是和其他人物一起，写作者从来没有给她单独出现的机会，连一句话也不留给她。但就是这样一个影子人物，却暗藏写作者的百变心机，没有说话的人物充满着现实意义。周姨娘不像赵姨娘那样在府里演绎着一部成功戏，也不像闹腾的秋桐，她只是一个安静老实，恪守府里的一切制度，一把岁数的人，还得和众丫鬟们一起照顾正室夫人，每个月只有二两钱，人物的描写淡得甚至连一个侧影都没有。书中对周姨娘的描写主要是通过他人的话语和人物自己心理活动来体现的，全书只有两处。第一处是："你瞧周姨娘，怎不见人欺他，他也不寻人去。"这是探春对赵姨娘说的一句话。第二处是在赵姨娘死时，周姨娘看到赵姨娘的死状，心里十分难受，心想："做偏房侧室的下场也不过如此！况他还有儿子的，我将来死起来还不知怎样呢！"

周姨娘平日在府里是一个说话连大气都不敢出的人，除了性格的低沉以外，还有就是一种天生的自卑。周姨娘虽然"贵"为姨娘，但是在府里的地位如同仆人，甚至有时连得势的丫鬟都不如。但是小说自始至终都没有明确这一点，却用大量的修饰和热闹的场景来掩盖这个事实，周姨娘尚且如此，可见贾府里其他的下人该是什么样的生存状况。与此同时，我们也能深深地感受到曹雪芹的匠心独运，那些繁华滚滚而过的描写以及典型人物的塑造虽然在一定程度上揭示了贾府败落前的回光返照，同时也把人性的虚伪、骄奢、贪婪、自私、险恶用一个影子人物折射出来。周姨娘这个影子人物就是写作者揭示现实的一个光点，是人物现实性再现的最好见证。在贾府，没有纯粹的亲情，只有虚伪的关系，周姨娘这样一个相对有点地位的人简直只能算一个影子人，或许在纵情声色的那些人物眼里就是一种虚空。

"在一切大作家的作品里根本无所谓配角，每一个人物在他的地位上都是主角。"这是德国文学家海涅说的，人物只有在适合自己的位置上才会发挥作用，才能够有自身的光芒。影子人物虽然没有"占用"文章太多的笔墨，但是其作用一点也不次于典型人物，写作者如果能够很好地安排影子人物的位置，让他在适当的时候出现，这样的人物力量是无法估量的，有时可以把一部作品直接提升到另一个高度。

鲁迅是一个写人高手，他的笔下除了大家耳熟能详的一些典型人物外，还有众多的影子人物。小说《孔乙己》中我们印象深刻的是主人公孔乙己，这个穷困潦倒的读书人，在众人嘲讽和社会强大的挤压下悲惨死去。这样的人物带给我们的是一种强烈的现实冲击力，但我们在阅读《孔乙己》时往往会忽略一些不知名，文中也少有明显痕迹的人物——众酒客。

孔乙己一到店，所有喝酒的人便都看着他笑，有的叫道，"孔乙己，你脸上又添上新伤疤了！"他不回答，对柜里说，"温两碗酒，要一碟茴香豆。"便排出九文大钱。他们又故意的高声嚷道，"你一定又偷了人家的东西了！"孔乙己睁大眼睛说，"你怎么这样凭空污人清白……""什么清白？我前天亲眼见你偷了何家的书，吊着打。"孔乙己便涨红了脸，额上的青筋条条绽出，争辩道，"窃书不能算偷……窃书！……读书人的事，能算偷么？"接连便是难懂的话，什么"君子固穷"，什么"者乎"之类，引得众人都哄笑起来：店内外充满了快活的空气。

…………

旁人便又问道，"孔乙己，你当真认识字么？"孔乙己看着问他的人，显出不屑置辩的神气。他们便接着说道，"你怎的连半个秀才也捞不到呢？"孔乙己立刻显出颓唐不安模样，脸上笼上了一层灰色，嘴里说些话；这回可全是之乎者也之类，一些不懂了。在这时候，众人也都哄笑起来：店内外充满了快活的空气。

这些酒客大多是"短衣帮"，在那个年代都是生活在社会最底层的群体，平日里也经常被一些"上层"人物所欺压，可是他们不敢反抗，一直压抑着。但是在咸亨酒店他们却找到了精神的平衡点，这个平衡点就是孔乙己，他们用尖酸刻薄的话语深深地刺激着孔乙己，用一阵阵浅薄寡廉的笑声捉弄孔乙己，然后在一阵哄堂大笑中获得短暂的满足感。那一刻，这群影子人物不再是本该用善良和淳朴去形容的人群，因为他们把自己幻化为平时欺压自己的那个群体了。酒客就是鲁迅在小说中可以安排的影子人物，与其他影子人物不一样的是，这些人物还有几句话，但是乍看，在文章主题刻画上，这些影子人物没有太多作用，整个小说就是孔乙己来唱主角。可正是这些酒客，却把那个年代社会的现实映照得清清楚楚，写作者仅用了几句话的描述，就把一群冷漠无情、麻木不仁的看客刻画得淋漓尽致，同时也把整个社会的腐朽病态和人吃人的现实状态揭露出来。

作品中，写作者除了研究人性问题外，剩下的就是主题。我们的生活都是由人组成的，所以这里就有一个显而易见的问题：作品中的人物不可能游离生活这个圈子而存在，所以让人物来体现社会的现实性就变得尤为重要。如果为了表现人性和社会问题，写作者关心的都是典型人物，描述的都是大事件，那问题就会马上出来。人物偏离社会就像树木离开土壤，不要说是参天而立，就是活下去都成问题。因而，高明的写作者会选用一些影子人物，把人物和社会连接起来，并且这些人物不仅仅是创造出来的，还要从现实中生长出来。这就是写作者用文学作品去表现社会，用影子人物来反映现实。

当下，有些作品在人物处理方面过于偏向技术层面，人物的言行、心理、性格都仅停留在表层。技术终归还是有些飘忽，不易落地，必须让人物回到具体的写作内容中，回到本该属于人物自身的精神范畴。写作者不是用纯粹、苍白的事件去打动和感染阅读者，而是用朴素的充满人性的精神和情感来撬动每位阅读者的内心世界。

人物的精神世界是丰富而复杂的，写作者只有调动人物的能动性，才能让其作品中发挥最大作用。精神是一个人的内心和情感的真实写照，精神贫瘠消极的人，他的生活一定是单调而充满不确定因素的，精神饱满积极的人，生活一定多姿多彩。

多年前，我在游历长江的时候，轮船行驶到白帝城附近，我依靠船舷拿着一本从别人处随便借来的琼瑶小说。说心里话，我本人不喜欢琼瑶的小说，但实在闲得无聊，只有随性翻翻。旁边一个朋友看我在读琼瑶的小说，打趣地说道："你可不能太入迷啊！多年前，有一个小姑娘曾经为了一本小说而从船上跳到江里。"有这么严重？我不禁疑惑地笑笑。朋友说这件事还被当时的报纸刊登过，因为小姑娘读书读得太入迷，被小说中的男主人公深深吸引，没有想到一阵江风刮来竟然把书给刮到江里了，情急之下，这个小姑娘什么也不顾，纵身跳到翻腾的江水中。因为那一刻，在她的心中，被吹落到江水中的不再是一本书，而是她心中的那个男主人公。这样的故事真伪不必深究，但是我一直在想一个问题，是什么样的一种力量驱使这个姑娘为了一个非现实的虚构人物奋不顾身地跳江？唯一可以说得通的，就是人物自身所带的那种让人心驰神往、不能自已的精神性让阅读者与之融为一体了。

影子人物的精神性作用可以从以下三个方面体现：

第一，影子人物可以再现生活场景，让过往的生活重现在阅读者面前。契诃夫在其短篇小说《变色龙》中除了塑造典型人物警官奥楚蔑洛夫外，为了向阅读者再现19世纪80年代沙俄时期社会生活中真实的画面，还安放了一系列影子人物。这些影子人物就是旁观者，他们当中没有十分明确的名字，有的连职业也很模糊。但当这些影子人物遇到小狗咬人事件后，平时慵懒十足的他们，竟一刹那变得异常兴奋。之所以有这样的表现，主要是因为如此行为既给他们无聊的生活添加了些许的开心，又不会给自己招惹麻烦。他们是一群小市民，虽然性情不一，各具特色，但是他们拥有一个共同点：麻木、愚妄、荒唐且奴性十足。这些影子人物既为奥楚蔑洛夫反复无常、见风使舵的性格提供了特殊场面，又向广大阅读者再现了过往的生活场景。这些旁观者内在的精神也就是沙俄时期众多小市民的精神性体现，聚焦这一点，就可以了解整个时代的风貌。

第二，影子人物的精神性可以对作品现有的情节进行补充，丰富作品内容，让其更加合理，同时能极大地增强文章表现力和感染力。《鲁提辖拳打镇关西》里有一个影子人物，作者在他身上的笔墨不多，前后也只有两三句话。从文章的内容上看，这个人物可有可无，但是这个影子人物对鲁提辖的精神性影响却十分强大，他不但对鲁提辖的性格品质作了垫衬，同时让这个故事更加合理，让阅读者读起来不会觉得干瘪。这个人物就是店小二。文中第一次让店小二出现是他阻挠鲁提辖放金氏父女，却被侠义肝胆的鲁提辖暴揍一番；后面描写这个店小二远远观看鲁提辖痛打镇关西。也就是说，这个店小二是鲁提辖行侠仗义的全程目击者，也是整个事件的知情者。通过店小二的视角来描写鲁提辖的直爽、豪气和粗中有细的性格，让作品的内容显得尤为真实可信，也特别合理。所以，我们在写作时不一定要把大量的笔墨花在某个典型人物身上，如果一味地去描摹典型人物，有时文章的感染力反而达不到写作者期待的效果。要学会迂回反转，从影子人物身上去窥探作品的深刻内涵，这样能更有力度地完善故事情节，表现主题。

第三，影子人物的精神性可以让作品在叙述中更加饱满、客观。影子人物本身的意义并不大，对作品主题的影响甚微，在特定时期这样的意义被弱化、窄化；但是影子人物的功能却被放大到一定的程度。所以，写作者要思考的必须是影子人物的精神性作用，而不是"强制性"地赋予他一个"意义"，这样的做法看上去可能是一种解构，但我更愿意认为这是重新建构。让影子人物在作品中用自己"无痕化"的精神来推动情节，把牵涉的事件、情感乃至作品的主旨进一步细化，在有意或无意间让作品慢慢变得深邃有嚼劲。影子人物的来回腾挪，让作品的情节变得跌宕起伏，形成一种节奏美。当然，在作品中穿插的不一定是人物在活动，而是这个影子人物的精神影响着几个甚至一批人，如此作品才会达到一个极致。

最后，确定人物间张弛有度的关系。

马克·吐温曾经说过："不让说'那个老太太大声尖叫'——让她自己来，让她大声尖叫。"毛姆说："对你的人物了解得越透彻越好。"

我们习惯性地认为人物只会在小说、散文中存在，其实这样的认知是走向了人物表面化的认识误区。殊不知，其他的文体中也会有人物存在，有时写作者对他们的塑造更为有力、具体。只不过写作者巧妙地运用了艺术化的手段对人物进行了技术处理，用多种方法来刻画人物，如人物之间的张弛之道。

我们以现代诗歌为例来谈谈这样的写法。个人比较喜欢浙江诗人江一郎的作品，他的诗歌一直秉持着真诚、质朴的写作理念，在处理诗歌中的人物时善于从平凡中发现诗意，让个体对生活的发掘变成每一位阅读者内心的触碰和感动。他诗歌中的人物既有近距离的刻画，也有远远的观看，充满动感。他笔下的人物往往浓缩着一个时代普通民众的影子，没有特别高拔的形象，他们的话语低沉而不躁动，也不会对一个时代产生太多的影响。诚如他自己的诗歌观："最好的诗应该是朴素的，在朴素的叙述中带给人温暖，又隐隐有些伤情。如果写出这样的诗，我必将为自己感动。"其代表作品《伤心男人》是在一个庞大丰饶的乡村语境中设置了一个这样的"男人"。诗人把自己的身姿放在大地上，匍匐紧贴脚下的那片土地。这个"男人"在诗中没有一句话，这个"男人"看似是诗人塑造出来的，但是我们细细读后会发现，其实这也是诗人自己在大地上的孤独一瞥，把诗中的人物和自己混合在一起，读起来让人分不清是写他人的故事还是诗人在表述自己的情感。

> 有风的早晨，我的眼睛会落泪
> 多少次，当我站在路边
> 抹着脸上泪水
> 那些擦肩而过的人
> 走远了，又回头看我
> 善良的人啊，他们真的以为
> 这是一个伤心男人
> 在无声地哭

要让作品中人物的关系在紧张中有着适度的缓冲，必须把人物放在一个宽阔的空间中,通过叙述视角的转换,形成一种张弛有度的语言伸缩感,此时作品中的人物体现的是写作者通过对其的塑造来完成自我生命的检视。所以,写作者无须也不能用太多的艺术形式来描写人物,有时平铺直叙才是张弛之道的重点,这样的写作手法更多地出现在诗歌这一体裁中。诗歌中的"我"可能是诗人自己的真实写照,也可能是众多人群中的一个剪影,也有可能是每一个进入这首诗歌的阅读者……角色的变化、视角的转移、情感的不一,一系列因素交融在一起,形成一个极具张力的"人物显现"平面。在这个平面上,人物的情感、形象甚至语言和动作或紧或松,在张弛之间凸显出人物的力量。对人物的处理,每位写作者都有自己的思考和价值定位。紧凑时,人物的人性之美依附在某一位人物身上,可以为整个生命支撑起一片巨大的天空;松弛时,人物看似散乱无序,但是这些形式上的松散却是为了主题或者价值的聚焦。因而,人物塑造的方法和形式不能一概而论,要依据作品主题的需要,有时甚至仅仅为了迎合阅读者的审美趣味再作必要的变化。

诗歌中人物的塑造不像其他体裁中的描写。散文中人物的描写极具时代感,人物身上的语言文采斐然,人物血肉鲜活,读来情意盎然,写作者特别关注对人物细节的描摹。小说和戏剧中的人物塑造又是另外一片天地,作品的整体布局有时十分紧凑,有时又是天马行空,由人物引发的故事也会变得跌宕起伏,人物形象生动且有特点,多数时候,阅读者能够在人物的描写中感受到人性的美和丑,正和邪。

人物一旦进入写作者的作品中,这时他就是主人,写作者就是一个旁观者,没有权利去逾越他的生活,更不能代替他去思考和说话，摆在写作者面前的就是静静地等着人物自己去说笑、伤心，观察他的一切活动。只有这样，文章中的人物才会客观、真实地走近阅读者，人物的喜怒哀乐才成为阅读者的喜怒哀乐，是一种事实性的感受，而不是一个他者的感觉。

人物单一性格的缘由首先主要是受叙事篇幅的影响以及文中所叙述事件的影响，写作者无法用更多的文字去打开，譬如说我们平日的考场写作。其次，传统的写作理论要求人们描写时，只要截取人物身上某一个亮点或者性格中最能凸显的部分来描写即可，无须面面俱到，甚至有人要求在写人物时抓住一点深挖，而不顾及其他，以上两点往往造成我们写人物时的"扁平化"和"扭曲化"。为了杜绝这样的写作误区，写作者在处理人物关系的时候，必须做到张弛有度，平衡人物身上各种各样的特点，比如有些人物性格张扬，有些人物性格内敛。人物的语言形式也应该不一样，不同角色和不同情境下人物的语言形式是不一样的，人物的语言一定是仅仅贴着人物性格、情感和身份，而不是写作者根据自己的好恶随意加上去的。写作者只有"写"人物的权利，而无左右人物的权利，人物一旦出场，写作者就应该退到一旁，由他自己来完成使命。

因而我们可以说，描写人物需要有一种张弛之道的智慧。首先，人物描写不能过于密实，要给人物一定的腾挪空间，也就是呼吸和呐喊的机会；其次，人物描写要根据作品的需要在适当的时候做最有利的调整，他们出现的时机和场合要有设计性的安排。人物的复杂性是艺术诞生的土壤，让阅读者在复杂的人性中洞察人世间的一切，或痛楚、或欣慰、或敬畏。

人物的性格是立体多元的呈现，要和阅读者产生一定的距离，这距离也许是生活上的错位，也有可能是情感上的间隔。我们允许高尚的人物有人格和道德品质上的瑕疵，因为这样才真实可感，才会让每位阅读者产生了解、走近人物的冲动，才能够引发大众的争议和讨论。曾经有位故人这样对我说："一个人就像一座山，优点和缺陷就似山峰与山谷，山谷越深，山峰才会越高。"是啊，一位优秀的人物，纵然再伟大绝伦，也会有毛病和缺点，个体身上的两种特征品质就是矛盾的对立体，因为人物是一体两面的。

不同立场下的人物描写，走出来的人物也是不一样的，即使是同一个人物在做着同样的事情。我们观察和了解一个人，有时从自身的立场去看，因为立场的不同，这个人物在大家的眼中也会拥有不同的成像效果。所以，写作者在描写人物时不能光从一个角度去发掘表现，而是要把人物摆放在众人的眼中去描写。立场不一，人物的性格特征给人带来的感受就不一样。比如，一位尽责尽职的仓库管理员，他不苟言笑，做事认真负责，这样的人物在老板眼中，就有着一身闪光点，而在那些对仓库图谋不轨的人眼中就不一样了，他们会痛恨这位仓库管理员。所以，写作者要把人物放在一个多维的场景中去描写，而不是从单一的立场出发。

人物处在动态变化中，因为人都是一个变化体，要把人物放在时间和事件变化运动的状态中去描写，而不是像描写一件雕塑那样，一直不动。所以，写作者对人物的定位也不能贴标签，更不能草率地下定义。在文章中，人物一定是充满弹性的，这样的人物我们在很多经典著作中已然见识过很多。人物关系的变化就是一种张弛之道，但这种变化一定是在某种外力的作用下才会发生，比如人物在遇到突发事件或者遭遇一定阻碍时才会发生。所以，我认为冲突是人物变化的最主要的一种外在因素，这样的冲突可以是立场的冲突、个人信仰的冲突、人物间利益的冲突。

下面我们就作家冯骥才的著名短篇小说《泥人张》来谈谈这种写法：

手艺道上的人，捏泥人的"泥人张"排第一。

泥人张大名叫张明山。咸丰年间常去的地方有两处。一是东北角的戏剧大观楼，一是北关口的饭馆天庆馆。坐在那儿，为了瞧各种角色，去天庆馆要看人世间的各种角色。这后一种的样儿更多。

那天下雨，他一个人坐在天庆馆里饮酒，一边留神四下里吃客们的模样。这当儿，打外边进来三个人。中间一位穿的阔绰，大脑袋，中溜个子，挺着肚子，架势挺牛，横冲直撞往里走。站在迎门桌子上的"撂高的"一瞅，赶紧吆喝着："益照临的张五爷可是稀客，贵客，张五爷这儿总共三位——里边请！"

一听这喊话，吃饭的人都停住嘴巴，甚至放下筷子瞧瞧这位大名鼎鼎的张五爷。当下，城里城外气儿最冲的要算这位靠着贩盐赚下金山的张锦文。他当年由于为盛京将军海仁卖过命，被海大人收为义子，排行老五，所以又有"海张五"一称。但人家当面叫他张五爷，背后叫他海张五。天津卫是做买卖的地界儿，谁有钱谁横，官儿也怵三分。

可是手艺人除外。手艺人靠手吃饭，求谁？怵谁？故此，泥人张只管饮酒，吃菜，西瞧东看，全然没把海张五当个人物。

但是不会儿，就听海张五那边议论起他来。有个细嗓门的说："人家台下一边看戏，一边手在袖子里捏泥人。捏完拿出来一瞧，台上的嘛样，他捏的嘛样。"跟着就是海张五的大粗嗓门说："在哪儿捏？在袖子里捏？在裤裆里捏吧！"随后一阵笑，拿泥人张找乐子。

　　这些话天庆馆里的人全都听见了。人们等着瞧艺高人胆大的泥人张怎么"回报"海张五。一个泥团儿砍过去？

　　只见人家泥人张听赛没听，左手伸到桌子下边，大鞋底下抠下一块泥巴。右手依然端杯饮酒，眼睛也只瞅着桌上的酒菜，这左手便摆弄起这团泥巴来；几个手指飞快捏弄，比变戏法的刘秃子的手还灵巧。海张五那边还在不停地找乐子，泥人张这边肯定把那些话在他手里这团泥土全找回来了。随后手一停，他把这团往桌上"叭"的一戳，起身去柜台结账。

　　吃饭的人伸脖一瞧，这泥人真捏绝了！就赛把海张五的脑袋割下来放在桌上一般。瓢似的脑袋，小鼓眼，一脸狂气，比海张五还像海张五。只是只有核桃大小。

　　海张五在那边，隔着两丈远就看出捏的是他，他朝着正出门的泥人张的背影叫道："这破手艺也想赚钱，贱卖都没人要。"

　　泥人张头都没回，撑开伞走了。但天津卫的事没有这样完的——

　　第二天，北门外估衣街的几个小杂货摊上，摆出来一排排海张五这个泥像，还加了个身子，大模大样坐在那里。而且是翻模子扣的，成批生产，足有一二百个。摊上还都贴着个白纸条，上面写着：贱卖海张五。

　　估衣街上来来往往的人，谁看谁乐。乐完找熟人来看，再一快乐。

　　三天后，海张五派人花了大价钱，才把这些泥人全买走，据说连泥模子也买走了。泥人是没了，可"贱卖海张五"这事却传了一百多年，直到今儿个。

《泥人张》的故事情节被写作者描写得一波三折、跌宕起伏、冲突连连。人物在动态情节的带动下显得丰满而有层次感且形神兼备。当然，人物不能被淹没在故事情节中，写作者的目的不是简单的让阅读者记住故事，而是读完这个故事后能记住人物并能被这个人物影响久远。这篇小说是把人物放在冲突中推进，这里的冲突就是上文所讲的立场冲突、利益冲突。小说开篇就给了阅读者一种无形的冲突感受：手艺道上的人，捏泥人的"泥人张"排第一。"第一"的称号会产生矛盾，让同行的人有中跃跃欲试的冲动。首先，写作者并没有一开始就描摹泥人张的技艺如何的精湛，而是把人物放在一个饭馆中来展现，这个场所是他平时练习、学习、生活的地方，是一个有着人间烟火气的地方，这里流动的空气中也有着一股世俗的味道，但世俗之地并不代表这里的一切都是俗气的，往往大雅之士就隐于此。其次，作者安排的冲突不是内心的矛盾，而是来自外部的力量影响，所以这个时候另一个人物——海张五出现了。海张五的语言是动，泥人张的沉默是静，这样的动静一体形成了一种张弛之道。接着，写作者写出了海张五用语言来羞辱泥人张，但泥人张并没有当场发作或者也同样用语言来还击，只是在底下捏了一个比海张五还像海张五的泥人像。这一冲突既推动了故事情节的发展，又从一个侧面写出泥人张的手艺高超。但人物的冲突并没有结束，矛盾的焦点定格在第二天，在估衣街上的杂货摊旁又有了一次冲突，此时这个杂货摊正在贱卖海张五泥人像。写作者在动静冲突之中刻画人物，人物性格没有变，但是同样对人物的描写却不一样，一张一弛，一紧一松，这既是人物关系的变化，也是写作者凸显人物性格的办法。

在冲突和动感中塑造人物，写作者营造了一种富有动感的在场情景和现场情绪，这种场景和情绪拉扯着小说中的人物，也牵动着阅读者的心绪。人物在什么样的情境中就会有什么样的情绪，阅读者也就会生发什么样的情感。小说中的"天庆馆""估衣街"都是一种在场环境，这样的场所营造了一种特殊的氛围，只有这种氛围下才会有这样的故事发生，如果把这些场所换成其他的地方，可能效果就会大打折扣，因而写作中人物环境的选择也至关重要。

看了这样的小说，阅读者好似也随着人物和情节而进入小说，就像身临现场、置身其境。随着小说的推进，阅读者自身的情绪也开始动起来，整个人跟着小说的情节波动。写作者创造了这些活灵活现的人物，创造了让人读后也能进入故事的氛围。此时，阅读者的情绪和心境也跃动起来，受到这样的氛围和审美的感染。

所以，要努力在冲突和动感氛围中表现作品的思想。作品中的人物到底怎么写，如何去写，其实不是什么大的问题，关键在于怎么写人物。写作者塑造一个人物时，不要只是简单地分析人物的性格、情趣、思想，而是要把笔下的人物放在完整的作品关系中衡量、盘弄，因为人物给我们的作品提供了原动力，这里牵涉人物的欲望、内心矛盾，这所有的一切才是作品走进每位阅读者内心世界的动力。

人物，永远守护着我们作品的灵魂……

第八章
瓶与酒，现象中的现象

某时，结束一次较大范围的学生监测作文批阅。很开心，数量不少的文章出现在阅卷现场，但同时也很遗憾，大量穿着"花哨"的外衣的如同小丑一样的文字样本堂而皇之地被打上高分。

没有思想，甚至不存在内容的文字就这样大摇大摆地来到我们的作文教学中，以考查"获胜者"的形式左右着众多的教师和学生。在监测评价这样的指挥棒引领下，我们的写作已然成了一片没有生机和绿意的荒漠。

只有深入了解学生习作形成的背景，才能更好地评价这些习作：这是我们每位写作教学者的基本态度。忽略这些习作的存在，不但写作教学的目的达不到，而且也是一种荒谬的不负责任的做法。只有找出缘由，分清问题症结所在，我们在平日的写作教学中才能真正做到拨乱反正。

这样的文章呈现什么样的形态？

首先，这些习作大多数内容雷同。学生看到题目，没有任何思考就把平时早已"背熟"的样品内容搬上去，这也导致大量的学生的文章中有着同样的题材和内容，久之，写作主体的创造性与个性消失殆尽。

其次，习作的形式呈现模式化的死结。思维和审美的虚饰不但形成了写作内容上的趋同，也产生了形式上的雷同。为了凸显写作主旨，写作教学者要求写作者在文章开头点题，中间叙事和抒情结合，文末再次点题。所有参与写作的人都有意或者无意地迷失了自我，放弃了创造，按照类似的指导去假意构思、写作，甚至用同样的话语形式去表达。

再次，写作主体思考力的严重缺失。写作者用早已宿构而成的思路去想问题，将自以为是的不用观察和思考的内容硬性塞进作文，并且每次都能拿到心仪的高分。久而久之，写作者对鲜活的现实世界缺少了真实的观察和思考，他们的思维开始变得迟钝、固化，写作能力和写作欲望全部消失。

最后，写作主体表达心灵真实声音的能力丧失。一味关注虚无的文章形式，只会削弱思想意识和写作意识还处在发展期的写作者发现真实的能力，同时也表达不出真实；这样的写作思维模式一旦进入写作过程中，时间长了就很难改掉，对写作甚至做人都会有严重的影响。

这是写作者的悲哀，也是写作教学者的悲哀，更是评价者的悲哀！

如何去寻找一篇好的作品？

这不仅是阅卷教师的追问，也是所有关心写作之人的探求。

话说春秋时期有一位著名的相马大师九方皋，一次秦穆公请他帮助寻找良马。几个月后，九方皋回来报告说："我已经在沙丘找到好马了。"秦穆公问："那是什么样的马呢？"九方皋回答："那是一匹黄色的母马。"但是等秦穆公快乐地跑出去后却惊讶地发现，门外的马竟然是一匹黑色的公马。秦穆公甚为不满，可他哪里知道，九方皋相马已经达到一定的境界，他注重的是马的精神和内在品质，而忽略了马的表象甚至雌雄。如果一篇好的文章是一匹马的话，那我们所有的人都应该学学九方皋，我们的审美和评价首先要指向文章的本质属性。

所以，一篇好的作品呈现给我们的应该是文章的本质内容，而不是一些花哨的辞藻。从现象学的角度去看，文章的表面形式与内容是对立的，文章的表象在价值上远远不如文章的本质、实在、内在的东西。笛卡尔也曾说过，现象是令人遗憾的甚至是虚假的东西。

诗人于坚曾经提过这样的一种诗歌创作主张：拒绝隐喻。他希望摒弃一切形式，完全以一种纯粹的写作方式直接抵达诗歌中，这不但是诗人自己的主张，也是阅读者的情感和审美的需求。"拒绝隐喻"就是淡化文本的形式，让作品的内核充分裸露出来，在强大的阅读空间中完成文学作品的本质功效。

法国哲学家德里达曾说过：文本之外，一无所有。只是一味关注文本之外的因素，而忽略文本的本质，将会两手空空。我们的写作初衷不是这样的，更不是想把学生带入形式主义的泥沼中，因为这是写作的忌讳。但是有时阅读者或者说评价者却很容易陷入这样的假象之中，进入一种虚幻的景象里。

以上这些话语都是有力鞭挞当下学生习作中的那些"外衣"的有力依据，这些"外衣"不仅是语言的堆砌，更没有实质内容，只有文字空壳。

我们看看这样的一篇在中考中获得满分的习作《春雨落江南》（节选）：

春雨落江南，一直下个不停，清凉的雨丝随风飘洒在脸上，她不像冬雨那样的冰肌寒骨。春雨是缠绵的，有点争先恐后的样子，好像是天空对大自然的倾诉，想融入大地的怀抱。早春像一幅画，随着雨水畅快地滑下来，恰到好处地向四周流去，在深褐与浅绿、嫩黄之间，使池州这座江南小城成了雨中的风景，清新而美丽。

春雨落江南，雨雾弥漫，千万条银丝，荡漾在半空中，恰似穿成的珠帘，如烟如云地笼罩着一切。活泼的燕子在雨中穿来穿去，想用那剪刀似的尾巴剪断雨帘。春雨绵绵，洒落在柳叶的叶子上，沙沙沙，像少女轻轻地抚弄琴弦，又像蚕宝宝在吞食桑叶；春雨潇潇，小雨珠飘落在早春的花瓣上，滚动着，犹如千万颗闪烁着五颜六色光彩的珍珠。

从形式上看，这篇文章乍读时，让人耳目一新。修辞华丽，用词鲜活，有大把色彩的铺陈，也有视觉和触觉的描摹，真可谓是一篇好文，再加上学生书写工整，字数饱满，十分符合阅卷者的口味。但是，只要仔细阅读就会发现，这篇文章虚饰、矫情，还弥漫着一股轻浮的颓唐之风，不知从什么时候起这样的文章也能跻身"满分"之列。

或许有人说，这篇文章的抒情意味强烈，并不是没有可取之处。作为一篇练笔习作，这样的文章还可以凑数，但是被冠以满分，的确有点夸张。我们不排斥抒情，但滥情就不可取了。写作中，我们作品呈现出来的不仅仅是某个人、某个故事，而应该有一个完整的叙述性过程，叙述可以把故事和情节缓慢而真实地展开，所以我们要压缩抒情因素，或者必要时将之剔除。唐代诗人王维的《杂诗》

如果拿到现在的考场上来，估计连个起点分都难以得到。"君自故乡来/应知故乡事/来日绮窗前/寒梅著花未"。诗歌语言平淡无奇，没有华丽的修辞，更没有强烈的抒情，面对故乡的来客，诗人只是平静缓缓地问了一句："家乡窗前的梅花开了吗？"读到这里，我们的评价者可能会说这首诗没有点题或者语言"寡淡"。事实真的如此吗？

一篇好的作品应该尊重阅读者的内心世界，萦绕阅读者的情感，尊重写作者的意识。作品的形式和内容从哲学的层面上看是对立统一的，在这样的统一体中，两者的地位和作用不一样。

但是这个世界上不存在没有形式的内容，文章也是如此。我们在写作教学时，也不是把形式一棒子打死，而是把形式建立在一定内容上，让形式和内容成为文章的双翼，只有这样的文章才是我们的追求。可形式太炫目，有时会惹乱我们的双眼，迷惑我们的心智。因而这次监测中作文批阅才会让一些披着花哨"外衣"的文字躯壳得到高分。如果我们在写作教学时，把现象放在内容的层面上看待，那么这里的"现象"就不再是虚饰的形式了。

德国著名哲学家胡塞尔是这样来定义现象的：现象不是事物外部的表现，而是事物本质的呈现；不是通过感官得到的，而是通过直觉得到的；不是虚假的东西，而恰恰是最真实的东西。胡塞尔对现象的定义，为我们的写作教学指明了方向。

第一，我们的写作教学可以有形式上的架构，但这样的架构必须建立在坚实的地基上，这个地基就是文章的本质所在；第二，形式一定是为内容服务的，两者是血肉关系，而不是皮毛两体。

面对一个写作主题，我们下意识的会把自己生活中的人和事进行形象化的再现。只有把实在的或者虚无的人或事形象化了，这些人和事才定格在写作者或者阅读者的眼前。但是在这样的状况下，每位参与者的情感、体验、思考会在过程中慢慢浸润、内化，这也就是情感化的孕育。到此时，一篇习作的形式和内容才会羽翼丰满，文章的"形"也会粗具规模。评价者只有在这样的情况下，才可以给予一定的评定。当然，好的作品还可以向前再走一步，那就是对人和事进行哲理化的探寻，这样的探寻同时也是写作者的思维和文章质量爬坡的过程。

有抛弃形式的写作吗？

回答必须是否定的。一篇好的习作之所以能成为大家喜欢的艺术形式，最重要的是这篇文章具有一定的文学性。这种性质存在于作品之中，外显为作品的语言、腔调、写作技巧、结构以及文章的布局。正因为有了以上这些外在的形式，作品才具有一定的审美性，才能够影响和感染一批阅读者。

作品的形式只有在一定的语境下才会彰显其作用。语言是一个魔方，特别是文学作品的语言绝不会像科学表述那样具有一定的指向性。文学语言必须在写作者的创作过程中，通过其不断的想象和创设，慢慢地携带着写作者的温度和情感，然后在阅读者的参与下，作品的形式才会引起写作者情感的反应。否则，就会出现这样的状态：写作者呈现的是一个世界，而阅读者感受到的却是另外一个世界。作品的形式理应成为鸟的羽翼，可以借助外部的风势，而不是扼住作品的内在活跃和升腾，成为作品的沉重的枷锁。

优秀的作品肯定先是利用形式美来打开阅读者的内心世界。巧妙的形式可以潜行在阅读者的视野中，然后有意无意地影响阅读者洞察作品的视角以及重组作品内在逻辑的能力。作品的形式美不是天生的，因为形式首先是一种接受，阅读者只有接受了写作者的观念、情感、审美才会接受他的作品。所以我们经常说阅读是个性化的，属于私人的行为，可此行为一定是建立在完全通晓作品的基础上的。在这个层面来看，作品的形式和内容不再是左右阅读者深入作品内在结构的关键，能够影响阅读者的一定是作品的整体，而这样的作品的形式美需要在写作教学中不断训练，如此形式与内容将会是皮毛一体、融而合一。

李汉荣的文章这几年被众多选本收录，因而得以广泛流传。他的文章到底有哪些被人称道？首先，李汉荣给阅读者呈现的是一个充满生机，鲜活得让人神往的自然世界；其次，李汉荣笔下的一草一花、一水一石细小却饱满有力，荡漾着浓郁的生活气息；最后，我们在阅读李汉荣时就是与自然对话，在他的文章中能听到淙淙的流水声、清脆的鸟鸣声、缓动的清风声……

李汉荣的作品内容是用一种朴素的、零碎的生活和故事的形式来表现精神和内心的愿望，他直面的不是"写什么"，而是能在阅读者的心中"留下什么"。他的作品呈现的不是内容本身，而是采用了"内容化"的处理，这样的写法完全是站立在阅读者的立场，因而使他的作品走向另一个开阔、深邃的境界。阅读者和写作者能够在作品中找到共鸣，彼此重新发现自身的位置。所以，写作者和阅读者都要有意识地和附着在内容上的形式化语言保持距离。写作内容不是排列，更不是完全的把生活复印出来，而是要学会组合、删减、叠加，因为写作内容的选择取舍就是为了更好地适应写作需求。

初次阅读李汉荣作品的人都会被他文章中强大的形式张力所击中，进而完全沉浸其中，但是细细读之就会发现，外在形式的力量得益于文章内在的因素。文章是有气脉的,古人言"文以气为主",这句话表明了优秀文章的灵动和气韵,文章的气脉从属于写作主体内在的情思、审美、经验,而不是僵化为简单的文体规则。《月光下的探访》是李汉荣众多文章中的一篇佳作,我们一起来看看其中的一节:

> 我来到山顶西侧的边缘,一片树林寂静地守着月色。偶尔传来一声鸟的啼叫,好像只叫了半声,也许忽然想起了作息纪律,怕影响大家的睡眠,就把另外半声叹息咽了下去——我惊叹这小小生灵的伟大自律精神。我想它的灵魂里一定深藏着我们不能知晓的智慧。想想吧,它们在天空上见过多大的世面啊!它们俯瞰过、超越过那么多的事物,它们肯定从大自然的灵魂里获得了某种神秘的灵性。我走进林子,看见一棵树上挂着一个鸟巢。我踮起脚尖发现这是一个空巢,几根树枝一些树叶就是全部的建筑材料,它该是这个世界最简单的居所了,然而就是它庇护了注定要飞上天空的羽毛。那云端里倾洒的歌声,也是在这里反复排练。而此时它空着,空着的鸟巢盛满宁静的月光,这使它看上去更像是一个微型的天堂。

摹自然中的月色,写树巢下的鸟鸣,这些都是常见的写法,对于一个写作者来说没有任何新意。读过太多描写自然的文章了,作者固化的写作路径也都是赋予鸟生命,在鸟的身上寄托自身的情感。读来的确是那么一回事,因为这些文章看上去都具备写作的一种形式美。但李汉荣不仅在形式上进行了雕琢和美饰,更重要的是给予笔下的万物一个平等对话和思考的空间,不是移情更不是寄托。写鸟就如同与一位朋友、邻居或者陌生人的对话，在小心询问的基础上有着一丝礼节上的退守。他笔下鸟的叹息以及叹息中的矜持和分寸，分明就是写作者内心的追求，在自然山林中让笔下的万物完成自己的愿望，做一只渺小于月色下的鸟，拥有一份属于自己的天地。

的确，李汉荣对汉语的运用已然到了炉火纯青的地步，他把对自然的精神领悟洒落在语言叙述中，作品整体上体现了他的一种回归、存在和皈依，当然更多的是带领阅读者一起去寻找。特别是他的语言形式看似华丽灵动，实则是朴素的，他的语言不是"造"出来的，而是直觉所成，这就决定了他的作品与那些形式惊艳的文章有了天然之别，笔下的一切意象是具体可感的，而不是抽象虚饰的，在叙述中有着一股精气神的游走。正如李汉荣自己所说：

> 每次写作，我总是打开窗子，眺望一会儿朦胧的远山……语言被心中的激情和宇宙的浩气激活，语言行走和飞翔起来。语言有了只有在这个时刻才有的动人表情和语调，就这样，我的心，在语言的原野上走向远处和深处。每当这个时候，我感到，万物和宇宙都参与了语言的运动。

李汉荣的文章虽是个案，但却能很好地印证前面所提到的问题：有抛弃形式的写作吗？

对于那些形式新颖的文字，每位阅读者都会有来自内心深处最真实的评价，这样的评价纯粹地摒弃了个人的功利、人情。我们书写的对象主要是眼前事物炫目的形式以及人间百态，但是我们需要的是把那些纷杂的目光从事物表面收回，回到内心来，如此无论文章的形式和内容怎样，作品最终呈现的一定是纯澈饱满的形态，只有这样，摒弃形式的作品才会真正烙印在阅读者的心中。有时，对于写作者来说，不管写什么情节都会迎来阅读者的赞誉和贬损，形式和内容不再显得那么重要。但是如果在这个点上左顾右盼、犹豫不决，可能会影响文章后面的发展，所以，要用文字去触动阅读者，让阅读者进入写作者营造的那个世界中，调动阅读者的心中的情感和力量，形成有意义的阅读。

内容、形式双飞翼

夏日回趟老家与一位爱好写作的朋友闲聊，他说自己的阅读经验和体悟，说自己曾经读过一些刚扫一眼就会被迅速"粘"住的作品，这些文字优美、构思精巧、意蕴丰润的文章在最初接触的时候，能让人刹那间情迷心醉，甚至一段时间自己都为之沉迷不已。但是在多次读的过程中，忽然发现自己的内心变得躁动、轻浮，就像吃了一块甜腻的糖，香浓的甜味已经不复存在，留下的只有腻味。这或许就是文章形式上对阅读者开始时的吸引，恍如摆在街边的小吃摊，食客远远的就会被一股浓烈的"香味"吸引来，但等吃下后，留在口腔里的只有涩腻。真正能在形式和内容上同时吸引阅读者的文章，应该在读后让阅读者的心立刻进入平静的状态，那些飘荡在文字上的尘嚣、烦乱、迷离也会自然消失，留给阅读者的只有袅袅萦绕在心头的一缕静气。所以，文章光靠炫目的形式注定不能恒久地感染和影响一个人。

形式与思想是写作的两个维度，也如同鸟的双翅，缺一不可。形式的价值在于对作品内容的建构作用，精妙的形式可以让内容从容自若地表现出来，不合时宜的形式只会增添内容的负担，甚至削弱内容的表达。文字的自由、散漫在作品中慢慢形成了它的形式，好的写作者不受外在的束缚，但是有着内容的约束。作品的内容需要依赖其形式去物化和表现，有人说形式是作品的外衣，没有一定的意义，可作品的形式是具有表征意义的，内容是意义的主题。当下，我们的写作教学是否能用一种或少得可怜的几种模式来做所谓的引领？或许在一场考试中，一种或者几种模式的使用会确保习作的分数和评价者的认可，可是却偏离了写作的本质。我们的写作需要一种自然真实的形态，不必强求、硬逼。

　　写作者要让语言在叙述的回环复沓中携带着诗意的青芒，作品的内核亦有思想的深邃与情感的温热。作品可以抒发宏大的激情，也可以拥有浸润其间的思辨意识。写作者要勇敢地对作品施以绚烂的语言并做到形式和内容和谐共生。写作是一项庄严的精神活动，只要拿起笔，不管是学生、写作爱好者抑或职业写作者都应该有这样的虔诚态度。这种虔诚的态度就是尊重笔下的一切并对之负责，让有限的文字在笔下展现无穷无尽的意味。一篇作品在形式上要具有表现性和描述性，有个性化的情绪和俊逸的幻想，在内容上要沉入笔下一切事物之中，用生命和尊严去浇灌文字、思绪以及文本的价值。

　　如此，我们在阅读每一篇文章时就像路过早晨的溪流，水里还有昨夜游鱼清澈的眼神！

另一种视角下的形式

　　文学作品的形式是一种社会意识形态和整体组成的审美反映。形式的干瘪除了因为语言的惨淡，更多的是思想的贫瘠。

写作形式也是一种美源，它能从感官上诱发阅读者的心理变化，同时也能从一个层面激荡起阅读者的丰富想象能力，阅读者可以依据作品的形式再次进入生活。所以写作者需要从写作入口处思考，如何让自己笔下的作品更具形式美。有时，我们在研究作品内部问题时，必须关注作品的形式。形式覆盖的面很广，比如写作者采用的叙事模式，文章的文体、节奏、隐喻、韵律等。只有将这些形式上的元素凝注于作品之上，才能让读者在起始阶段先入为主地接受。就像厨师做菜，再好的菜肴，无论营养价值、药用功效多好，如果品相不佳，也难以引起食客的食欲。当下，我们一直在关注写作的内涵，关注作品的意义，好像只要讲到文章的形式就是一种倒退，就是一种肤浅，这样的理解本身就是谬论。一种观点的形成往往伴随着我们这些参与者简单的、想当然的理解。有了作品的形式，才会有内容，形式不是简单机械的没有灵魂的语言躯壳。

文章的形式美不是狭隘地使用一些华丽辞藻堆砌，也不是古灵精怪、哗众取宠的结构，更不是无休止的修辞。诗人马拉梅说过："隐去诗人的措辞，将创造性让给词语本身。"写作者要用修辞的丰盈和张力来激发作品自身的热情以及阅读者的审美能力，而不是完全被修辞淹没。修辞如同语言的仆人，家庭中真正招待客人的应该是一家之主，用自身的热情和谦虚让每位阅读者都能感受到温暖和轻松。所以，作品不是形式上的修辞的集合、叠加，而是要通过修辞的表象性特征寻回语言本身的价值归属。修辞是语言的一种效果，是写作者对语言的审视，过度修辞，会让人沉溺于修辞的快感之中，易失去自己的语言，失去一个真实的世界。现如今，学生写作陷入宿构和雷同的泥沼中，教师在教学中不能随意地剔除和排挤，而要尊重宿构和雷同，但不是赞赏宿构和雷同。学生的宿构和雷同源自以下几个方面：

首先是同伴之间文章的互为影响和感染。优秀学生的作品经常被教师当作范文在群体中赞誉，久而久之，就形成了一种评判，甚至成为一种标准。

其次是书籍等阅读资料的影响。写作者在阅读时，自己会有一种评判。这样的标准比较模糊，但它符合写作者的审美价值和审美趣味，这样也会定型为一种仿照的范例。

最后是一些所谓中高考满分文章的影响。这是功利性的引导，这样的文章在功利性的宣传和主导性的评判话语中慢慢俘获学生的心灵，遮蔽了他们本该具备的审美能力。

学生习作的不足是缺乏叙事技巧，不善于作品内容的搭建，典型人物剥夺了阅读者、写作者的审美经验，让思维模式化。

文章形式的多样性，也是写作的一种审美的体现。在写作者眼里，作品已然成为其审美对象，多样性的物象在一定程度上都能反映写作者对物象的认知与审美，这也是写作者心理的一种图景式反射。

自省与突破：写作的向内和向外

向内是以重塑、追问及省察的方式与万物对话，是和久未促膝长谈的内心世界交流。写作一旦向内，我们就该自觉地排除"宏大""威严"的叙事和拔高，转而寻找内心中那些最敏感的情感，生活中脆弱、绵长、微弱的经验，回归生活最粗粝、质朴的状态。正是这些"藐小"才能承受其一个人所有的安静。笔下的文字在形式上看似停滞不动，宛如古井之水，可文字的内在脉络却闪着幽幽的冷光。

在阅读者的参与下，文字与情思一定是流动、回旋、丰盈、透彻的。

确立一个人、一个民族甚至一个国家的思想和精神走向的是笼罩在苍穹之下的文化。几千年来，那些留在人类视野中的往往是一些描写细小事物、精微感受的作品，这与我们的文化不无关系。文化决定了写作者的远方以及他们笔下的世界，这些作品的内容多数是叙述朴素的普通人群的内心感受。那些扯着嗓子涨红了脸也要拼命嘶叫的写作者，他们的作品除了雷声大点，再也没有什么可以拿出来见人的了。作品在写作艺术上还是存在着粗糙、浅白、反复等问题，写作者没有回归自己的内心，而是一味地想在门外的世界中寻求自己的写作内容，户外的世界繁花迷眼、泥沙俱下，最后只留下一双熬红了的双眼疲乏地眨巴着。他们书写的生活是凭空想象的，是一种僵化的概念，与饱满、丰盈的真实生活并无关联。他们的书写看似有生活，但对生活没有真正的体验和思考，貌似有情真意切，其实是一种苍白的造作式的表演与作秀，毫无一丝内在情感的涟漪。正因为心灵一直在外游荡，回避了真实的生活，所以作品的内在是苍白、没有生命力的。

首先，向内写作要做到的就是坚守精神上的自由与独立，不盲目迎合一些人的审美情趣而忘记自己，做到不媚俗，内心深处潜伏着一股静气，在其他人都在跟风的时代，做到淡定、从容而超脱，文字徐缓而行。其次，向内写作不是大声疾呼，而是用平和的文字、微弱的声音为自己唱一首歌，或许这声音太过低小，但相信一个安静的人的灵魂一定可以听到，因为有了安静的心才能写下安静的文字。最后，向内写作不是刻意地封闭包裹自己，不是一味地排斥外界所有的美好的声音和温暖的握手，而是朝着自己心中的美学方向努力进取，体现自身的思想性和精神性，在作品中植下个性特质。

许俊文在其作品《大地的精灵》中有过这样一段描述：

在我的故乡豆村，人们对种子是敬若神明的。腊月二十四祭灶时，每户人家都要从粮囤里抓一把饱满的种子，恭恭敬敬地置于灶台上，作揖，磕头，家中长者嘴里念叨着风，念叨着雨，念叨着种子来年能给他们带来好运气。祭毕，便将种子郑重地撒在门前的泥土上，任由那些饥寒交迫的鸟雀啄食。那些鸟雀也真够精明的，祭灶那天早晨天刚放亮，它们便守在我家门前那棵老杏树的秃枝上，歪着小脑袋瞅着从家中走出的每一个人，豆粒似的眼珠子滴溜溜乱转，你赶都赶不走。得了种子的鸟雀们那个欢实劲，是无法用语言状摹的，它们边啄食，边不停地抖动着长长短短的尾巴，嘴里还不忘发出一声声的鸣叫。那也许是感恩吧？是的，它们已经忍受了大半个冬天的饥饿，现在得了美食，能不心怀感激吗？想想时下的许多人，包括我，对那些与我们命运攸关的种子，还有多少人会向它们投去深情的一瞥呢？不知从什么时候起，我们已经习惯了靠知识和技能吃饭，并且吃得心安理得，有滋有味，误以为那才叫本事。我就曾教唆自己的孩子学一门专业，将来无论走到哪里都有一碗饭吃，以至于他现在连秧苗与稗草都分不清，还嫌豆村的泥巴黏鞋，牛粪弄脏了山坡。这委实是我的错。

读这样的文字可以感受到写作者字里行间携带的乡村温暖和亲切，他的笔下是生命的群体，那些朴素的字眼从文中蔓长，好像自己幼时的邻人，在自然之中，我们感悟到了万物的灵性，这不但是文字的力量，也是向内写作的庄严和神圣。作品最直接的影响者是阅读者，主要作用在情感上，而情感是内心的体验，且伴随着我们每一个人的认知。认知不但决定写作者对笔下事物的体验方式，而且对我们的行为方式产生重要作用。写作者虽然能完整地把事实描摹下来，但是针对一些细节，写作者有意识地根据自己的情感在潜意识里进行二次加工，从而形成意义空间。生活中的众多事物，从物质世界出发可能没有意义，但是从意义世界出发，所有的一切都有意义。

写作者需要自省吗？

写作主体包括写作教学者都应该有一种自省意识。前文说到，在学生写作层面，当下他们的习作呈现出来的是一种零碎、松散的状态，究其原因，有一点千万不可忽视，就是学生除了必要的写作技巧，缺乏对生活的整体感受，更不可能形成自己的价值观。价值观不是高高在上的东西，而是我们每一个人心中对事物的正确判断和认知。价值观的形成可以让写作变得严肃起来，这不但需要娴熟的写作技能，更需要时间的保障。沉下心来，让自己完全浸润在生活之中，裹挟着对生活炽热的爱，惟有如此才能让自己的笔下文字变得冷静且真诚。

自省需要做到以下三点：

其一，需要写作者重新审视自己当下的生活，回到真实的生活语境中。过多地停滞在文字的雕琢或者语句的派遣上，会削弱自己对作品整体性的思考能力。那些形式花哨的文章只会卖弄字眼，博取眼球，因为这些文章即使是写作者亲自写出的，也永远不属于他，更不属于阅读者，因为缺乏思考，没有灵魂。写作者只有审视自己的生活，才会引起阅读者与自己的灵魂的深层触碰进而产生共鸣。

其二，需要写作者遵循写作的本质，将自己置身于生活之中。

这个过程就是写作者重新认识自己的过程，写作者将自己心中所想用文字与世界对话，把自己完全置于自然背景下来展现。在这个宏大开阔的背景之下，写作者的主体性将会变得十分强大。置于生活凸显的是写作者从更宏观的层面来打量自己的作品，寻求作品当下存在的意义，从而完成一种内在的超越，达到新的精神高度。

其三，需要写作者书写自己新的经验，并且这经验是未知的。作品中那些熟识的生活场景常常能带给我们亲切和温暖，因为这些经验曾经也在我们的生活中浮荡，但这还不足以证明写作者的伟大。我们不能被这样的欣喜所迷惑，如果那样，此类作品就像一座停摆的自鸣钟，形式上给人错觉，物象的功能好似存在，但在实践这个层面，这只是一种虚假的摆设。正如诗人奥登所说："一个平庸诗人与杰出诗人不同的是：前者只能唤起我们对许多事物既有的感觉，后者则能使我们如梦初醒地发现从未经历过的感觉。"

关于写作自省意识这一块，著名作家路遥堪称标杆，可在大众的阅读中历久弥新，但这样一位曾经获得茅盾文学奖的作家却有人评价他的作品文学性不够。真正伟大的作家，无一例外，都是敢于直面最深层的矛盾的。当下，无论是作家本人还是评论界，常以某个标签定义作家，如乡土作家、都市生活作家、反思文学作家等。路遥的作品源自身边跌宕起伏的生活，他的作品在文学性上看与一些作家相比可能稍显孱弱，但他却是一个真实地生活在农民之中的作家，他不但把生活在自己身边的这些农民聚焦在笔下，与那些只是把农民作为想象化、标签化书写对象的作家相比，他是真正匍匐在大地上用心贴近这些农民。不管是他著称于世的《平凡的世界》还是其他的小说、散文，都高度吻合了作家写作自省的几个点。下文选自他的散文《匆匆过客》：

天阴了，灰暗的云层在头顶静静地凝聚着，空气里满含着潮湿。看来另一场大雪就要降临了——快到汽车站的时候，觉得脸上似乎已经落了一颗冰凉的雪粒。我的心情沉重了。明天就是春节呀！要是再下一场雪，班车一停，回家过节就根本不可能了。

候车室里已经人头攒动，乱得像一个集市。突然传来一个微弱而苍老的声音："哪位同志行行好，给我买一张去桃县的票吧……"

这声音是绝望的，似乎不是对着某一个确定的人，而是对所有在场的人发出的一种求援的呼唤。

只见旁边的一张椅子上蜷曲着一位老人——正是他在反复喃喃地念叨着。他蓬头垢面的，看来身体有病，面容十分苍老。不像是乞丐，因为我看见他手里捏着买车票的钱。这是一个盲人！

我顿时感到一种愤愤不平了。当然我首先气这个汽车站——竟然不能解决这样一些完全应该解决的问题。但我更气这个候车室里的人，竟然没有一个肯为这不幸的老人帮忙的！我想我应当帮助这个老人。

路遥自己也说过："艺术劳动应该是一种最诚实的劳动，我相信，作品中任何虚假的声音可能瞒过批评家的耳朵，但读者能听出来。"这句话除了体现作者自己真诚为文的品性外，延伸之外的是作者在写作之前就已经开始反思自省自己笔下将要浮现的文字了，那就是审视生活、置身生活、书写未来。这则片段虽然短小，但是足以让我们窥探路遥先生作品的震撼性。一位老人、一间候车室、恶劣的天气，这些要素无论在谁的作品中都是常见的，但是在路遥的笔下却与众不同，因为这里有写作者携带的温度和情感以及反省意识。这篇作品朴实无华，自然铺陈，如果从文学性角度去看，可能比较平淡，事件和人物再简单不过了，但只要被写作者描绘的环境所笼罩，在逼真的氛围中，阅读者就会被路遥的悲悯、率真、耿直所感动。"但我更气这个候车室里的人，竟然没有一个肯为这不幸的老人帮忙的！我想我应当帮助这个老人。"写作者的语言简练、语气凛冽，话语中有着一股埋怨和心疼，有着对辛苦生活的不甘，"更气""竟然""我想我应当"显现的不但是写作者描写的那一刻的环境，甚至写作者自己的面目也在文字中显露出来。

一位优秀的写作者，他的写作疆域是广阔且具有生长性的，他可以任性地站在自己生活的原点上，除了对命运和生活的本质进行追问，还可以自由舒畅地眺望远方。当然，向内写作也要适度，因为语言的界限即思维的界限，完全被内心所困扰，只关注自己认为可以写的人和物，说不定哪天就会作茧自缚。其实，大地原野和人间烟火也值得去书写，当然这不是简单的平面化的书写，而是向外的一种突破。思想和笔触延伸至自身之外，要远离肤浅的表象或者程序化的再现，进入一个幽深、纯净的精神域场。

人的内心世界别人无法完整窥探，有时就连自己也难以正确描述。向外突破的前提是要了解自己的内心，因为一旦知晓了自己的内心，也就同时了解了这个世界。所以，突破不是完全的剥离，而是坚实地站立在自己精神世界中心，置身于发现之中，就像月明之夜，孤身伫立在岸渚边畔，等着月色清辉的洗礼，那一刻，透彻的不但是身影，更是内心的空灵和澄澈。

向外突破不是写给自己，而是自己的作品能影响他人的生活维度与精神向度，甚至修复阅读者的经验和情感。余华是早期著名的先锋作家，他的小说《兄弟》就是一种向外的舒展，让每位阅读者在阅读后久久深陷其中，难以自拔。《兄弟》首先将人物和事件置放在一个激荡的年代，小说中一家人的命运和时代的命运紧紧联系在一起。人物的命运是时代造就的，在那样的时代，这样的家庭和人物极具典型性，但同时作者又把这一家人从众多的人物中剥离开，撕开他们内心中的酸楚、艰辛甚至苦难，冷静地展现给每位阅读者。余华在小说中塑造了李兰这个坚强而又遵循中国农村传统的人物，宋凡平死后，她不但自己从未在人前哭过，甚至不允许家里其他人当着他人面流泪。此时，写作者完全把作品推向外面，强力叙述着小说中人物的每一次言行。这不但是小说的力量，也是写作者的力量，小说没有形式，只有实在的再现。我们可以看看小说中的这一段描写：

> 他们四个人放声大哭地向前走，现在他们什么都不用担心了，他们已经走在乡间的路上了。田野是那么的广阔，天空是那么的高远，他们一起哭着，他们是一家人。李兰像是在看着天空似的，仰起了自己的脸放声痛哭；宋凡平的老父亲弯腰低头地哭，仿佛要把他的眼泪一滴一滴地种到地里去；李光头和宋钢的眼泪抹了一把又一把，甩到了宋凡平的棺材上。他们痛快响亮地哭着，他们的哭声像是一阵阵的爆炸声，惊得路边树上的麻雀纷纷飞起，像是溅起的水花那样飞走了。

余华自己曾经说过，当他写到这一段时也情不自禁地痛哭起来，相信每位阅读者都会有这样的体会。放眼《兄弟》整部作品，可能在艺术性上还略显粗糙,但就这一段,写作者完全突破了自己的生活范畴,带领阅读者进入由他营造的激情、荒诞、悲苦甚至恐惧的世界中,而这个世界却曾经存在于我们的生活中。

从考场学生习作到当下文学创作的形态,我们可以清晰地发现写作的一条重要线索:回到写作的本质上来,努力表达自己的心声,用文字去感染每位阅读者。

我们撇开技巧不谈,重要的是需要明亮的精神照耀。对写作教学者来说,我们的写作教学首先是思维的训练,但一旦落实大思维训练这个层面,写作业已进入轨道,剩下的就是什么时间到达终点的问题了。容易让我们忽视的是影响写作者自身心灵深处的写作冲动因素,一个人只有在听到并遵从内在情怀的召唤时才能成为写作者,反之,笔下的一切将会是空洞无感的文字。

一篇篇考场习作就如同静静堆放在墙角的空酒瓶,那些精致的包装和色彩只会慢慢被尘埃所覆盖,开始时或许还有些许的酒气在空气中弥漫,但时间会把它和垃圾归为一类。而装满酒水的瓶子也会静处在某地,但是时间会让它越发弥香……

第九章
神秘的人性

铁凝曾在一篇访谈中提到这样一件事:那是她与一群国外写作者之间的一次座谈会,禁不起在座众人的邀请,自己就简单介绍了青年时期成名作《哦,香雪》中的人物香雪。铁凝本以为自己的概述不会引起他们太多的响应,可当时台下掌声四起。事后一家外国杂志的主编激动地跑上台,对铁凝说:"你知道你的小说为什么打动了我们吗?因为你表现了一种人类心灵能够共同感受到的东西。"

优秀的作品展示的一定是人性内在的灵魂和崇高的精神。作品是通过文字媒介来反映生活万象,写作者也是让文字来与身边生活中的世界进行有声或无言的对话、交流。世界呈现出来的表象,我们可以用自己的双眼去观察、审视,但是那些隐藏的人性世界不是简单就可以窥探出的,因而需要写作者用手中的笔来深入揭示,用作品搭建阅读者与心灵世界的桥梁。书写人性这样的写作准则符合全人类阅读者共同的美学认同,没有国界和种族之分。哪怕作品中提到的事件和人物只涉及一丁点儿这方面的内容,也会引起大家强烈的共鸣。

《哦,香雪》中的人物香雪原型源自作者在农村生活时的一次邂逅。这个人物是塑造的,但是也一定有其原型存在,就像春天的种子,在肥沃的土地中勃勃生发出来。所以,好的作品绝不是坐在桌子旁"杜撰"出来的,一定是从写作者心中汩汩流淌出来的,就像一条从容的小溪，带着与生俱来的安静、淡然，优雅，慢慢流进每位阅读者的心坎。

陀思妥耶夫斯基曾经在写给米梅尔的信中说道："我身体里面还有我的心，以及同样的肉与血。也能爱，能受苦，能希望，能记忆……"这句话赤裸裸地表露出一个小说家的写作本源，所有好的作品应该回归人性，追溯到人的内心，作品中的情感、思想、故事的内容都应该是人性的外显特征。人性是多变、善变的，写作者的笔随着生活的波澜而起伏，文字中的人性也会同时呈现不一样的形态。对人性的揭示肯定需要写作者把人生经历与个体经验完全浸润在作品中。有人说，一个阅历清浅的写作者不会有深刻的作品产生。对于这样的观点，我觉得有些武断，个人的经验和生活阅历固然对写作很重要，但绝不是必要原因，写作者敏锐的洞察力和对人性的探究能力也是必然因素。

人性在作品中由虚无飘忽的状态慢慢凝聚成一种有形的状态，这或许就是文学的魅力和幽深之处。人性存于其中的文学样式不仅有小说和散文，可以说，任何一种文学体裁都有人性的存在。因为文学作品是人精神和心性创造的产物，人性没有地域和年代的划分。善良与邪恶，高尚与低微，都伴随着人类的发展而如影随形，人性也一直如苍穹中的星辰一样时刻存活在生活中，即使短时间内被遮蔽和掩盖，但终究会浮于众人的视线之中，只不过，有时需要写作者从生活中汲取和提炼。

古代诗词中有人性的影子吗？当下的新诗也有人性的踪迹吗？

毋庸置疑，回答是肯定的。无论写作者站在什么样的生活立场和价值高地，其作品都要接受人性的检验和鉴别。比如唐代诗人王维的《山居秋暝》，这是一首描写山中秋天清新、宁静、闲适、优美的黄昏美景之诗,看似只是简单的写景和抒情,但就是在这样的诗歌中,我们通过它的言语形式,还是可以读到一个满携烟火气息的"人"。写作者充分调动自己的各种感觉,因象生趣,缘景发情,写出了一个不愿和权贵们同流合污,一心追逐高洁的诗人形象。由此,我们读到了一位多年行走在官场的诗人,他遇到了太多的人,看到了太多的事,一次次颠覆自己的认知,原来官场真的是如此残酷又冷漠,那些丑恶又荒唐的人性让他不愿面对,所以,他选择了逃避,在深山幽林之间找到了精神栖息之地。这里的人性虽然写得很隐晦,被写作者笔下的良景佳时所掩盖,但我们还是可以在诗歌中隐隐感到写作者纯澈、坚守以及淡然的人性。

跟学生谈作品中的人性这个话题,看似有点宏大和庞杂,但对写作教学者以及学生来说是无法回避的,因为直面人性就是正视自己的写作。一篇优秀的习作除了具备适切的语言、饱满的内容、真挚的情感以及匀称的结构外,还要有文章的灵魂——人性。之前看过一篇考场习作《这一天》,文中的事件和人物从叙述和选材这个层面看没有什么出奇之处,但文中那些隐约闪现的人物光芒却在我阅读的记忆中留下锃亮的痕迹。

一个个秋风萧瑟的夜晚,又是在门外,一个模糊的身影伴随着一阵阵敲门声……

"对不起,能请您把音量调低些吗?"爸爸低头哈腰地对四楼的邻居说道。"呃……好吧!"还没说完,爸爸又打断了他,"我家小孩在做作业,您这声音……有点响。""呼!"随着房门的紧闭声,爸爸一转身,叹了口气,眉峰轻蹙。顿时,他周围的空气似乎被牵绊住了,充斥于其中的只有淡淡的忧伤和无奈。

这，是一个普通的"风景"，一个六号楼居民人人皆知的画面。因为，几乎每天的这个时刻，五楼的这位父亲都会来请求邻居们不要发出音响去影响我——一个为中考"奋战"的学生。

但是天知道，这哪有不发出声响的理由？暂且不论六楼张大妈用洗衣机发出的"嗡嗡"声，就算是四楼小吴放的摇滚乐都已足以让我不能安心做作业了。

"唉，实在太有影响了！今天再去说一声吧！"爸爸还没等那"乐章"开始奏响，就已经思忖着去和邻居们说了。

"爸，你就别去了，人家凭什么就听你的啊？"屋内的我听到爸爸的抱怨，心中就如同一枚核桃被猛地敲开了，微凉苦涩的滋味涌上心头，我忍不住冲出去对他说道。

"不行！"爸爸根本不听我的劝说，直冲出家门。

我趴在窗口，不忍又不住地看着这一时刻的场景：一个年过半百的父亲将要为他的女儿付出他的尊严！

一只手举起来了，当我正准备"享受"几分钟的噪声时，忽然地，声音消失了！父亲"欲叩又止"的手瞬间僵硬了。六号楼在此刻，回到了"万籁此俱寂"的场面。

记住这一天，记住那一刻，记住身边所有人的爱。因为这一天中蕴含着父亲的爱，蕴含着邻居的理解与关切，更蕴含着我对"爱"这一名词的用心诠释！

附着在人性上的词语有太多，但是蜂拥在我们面前的都是一些概念，如果只是公式化地把人性抛给阅读者，相信没有哪个人可以在内心信服，所以，写作时我们要时刻记住与概念保持距离。因为这些概念离开了大众的日常生活就难以触碰到笔下人物的心灵，要想让阅读者真切地被人性的光芒感染，必须有鲜活具体的现实生活。虽然这是一篇学生的习作，文字略显粗糙，结构也很简单，但我们在叙述中能慢慢感受到人性的温润、博大。文中的爸爸为了女儿有一个安静的环境去迎接中考，放下身段，"厚着"脸皮挨家挨户地请求，最终女儿有了一个惬意的学习氛围。那些最终没有说一句话的邻居们，他们身上的人性光芒却远远超过自己的声音，这种人性无声的光芒胜过千万句高亢的呐喊。有时人性就像暗夜里的一盏明灯，默默地照着每个夜行人，那幽幽的光亮会在不经意间温暖我们。文章打动我们的不是情节，也不是内容，而是那些没有出场的影子人物。

刘小枫在《透过他人的欲望看自己》中曾这样说："但凡小说都是欲望的两面镜，既鉴照出叙事人的欲望，也鉴照出读者的欲望。"人性不属于某一个人独有，我们在阅读时也看到了自己身上的那些人性光斑。

典型性的表现形式不完全是人物的外貌或者思想，有时个体人物的人性更具当下的现实意义，作品中那些独特迷人的人性表现也让每位阅读者感同身受，并且留下深刻的印象。现代作家的作品中，描写个体人性比较尖锐、精彩的甚多，其中要数张爱玲的描写尤为特别。

写作者对人性的描写，虽说也有通过自己观察得来的，但更多的是和写作者自己的生活环境有着必然联系。马克思说："人的本质不是单个人所固有的抽象物，在其现实性上，它是一切社会关系的总和。"所以说人是社会关系的纽带，这些关系在社会的进程中慢慢地经过外在和内在因素的打磨，时间久了也就升华沉淀凝聚成了情感。人作为社会关系的主体，人与人甚至人与物之间的关系更是错综复杂、微妙幽深，人的内心深处更是变化叵测。

童年的不幸，以及青年时期所遇之人、所见之事，让张爱玲对人性有了与众不同的理解，尤其是她笔下那些个体人物的人性表现可能无法用几句话来阐释。她的小说《第一炉香》叙述了这样一个故事：女学生葛薇龙孤身一人来香港投奔姑母梁太太，并且奢望能够在这样一个繁华都市完成自己的学业，但是初涉人世的葛薇龙却被姑母梁太太当作工具来吸引一些男人。如果葛薇龙能够清醒认识到这一点，或许就没有后面一系列的故事发生了。加上她自己也开始迷恋这样的一种纸醉金迷的生活，后来被花花公子乔琪乔诱惑。为了继续过着这样一种看似流光溢彩的上流社会生活，葛薇龙不惜出卖自己的灵魂，费尽心机成功嫁给了乔琪乔，但最后却悲惨地沦为姑母和乔琪乔敛财的工具。

葛薇龙身上所折射出来的人性具有一定的普遍性，但是在普遍性之中，更具有个体的特征。小说在开头是这样描写葛薇龙进姑母家的：

> 她看她姑母是个有本领的女人，一手挽住了时代的巨轮，在她自己的小天地里，留住了满清末年的淫逸空气，关起门来做小型慈禧太后。薇龙这么想着："至于我，我既睁着眼走进了这鬼气森森的世界，若是中了邪，我怪谁去？可是我们到底是姑侄，她被面子拘住了，只要我行得正，立得正，不怕她不以礼相待。外头人说闲话，尽他们说去，我念我的书。将来遇到真正喜欢我的人，自然会明白的，决不会相信那些无聊的流言。"

人物出场是写作者刻意设置的，姑母家就像一个话剧的舞台，在文字中阅读者可以读到灯光的轻洒，但是依然可以感受到一股阴森的气息在房间里游荡。这里特别安排了一小节葛薇龙的心理自语，这是人物的一个心结，写作者显然已经考虑到了人物的心结矛盾，这样的氛围或许与葛薇龙在没有来姑母家之前想象的不一样，但是为了更好地读书学习，葛薇龙给了自己一个心理暗示："外头人说闲话，尽他们说去，我念我的书。将来遇到真正喜欢我的人，自然会明白的，决不会相信那些无聊的流言。"这句潜台词已经为人物后面的生活和人性的变化埋下了伏笔。在人物的心理发生变化时，阅读者可以从一个别样的维度直接洞察人物的心灵，这是阅读者和写作者共同窥探人性的时刻。这样的人性不是写作者刻意为之，可能是在写作过程不自觉的一种外化表现。

对他人的心理描写就是走入他人的内心世界。人的内心没有外在具象可以依附，其所有的活动只有心灵的主人才会知晓。那么写作者如何接近并走入他人的内心世界，从而完成他者心灵图景的描摹与刻画呢？哲学家莱尔也对此问题有过概述，引起了众多学者的研究与探寻，这就是著名的"他心问题"。当然，这一概念的内涵与外延比我们写作上的研究更广阔。回到话题上，人性描写如何落地，我觉得不是简单的猜测，也不是传统意义上通过动作、语言、外貌就能揣测的。莱尔在最后也说了："外在的种种智力行为，并不是研究心灵活动的线索，它们就是心的活动。"所以，人物的行为举止就是这个人心灵图景的外化活动，也是人性的一种外显形式。

一是采用原始的叙事方式，正常叙述，少一点拔高和渲染。

原始的叙事只关注人和事呈现在我们面前的最基本面貌，无须掺杂太多叙事者自己的主观情感，我们只需简单地做旁观者即可。

即使主观情感上是倾向笔下叙述的对象，但还是要尊重原貌，还原人和事本来的样子。现如今，一些写作者往往一上来就急不可耐地宣泄自己的情感，宣告未经检验的观点，导致作品一点神秘感都不存在，甚至让阅读者一望而知结局。写作者可以有一腔浓情，但要把自己对个体命运的理解、报慰之情隐匿在心中，让笔下的人和事自己说话。

一起看看下面两个选段，都是选自考场的习作，都兼有叙事、抒情和议论，但是能触及心灵的是哪一个选段，相信阅读者可以做出评判：

就算是吃完了，我们也不会马上走。在中国，离开的标准从不是有没有吃完，而是有没有聊结束。似乎又回到了上菜前，人们边喝茶边谈笑风生……

吃火锅，不仅仅是吃饭，更是吃里头的人情味。

——《吃火锅》

我看不下去了，上前阻止，说："你们怎么可以这么对待小兔子！"一个小男孩理直气壮地说："这是我们的兔子，想怎么样就怎么样。""你的兔子就可以随便打了？"我愤愤地说道。"你跟孩子较什么劲啊！"旁边的大婶看见了来和我说。小男孩嘴一瘪，水汪汪的大眼睛盯着我，带着几分晶莹，似乎很委屈。我感到有些底气不足，十八岁的我还和读幼儿园的小朋友理论，要教育也是他们父母的事，我喊什么呀。然而，看着那只小黑兔将小小的身子缩成了一团，希望可以减少点受伤的面积，我又有些于心不忍，同是大自然创造的生灵，凭什么我们就可以是他们的主人？而且，今天被伤害的是兔子，谁敢保证几十年后，当这群小孩长大成人以后，不会去伤害一些无辜的百姓呢？小小年纪就有一颗残忍的心，我不禁为他们担心。

——《黄昏的叹息》

《吃火锅》选段没有涉及一个人，写作者是一位初中生，还没有形成完整的主体意识，但是以孩子的视角展开叙述，对生活中信息的敏锐捕捉，反而获得了一些成人无法感受到的东西。她只是把自己的观察和发现简单地表达出来。优秀的作品既是一种传递信息的特殊符号，也是情感符号和价值符号。在这节选段中，写作者书写的是一场饭局的尾声留给自己的感想，但寥寥数语中，一些社会性、交互性的饭局衍生出来的矜持、克制、虚假人性慢慢溢出。这也是此篇文章在考试后获得阅卷老师一致好评的关键因素。

《黄昏的叹息》选段也是一篇考场习作，从作品的整体性来看，应该算得上一篇不错之作，但这篇习作却引起了阅卷老师的争议，在最终的评判上产生了分歧。"我"制止一个小男孩虐待小兔子，导致小男孩的抗议和路人的指责。就是这样一个简单的故事，只要是正常叙述，应该会在阅读者的心中形成联想和判别，进而形成道理性的定义，但写作者却在行文对话中空洞地讲了一些道理，反而把文章的感染力削弱了，形成了一种稀薄的阅读感。

二是要直抵人物的本质精神，叙述要客观、冷静和朴素。

写作中可以有虚构的文学叙述，这是文学创造的必要，因为作品展现的本质是写作者主观情感的抒发。在对事件和人物的叙述中，写作者的内心受到外在事件的感召和影响必然澎湃激扬。为了表达心中的感怀，需要让主观情感以一种最好的方式显现出来，这时情感、技巧就在不自觉中慢慢渗出。但不管怎么样，我们的笔触要直抵人物和事件的本质精神，即使心头万马奔腾，笔下也要冷静客观。具体在人性的展示方面，笔调还是应该克制，甚至有着旁人无法理解的冷峻。这样的写法不会影响作品的感染力，更不会削弱人性的丰富与层次，正因为这种冷静、客观和朴素的洞察与表现方式，作品才会体现出深邃的人性魅力。

第二天早晨，医护人员发现靠窗那个病人已咽气了，他们静悄悄地将尸体抬了出去。

稍过几天，似乎这时开口已经正当得体，剩下的这位病人立刻提出，是否能让他挪到窗口的那张床上去。

医护人员把他抬了过去，将他舒舒服服地安顿在那张病床上。接着他们离开了病房，剩下他一个人静静地躺在那儿。

医生刚一离开，这位病人就十分痛苦地挣扎着，用一只胳膊支起了身子，口中气喘吁吁。他探头朝窗口望去：

他看到的只是光秃秃的一堵墙。

这是澳大利亚作家泰格特的小说《窗》的结尾，小说文辞朴素，情节简单，但是在最后结尾处却奇峰崛起。写作者没有说什么高大上的道理，而是从微观世界揭示人性的丰富，让我们通过这扇"窗"窥视到了人性的复杂、变幻、伟大……

优秀的作品不是靠某一处的描写、某一点的刻画、某个情节的奇特等因素来完成，而是要从整体上去思考。人性正是写作者渗透在作品中的情思，是一种形式上的东西。人性不会落实到作品中某个具体可以言说的情景上，它超越了具象，体现的是一种本原生命体验的极致存在。人性的本质是什么？善与恶？这是典型的二元对立，我们需要的是多维度、多层次的人性刻画，单一的人性只是写作者的主观臆想，生活中我们接触到的人性是丰富多维的。所以，写作者要努力走进人物心里，去触摸人物细腻的情感，更要站于人物在当下的立场和地域。正如小说中那个离窗户远的病人，我们不能简单地去定义这个人的人性有多么恶劣甚至卑鄙。开始时两人的谈话是友好温馨的，他们谈及过往生活中那些美好的事和人，他们之间本来没有矛盾更没有仇恨，为什么挨着窗户的那个病人一直给离窗远的病人说自己看到窗外的美景和趣事，反而点燃了对方心中的嫉妒和不满？人性善的天平慢慢滑向恶的这一边，这微妙的变化也是写作者近距离走进人性，用细腻的笔触抽丝剥茧般写出的。

表现人性不是纯粹的叙述，也不是激昂的抒情，可以采用差异化的表达方式在人物性情陡然变化中体现出来，也可以把人物放在一个以时间为中轴线的流动平面上来看，在时间的推移和环境的不同中发现人性的多样性。所以，我们经常说坏人不是生下来就有恶劣行为，好人在环境的变化中也会发生质变。写作者要用笔下人物的生活勾起阅读者的记忆，让阅读者站在人物的时空中去看待这个人，从而产生同理心，如此一来，阅读者对人性的理解就会有切肤之感。

三是缩小写作者与文中人物的精神距离。

不是所有的写作者都可以任意书写那些精神饱满的人物。人的直觉先是一种感性认识，在后期的逻辑推理中，认知的对象会慢慢变成一种理性认识，所以对作品中人物的人性认识需要一个"孵化"的过程。直觉是一件比较奇妙的东西，在一刹那会让认知者有着顿悟的感受，但是这种感受有时具有欺骗性，因为缺乏推理，这种认知判断难免在特定的环境中经不起推敲。在写作中，写作者如果凭着自身的好恶来定义作品中的人性，可能就会掉进感性认知的泥沼中。刻画人物的人性需要严谨苛刻的深入理解，紧紧瞄准人性的微妙变化，让阅读者在作品文字的缝隙间感受人性。

写作者的认知如果达不到作品中人物的精神高度，那就不易洞察人性的深度和复杂性。为什么有些作品，阅读者刚刚开始阅读就已然察觉到了写作者的目的？那是因为写作者对人物性格特点挖掘不够，人性刻画公式化、模式化，写作者和人物有着一道人为的沟壑，精神距离较大。刻画人性首先要做到尊重生活规律，写作者要真正的靠近人物，聆听人物的内心声响，否则写出来的作品也是粗糙肤浅的。

人性不是大一统，有个性的人物是支撑一篇优秀作品的关键，写人性不能缺少写作者的个性笔调。一直以来，我们的阅读视野都是聚焦在集体主义语境中，人性的写作也处于模糊状态，没有特定的边沿，这种状况导致了作品中人性的泛滥。

我们的视野范围中，涌动着大量的文学作品，这些作品犹如过江之鲫，数量多，种类杂。虽然很多作品涉及人性这一命题，但有的作品中的人性纯属概念化、标签式的，只是作品的一副外壳而已。具体到一篇作品中，人性到底靠什么来体现？经验、言语、事件、细节这些好像都可以用来完成人性的刻画，但是它们都没有从全局的角度来写，难免让人有些瞎子摸象的感觉。作品中的人性不是道德宣讲，更不是学校、家庭里的耳提面命，只有努力让写作者站在更高、更近的区域，才能完整地剖析人性的多维层面。

《红楼梦》里黛玉曾对宝玉说"为的是我的心"，这是黛玉爱情观的执念。但是引导写作上来看，我认为写人性时要遵从自己的内心，同时也要深入笔下人物的内心，如此方能开掘出写作者和作品里人物的精神通道,这也为阅读者提供了一个进入作品内部的途径,从而缩小写作者与人物的精神距离。

> 庄子里常常有许多偷秋的轶闻趣事儿,例如庄东头的靳四爷早看上了刘老六家的一个金黄色牛腿大南瓜,偷秋时偷回来了。第二天一看,不是金黄色的那个,而是另一个嫩嫩的绿皮牛腿瓜,让他空欢喜了一场。还有庄中央白金贵的愣小子白坤子,趁偷秋跑到邻庄去和姑娘幽会,恰被出庄偷秋的姑娘父亲撞上了,限令他几天后央媒去攀亲。在我们米家庄最笑人的偷秋趣事儿是,庄南陈贵老头老眼昏花地去偷秋,竟偷到自家的菜地里,把家里人留在地里留作瓜种用的几根老黄瓜给偷回来了。
>
> 庄里偷秋都只是象征性顺手牵羊那么一点点,老人们说,秋是要偷的,你不偷一点点,那些好收成很快就被日子带走了,你偷秋,就偷来了好收成的种子,明年后年就要风有风要雨有雨,你就有好收成好运气了。村庄人平时是很瞧不起"偷"字的。但偷秋是例外,他们是渴望从岁月中偷出一点好时光,是渴望从丰收的季节里偷出一点好记忆,是渴望从劳碌的生活中偷出一缕朴素的温馨和情趣。
>
> ——李雪峰《偷秋》

乡村一直是写作者书写的重要场域,这类题材无论是著名作家还是普通文学爱好者,甚至中小学生都愿意去尝试。我们的阅读视野中除了描述乡村宁静风光、淳朴风情外,众多的笔墨集中于乡村人物的人性上。《偷秋》的阅读,瞬间让我回到自己童年时生活的地方，那是长江边的一个小村庄，关于"偷秋"这样的事情常有发生，所以面对这样的现实难免陡生感慨之情。

写作者在乡村人性的书写中，用细腻的笔触勾勒出一幅颇具乡趣的"偷秋"民俗风情图，把村民们朴素、率真的个性，以及邻里间美好、和睦的关系描绘得淋漓极致。写作者没有站在道德或者说教的高度去写人性，而是紧紧贴着人物去写，在写的过程中拉近了彼此的精神距离，营造了真实饱满的写作空间。

节选片段细腻、鲜活地描写了"偷秋"场景，人物的名称是虚化处理，只是一个个的符号，但是它们的组合和叠加让阅读者看到了乡民除了敦厚、朴实以外的另一种人性特点：在他们小动作的背后掩藏不住的是狡黠、智慧。写作者用身体和心灵努力接近笔下的人物，没有把人物写得高大全，也遵循了人的本性特质，好人也有一些小缺陷，坏人身上也有闪光点。

人与人的区别除了外貌特征外，重要的是在不同环境中的显现，个体人物的个性可以影响人的外显性和内隐性行为，并且通过人物的语言和动作折射出人性的复杂。

首先，人性的体现往往出现在一些篇幅比较短小的文章中，限于文字的约束，对人性的刻画很难有腾挪的空间，所以我们在体现此类人物人性的时候，需要从一个截断面入手。所谓截断面是我们在进行人物描写时最重要的一种方法，指的是在人物身上发生的众多事情中只截取一个点，横向地展示人物的性格特征或事件的某一片段，从而让阅读者在这个截面上感受到人性的复杂和多变。

人性其实就是普遍意义上的"人的问题"，它涵盖善与恶、温暖与冷峻、真诚与虚伪……写人性就是呼唤人性的回归，同时也体现了人们现代精神价值的迷茫。作品中，主要人物不一定是高大全的，作为主要人物的对立面也要是立体的、复杂的，阅读者已经不再沉溺于那种好人坏人二元对立式的作品，人性不是写作者自己加上去的，要把人物当人写，人物不是写作者的木偶，他必须是拥有自我思考能力的人。人性在一个人物身上的体现，不是在某一个时刻，或者存于某一件偶然发生的事情。人性不是天生的，是时间和自身经历在其身上和内心形成的一种情感和立场的痕迹。

其次，人性要放在社会背景下去考量。要让自身的写作与生活互相印证，在群体性生活中慢慢渗出人性的所有。卢卡契说："生活真实只有在人的实践中，在他的行动中才能显现出来。人们的言语，他们的纯主观的思想感情，只有转化为实践，只有在行动中经过检验，证明正确或者不符合现实，才能判定它们是真实的还是虚妄的，是诚实的还是假装的，是伟大的还是渺小的。只有人的行动才能具体地表明人的本质。"人性不是标签，是人在行走中转化出来的，需要用人物的言行、经历的事件来渲染。

最后，人性是复杂的，它不是简单的美与丑。冷冰冰的人性符号就像标签一样，谁都可以贴在人物身上。要选择人性的善和恶，从不同侧面入手，在人性对立中找到真实适合的度，抓住人性的一个点深挖到人的内心中。

学生在短小的文章里能够解释出人性的复杂，这是写作独特的魅力之一，也是学生在平日习作中吸引阅读者的高招。人性负责的主要是美和丑、善和恶、公和私等不同元素的对立组合，作品也是以此来感染读者和引发共鸣的。当然，写人性的复杂，需要在一种自然状态下呈现，而不是刻意地夸张，更不能失真，否则就难以抓住阅读者的阅读心理，作品在艺术上的真实就削弱很多了。

但是在学生的习作中，我们总是能够看到他们喜欢写一些自己无法驾驭的宏观题材，读完后给人的感觉就是空洞无力。我们要写一些细小琐碎的常态的东西，并且把日常的东西放在冲突和矛盾中体现。文章在剧烈的冲突之下，人物的命运和心理就会发生反常的变形、扭曲，这样才更容易给阅读者冲击感。

就如作家孙频所说："评价这个人多么的好或者多么的坏，都是把人过于简单化了。我希望笔下的人物，复杂一点，再复杂一点；内心的深度，深一点，再深一点。"

书写人性的复杂不是简单、纯粹地揭示，而是搭建写作者和阅读者双方共同的精神世界。因为，人性需要唤醒，关键是你的世界需要什么样的人性。

图书在版编目（CIP）数据

写作：风物语：指向审美的写作教学/赵飞著.--北京：中国人民大学出版社，2022.3
ISBN 978-7-300-30329-1

Ⅰ.①写… Ⅱ.①赵… Ⅲ.①作文课—教学研究—中小学 Ⅳ.①G633.342

中国版本图书馆CIP数据核字（2022）第026065号

写作：风物语——指向审美的写作教学
赵 飞 著
Xiezuo：Fengwuyu——Zhixiang Shenmei de Xiezuo Jiaoxue

出版发行	中国人民大学出版社		
社　　址	北京中关村大街31号	邮政编码	100080
电　　话	010-62511242（总编室）		010-62511770（质管部）
	010-82501766（邮购部）		010-62514148（门市部）
	010-62515195（发行公司）		010-62515275（盗版举报）
网　　址	http://www.crup.com.cn		
经　　销	新华书店		
印　　刷	北京昌联印刷有限公司		
规　　格	148 mm×210 mm　32开本	版　次	2022年3月第1版
印　　张	8.875 插页2	印　次	2022年3月第1次印刷
字　　数	196 000	定　价	34.80元

版权所有　侵权必究　印装差错　负责调换